U0500003

江苏省哲学社会科学基金重大项目"江苏建立健全城乡融合发展的体制机制与政策体系研究"（18ZD006）

城乡融合发展的制度逻辑与现实路径
——江苏的实践

The Institutional Logic and Practical Path of
Urban-Rural Integration Development
The Practice of Jiangsu

耿献辉　薛虎 等 ◎ 著

中国财经出版传媒集团

经济科学出版社
Economic Science Press

·北京·

图书在版编目（CIP）数据

城乡融合发展的制度逻辑与现实路径：江苏的实践／
耿献辉等著 . -- 北京：经济科学出版社，2024. 8.
ISBN 978 - 7 - 5218 - 6228 - 7

Ⅰ. F299. 275. 3

中国国家版本馆 CIP 数据核字第 20243MS271 号

责任编辑：杜　鹏　胡真子
责任校对：刘　昕
责任印制：邱　天

城乡融合发展的制度逻辑与现实路径——江苏的实践
CHENGXIANG RONGHE FAZHAN DE ZHIDU LUOJI YU XIANSHI LUJING
——JIANGSU DE SHIJIAN

耿献辉　薛虎　等◎著
经济科学出版社出版、发行　新华书店经销
社址：北京市海淀区阜成路甲 28 号　邮编：100142
编辑部电话：010 - 88191441　发行部电话：010 - 88191522
网址：www. esp. com. cn
电子邮箱：esp_ bj@ 163. com
天猫网店：经济科学出版社旗舰店
网址：http：//jjkxcbs. tmall. com
固安华明印业有限公司印装
710×1000　16 开　16. 25 印张　270000 字
2024 年 8 月第 1 版　2024 年 8 月第 1 次印刷
ISBN 978 - 7 - 5218 - 6228 - 7　定价：128. 00 元
（图书出现印装问题，本社负责调换。电话：010 - 88191545）
（版权所有　侵权必究　打击盗版　举报热线：010 - 88191661
QQ：2242791300　营销中心电话：010 - 88191537
电子邮箱：dbts@ esp. com. cn）

序　言

　　城市与乡村是人类生产、生活、生态的"三生"空间形态，其关系是经济社会发展中至关重要的关系。现阶段我国社会主要矛盾是人民日益增长的美好生活需要和不平衡不充分的发展之间的矛盾。我国最大的不平衡是城乡发展不平衡，最大的不充分是农村发展不充分。全面建设社会主义现代化国家新征程上，必须正确把握和处理城乡关系，促进城市和乡村共同繁荣、城乡居民共同富裕。党的二十大报告提出"坚持城乡融合发展，畅通城乡要素流动"，指明了未来重塑新型城乡关系的实现路径，开启城乡全面融合、共同繁荣的全新局面。

　　以城乡融合发展的制度逻辑与现实路径为线索，本书逻辑思路遵循"明确研究目标：促进城乡融合发展，实现共同富裕→解决关键问题：城乡融合发展的体制机制模式创新与区域特色发展→达成研究目标"。本书运用经济学、管理学、社会学、法学、历史学等相关理论，采用定性分析与定量研究相结合、实地调查与案例分析相结合的研究方法，综合使用文献研究、田野调查、深度访谈、案例研究与对比分析、政策评估、统计分析，从不同维度、不同视角来进行研究；围绕进一步深化改革，建立城乡要素自由流动的体制机制，促进城乡融合发展与共同富裕这一研究目标，探讨有效的城乡融合发展路径与区域模式，特别是探讨了在江苏这样一个经济发达、人口众多、存在区域差距的东部沿海省份，如何有效实现形式多样的城乡融合发展模式，为全国的城乡融合发展提供经验借鉴与路径参考。这具有积极的理论价值和现实意义，最终成果为完善我国城乡融合发展制度与战略提供理论依据。本书经过系统研究和实地调查，从制度逻辑和现实路径两个方面回答以上重大关切。

本书共分11章。第一章为绪论。第二～第四章，重点从城乡融合发展水平评价与动力机制等角度进行比较分析与系统研究；梳理城乡融合发展的理论逻辑与历史演进，辨析城乡融合发展的深刻内涵与理论基础，阐述城乡融合发展的历史实践和发展基础。第五～第七章，围绕城乡融合发展与江苏实践，从产业融合、基础设施融合、公共服务融合三个角度构建城乡融合发展的分析框架，并利用全国数据和江苏数据进行实证研究。第八～第十一章，从江苏的实践探索出发，重点对城乡融合发展的制度联动改革、制度创新进行研究，深入讨论城乡融合发展的支持政策与保障制度。

本书充分吸收已有研究成果和城乡融合发展的历史经验与教训，立足中国国情和江苏省情及城乡融合发展、乡村振兴战略和新型城镇化的大背景，针对城乡融合发展取得的进展和面临的挑战，通过理论探索与实地调研，梳理城乡融合发展的制度逻辑，构建城乡融合发展的理论分析框架，研究城乡融合发展的体制机制与路径模式，通过对当地村干部、企业家、返乡青年及原住民等参与过和正在参与城乡融合发展的重点人员进行深度访谈，总结城乡融合发展的经验与困难，聚焦江苏省城乡融合发展的路径、措施和条件，为贯彻落实党的二十大精神，有效促进城乡融合发展与城乡居民共同富裕提供理论支撑和政策建议。本书围绕城乡融合发展这条总的线索，重点从理论上研究城乡融合发展的动态演进关系和内生动力机制，探索城乡融合发展的制度路径与区域模式，为全国促进城乡融合发展提供理论指导和路径模式参考。

全书由耿献辉作为总策划与统筹，负责逻辑框架和结构设计，薛虎、姜曼婷、张嵘浩负责统稿与文字校对。从主要参与研究的分工来看，第一章由耿献辉主要参与，第二章由潘超、刘玉杰主要参与，第三章由金晟男主要参与，第四章由伍茜蓉主要参与，第五章由薛虎主要参与，第六章由陶宇宵主要参与，第七章由曹钰琳和史配其主要参与，第八章由薛虎和张嵘浩主要参与，第九章由薛虎和王雅睿主要参与，第十章由薛虎和姜曼婷主要参与，第十一章由薛虎主要参与。在本书依托的课题申请与研究创作过程中，江西财经大学周应恒教授，南京农业大学严斌剑教授、潘军昌副教授、陈蓉蓉副教授，南京航空航天大学张晓恒副教授提供了许多建议和支持，在此一并表示感谢。

　　本书涉及内容广泛，缺憾和不足之处在所难免，恳请各位专家、学者和读者批评指正，以便修订时及时改正。

耿献辉

2024 年 7 月

目　录

第一章 绪 论

第一节 问题提出

一、研究意义

本书以效率与公平兼顾作为指导思想进行研究，可为全国及地方城乡融合发展机制设计和现实路径规划提供系统理论支撑体系。可从效率优先到效率与公平兼顾，使政策逐渐向关注分配与再分配环节的公平原则倾斜。公平是一种协调方式，如果不能解决效率主导带来的发展机会不平等和财富收入不平等的问题，将会制约人们对美好生活的追求。兼顾公平可以从两个维度帮助解决城乡关系不平衡，对乡村而言，有些影响城乡关系不平衡的因素可在短期内通过补贴明显改善，有些需要通过政策选择来长期改善，尤其是在医疗、教育等社会保障领域，需要对不同的主体进行多层次调整。对城镇人口而言，其社会网络结构从效率主导转变为情感主导，满足社会生活和精神生活的公共政策需求成为当前社会基本问题的高级形式，公共政策要越来越多地向兼顾公平倾斜。党的十九届四中全会提出，我国国家治理体系和治理能力是中国特色社会主义制度及其执行能力的集中体现，现阶段更多地兼顾公平，协调各方力量实现资源优化配置。大都市的资源集聚可以提高要素效率，但无限规模的单中心集聚和一级集中，不可避免导致"大城市病"的发生，广大乡村可能会因无法吸收现代化要素而走向衰落，乡村、农业和农民为城市、工业和市民作出了巨大牺牲和贡献，为健全工业体系产生了积极作用，同时也造成城乡发展不平衡。在城镇化率超过 60% 的时候，更需要兼顾公平或者更为注重公平，通过城乡融合发展促进人才、资本、土地、技术等现代化要素流向乡村，使得乡村获得公平的发展机会。系统深入研究城乡融合发展战略具有时代理论价值，也是当前解决社会主要矛盾的重大战略需求。

构建农林经济管理、应用经济学、理论经济学、公共管理、系统科学、地理学、政治学、生态学、社会学等多学科交叉的综合性学科体系、学术体系和话语体系，可为研究城乡融合发展机制提供学术视角、系统理论与研究方法支撑。新形势下哲学社会科学具有不可替代的作用，哲学社会科学研究者必须不断推进知识创新、理论创新和方法创新，加快构建中国特色哲学社会科学。具体到城乡融合发展研究，尚未出现跨学科、多维度的系统实证调查研究。基于文献计量研究结果，本书构建农林经济管理、应用经济学、理论经济学、公共管理学、系统科学、地理学、政治学、社会学、生态学等学科交叉的综合性学科体系、学术体系和话语体系，并与国际城乡关系研究、农村发展研究和城镇化研究进行学术对话，结合江苏省城乡二元结构向城乡融合发展转变的省情，通过全省范围内的大样本实地调研和微观案例分析，系统研究江苏省城乡关系大变革进程中亟待解决的城乡融合发展的重大关键性问题。

本书构建要素自由流动、产业协同化、市场融合、基础设施一体化、公共服务均等化五位一体，政府与市场双轮驱动的总体分析框架，为我国及地方城乡融合发展提供机制设计与实现路径。城乡发展不平衡不充分成为新时期急需解决的主要社会矛盾。乡村与城市作为一个相互依存、相互融合、互促共荣的生命共同体，需尊重城乡关系演进规律，以促进城乡要素平等交换、双向自由流动为基本取向，以人、地、钱的互动为主线，从产业、基础设施、公共服务三大领域探索城乡融合发展的战略路径与特色模式；通过改革促进农业转移人口融入城市，为他们提供与城市居民同等的社会服务与基础设施，促进城乡包容性融合发展；建立以产权为基础的城乡要素平等交换机制，鼓励社会资本投向乡村，兴办各类事业，为生产要素流动奠定制度基础。

城乡融合发展具有时间上的阶段性和空间上的差异性，政府与市场的职能定位应随着发展阶段的不同适时转化。政府与市场的关系及其职能不是固定不变的，是一个动态演进的过程。政府与市场应根据城乡融合发展的不同阶段和具体情况选择不同的职能定位和互动关系。初期阶段，农村无论是经济发展还是社会发展都较滞后，靠市场难以独自解决，需要突出政府作用，加强对农村公共物品的提供，为市场机制发挥作用创造条件。中期阶段，农村市场经济有了较强的基础，政府作用应适时转化，着力培育和扩大市场力量，致力于消除市场运行的制度禁锢，为市场发挥作用扫清障碍。高级阶段，市场成为城乡融合发展的内生主导驱动力，政府为市场运行提供支持和协调作用。政府是提供公共产品的基本渠道，市场是资源配置的主导力量，两者相辅相成、互补交融形成城乡融合发展的双轮驱动力量。

二、研究问题

市场机制配置资源的条件下，人力、资本、土地和技术等资源要素不断地向生产效率高的产业和空间集聚。在效率优先的原则下，现代化要素由乡村向城市单向流动，且由于工业优先、城市偏向的机制与政策设计，出现乡村活力下降甚至空心化等问题，城乡发展不平衡，居民收入差距加大。需要在国家战略层面强调效率与公平并重，在市场机制发挥作用的基础上更加注重社会公平，通过健全城乡融合发展机制，促进现代要素在城乡之间的双向自由流动与公平交换，增强乡村经济多元化发展的活力，缩小城乡发展差距和居民收入差距，实现人民共同富裕。

（一）城乡融合发展背景——效率优先的指导思想，工业化和城镇化优先发展战略导致城乡发展不平衡、农村发展不充分

随着经济的发展，低价征地、农民工低工资和农村资金向城市流动等新问题日益凸显，加剧了城乡之间发展的不平衡，农村发展的不充分。工业化、城镇化的优先发展战略，导致大量青壮年优质农村劳动力持续涌入城市，乡村出现老龄化、空心化的现象，经济、文化、治理上出现衰落，城乡差距加大。乡村人口的年龄结构、性别结构出现严重失衡，留守乡村

的大多数是老人、妇女、儿童，出现了大量农村土地闲置、耕地撂荒，造成农村土地资源严重浪费，农民收入增加缓慢，影响了农业和农村现代化的推进；大量人口的外出，使传统的节庆、风俗、饮食、手艺等失去了传承的土壤，对传统乡村文化形成了强烈的冲击；大量劳动力外出打工使农村社区建设缺乏必要的主体，撤村并点等农村社区调整使村民缺乏社区认同，乡村治理经费支撑能力不足，给农村社会治理形成了新的困扰与挑战。

工业化与城镇化优先发展过程中，由于政策的人为干预，以一线城市、省会和中心城市为重点的大城市优先发展，迅速成为区域经济发展的龙头，人口不断向大城市、特大城市集中，农村由于投入不足、功能不完善、集聚效益差，缺乏吸引力，发展相对缓慢。交通基础设施、教育、医疗、文化等公共产品供给明显不足。大城市、特大城市的市民化存在较高的制度门槛，大量进城务工的农业转移人口难以在大城市落户，无法实现市民身份转变，不仅严重阻碍了农业转移人口市民化，还使得大城市人口膨胀、交通拥堵、住房紧张、环境污染治理不足、城市管理运行效率低、要素资源相对短缺，"大城市病"现象在江苏省普遍出现。

（二）城乡融合发展目标——效率兼顾公平，缩小城乡发展差距和收入差距，实现人民共同富裕

党的十九大报告指出，我国社会主要矛盾已经转化为人民日益增长的美好生活需要和不平衡不充分的发展之间的矛盾。当前我国最大的发展不平衡是城乡发展不平衡，最大的发展不充分是农村发展不充分，表现为当前我国农村发展的质量、效益和竞争力不高，农民增收后劲不足，农村自我发展能力较弱，城乡差距依然较大。

如图 1-1 所示，以"产业兴旺、生态宜居、乡风文明、治理有效、生活富裕"为内涵要求的乡村振兴战略，通过产业振兴增强农村自身经济活力，为城乡居民提供优质产品、文化传承、休闲空间，为城市发展提供绿色屏障。城乡融合发展对于稀释大城市人口密度与拓宽经济发展空间具有重要价值。政府面向城乡提供一体化的基础设施，提高基本公共服务均等化的覆盖力度，提升乡村生活质量，强化乡村功能价值与承载能力。

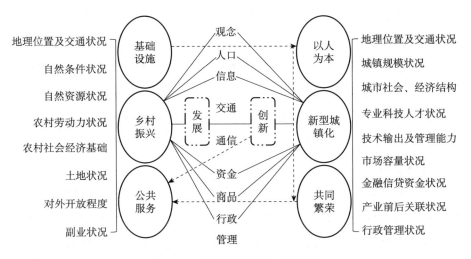

图 1-1　乡村与城市关系示意图

新型城镇化的核心在人，在城镇内部优化提升居民生活质量，为乡村振兴提供基础条件。引导农业劳动人口就地转移，在就业、社保、退休金等领域实现市民化。新型城镇化给乡村振兴带来了外部经济和扩散动能效应，通过吸收农村和农业日益挤出的人口，形成城市发展的经济动能，农村人均拥有的土地、林地与草场等资源水平上升，有利于推进农业的适度规模经营和农业现代化，提高农业劳动生产率。城市集聚的资金、技术、人才和消费流向农村和农业，形成扩散效应，成为乡村振兴的基础条件。

（三）城乡融合发展机制——市场与政府双轮驱动，通过制度联动改革与政策集成创新，破除制度壁垒促进城乡要素自由流动，构建城乡融合发展内生动力机制

乡村与城市之间存在经济社会互动影响和相互共生关系，现代要素的流动和开放成为城乡融合发展的内生动能。乡村振兴和新型城镇化是城乡融合发展的一体两翼，两翼协同创新实现特色发展。乡村振兴的核心是产业振兴，关键是城乡要素自由流动，新型城镇化是城乡融合和产业发展的助推器，推动城乡资源要素自由流动、合理交换和有机融合，实现农业现代化、工业现代化、城镇化和信息化同步发展。新型城镇化也是乡村振兴的一个重要任务，以人为本是两者的共同特征。促进农业人口就近转移，

公平享有教育、医疗等公共服务和基础设施，既是新型城镇化要着重解决的关键性问题，也是乡村振兴必须解决的重要问题。

城乡融合发展的战略路径、推进模式与保障政策是什么？如何通过户籍制度、土地制度、农村集体产权制度等联动改革，有效发挥市场机制和政府政策双轮驱动的力量来推进劳动、土地、资本和技术等资源要素在城乡之间平等双向自由流动，最终实现城乡融合发展的战略目标？这些是本书研究的核心议题。

城乡融合发展的关键是人的平等发展与全面发展。通过乡村振兴和新型城镇化协同创新，实现农村富余劳动力的职业转移、地域迁移和身份转变"三位一体"就地城镇化，从根本上解决农民工兼业式、候鸟式转移的问题，享有同质的公共权利和公共服务，在生活方式、社会心理以及政治诉求等方面真正实现人的城镇化，促进城乡平等发展、融合发展。户籍制度、土地制度与农村集体产权等制度改革，是促进城乡融合发展的核心外生动力与重要战略保障。

（四）城乡融合发展研究学科支撑——通过管理学、经济学、社会学、地理学、政治学、生态学等学科交叉，构建综合理论体系和科学研究方法

我国最大的发展不平衡是城乡发展不平衡，最大的发展不充分是农村发展不充分。[①] 我国城乡关系从城乡不平等到城乡统筹发展，从城乡发展一体化再到城乡融合发展的演进路径，由中华人民共和国成立以来我国生产力和生产关系矛盾运动的内在逻辑所决定。如图1-2所示，推动城乡融合发展，须全面深化改革，把城市地区和农村地区作为一个整体，从当前生产力发展水平的需求出发，实施生产关系层面的变革，建立健全城乡融合发展体制机制和理论体系，实现城乡要素自由流动、平等交换和公共资源均衡配置，促进城乡在规划布局、要素配置、产业发展、生态保护等方面融合发展。这个过程需要促进农林经济管理、应用经济学、公共管理学、系统科学等学科的适度交叉融合，同时吸收地理学、社会学、政治

---

① 韩长赋：大力实施乡村振兴战略［EB/OL］. http：//www. moa. gov. cn/xw/zwdt/201712/t20171219_6119280. htm.

学、生态学的相关理论和研究方法，形成基于我国历史实践和空间差异的
城乡融合发展理论体系。

我国城乡发展的历史实践是在历史悠久、人口众多、幅员辽阔、区域
差异、二元结构背景下展开的，在借鉴西方城乡发展理论的同时，需具有
中国特色和独特性，无法完全照搬西方经验和套用西方理论，需要从多学
科角度对我国城乡融合发展战略进行跨学科研究。研究问题提出示意图如
图1－2所示。

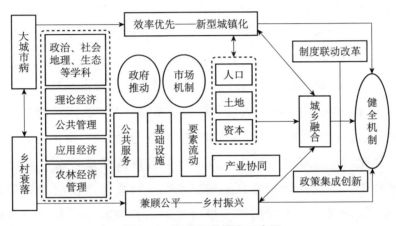

图1－2 研究问题提出示意图

理论经济学角度的理论依据是城乡社会发展关系理论，城乡融合发展
是中国特色社会主义进入新时代的必然选择；公共管理学主要从农村公共
产品与公共服务供给、乡村社会生态系统与可持续发展的治理路径等战略
角度进行探讨；应用经济学主要从阻碍资源要素在城乡之间双向自由流动
的制度壁垒出发，对城乡融合发展进行系统研究，对户籍制度、土地制
度、财政金融制度、农村集体产权制度等进行制度改革方案设计；在基于
城乡融合发展空间差异研究时还会涉及地理学，研究要素流动、产业协
同、基础设施和公共服务时，必然会用到生态学、社会学、政治学等相关
学科理论和研究方法。城乡融合发展成为社会各界关注的焦点，引发学术
理论界不同学科学者参与探讨，可以从学科交叉角度构建中国特色城乡融
合发展的理论体系和创新研究方法，系统研究我国城乡融合发展的战略目
标、价值定位、理论逻辑、实施路径和制度保障。

第二节　研究框架

一、研究目标

我国乡村与城市的关系是动态发展的过程，有历史和制度原因，在城乡发展不均衡、农村发展不充分的时代背景下，需要深化体制机制改革，促进要素双向流动，协同推进乡村振兴和城镇化互动，实现城乡融合发展。本书以城乡融合发展为主要战略目标，结合国际经验和我国的实践，从动态的角度分析不同经济发展阶段乡村和城市的特征、变化规律及其发展态势，构建城乡融合发展的新型城乡关系。以政府和市场双轮驱动要素流动为战略抓手，从要素流动、产业协同、市场融合、基础设施一体化、公共服务均等化五位一体的维度构建城乡融合发展的战略分析框架，破除户籍制度、土地制度、农村集体产权制度等阻碍要素流动的制度壁垒，探索出城乡融合发展的路径和发展趋势，集成设计城乡融合发展的制度联动改革和政策集成创新体系，为政府决策部门提供参考和借鉴。同时，在城乡融合发展研究领域，本书注重农林经济管理、应用经济学、公共管理、理论经济学等学科的交叉与融合，同时贯通地理学、政治学、社会学、生态学等学科，形成综合性的跨学科理论体系。

二、研究内容

随着生产力的发展，乡村和城市之间的关系由结合到分离、对立，再到更高级层次的融合发展，是历史发展的必然趋势。城乡融合发展与特色发展是要素自由流动、产业协同、市场融合、公共服务均等化、基础设施一体化的必然要求，需要结合江苏省乡村与城市关系发展的历史脉络和区域差异进行融合发展和特色发展，打通城乡之间要素双向自由流动的通道，基于市场机制和政策调节的双轮驱动，在多学科交叉的基础上形成中国特色的城乡融合发展理论体系。

根据研究内容设定 5 个重点内容，如图 1 - 3 所示。

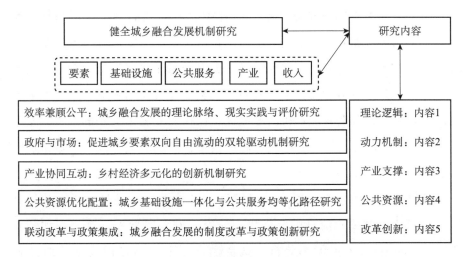

图 1 - 3　重点研究内容架构

1. 内容 1　效率兼顾公平：城乡融合发展的理论脉络、现实实践与评价研究

拟解决的问题是从效率与公平视角分析城乡融合发展的本质、理论机制与实践路径。为解决这一核心问题，需要从乡村与城市关系的历史演进脉络出发，梳理国内外乡村与城市关系发展的演进过程和理论进展，总结促进城乡融合发展的主要经验；从国内外乡村与城市发展条件、运行方式、政策逻辑及实现路径入手，分析乡村与城市的发展环境与实现融合发展所面临的主要现实困境，进一步探索我国城乡融合发展的实现形式，为城乡融合发展的提出与战略路径提供科学依据并为特色发展路径打下坚实基础。从生产发展、人民生活、生态环境三个角度出发，分别从我国整体以及江苏省的视角对 2009～2019 年城乡协调发展水平进行系统测度，试图重新审视我国及江苏省城乡融合发展的时间演变特征，为制定城乡发展政策提供参考。

具体研究内容：城乡融合发展的理论脉络与制度逻辑；城乡融合发展的实践经验与路径模式；江苏省城乡融合评价研究，构建城乡融合发展协同指数。

2. 内容2 政府与市场：促进城乡要素双向自由流动的双轮驱动机制研究

拟解决的关键问题是城乡融合过程中要素流动的理论逻辑与动力机制。本书从促进城乡要素双向自由流动角度出发，分析城乡要素流动的条件、运行机制、制度逻辑和实现路径；重点分析城乡要素流动理论逻辑和条件分析；介绍制度创新与市场机制对要素流动的调节机制；进行城乡要素配置效率测评及要素配置扭曲度测评，探讨影响要素流动的壁垒；基于要素不同构成属性与流动机制设计制度框架，阐明政策制度与市场机制对要素流动的调节作用。

具体研究内容包括：城乡要素流动的理论逻辑与条件分析；政策制度与市场机制对要素流动的驱动机制研究；城乡要素配置效率测评及要素配置扭曲的因子贡献率分析；城乡融合要素双向自由流动战略路径重构。

3. 内容3 产业协同互动：乡村经济多元化的产业创新研究

拟解决的问题是城乡融合过程中乡村产业发展的理论逻辑、体系构成、运行机制、协同机制及其路径优化问题。基于传统农业高质高效发展、农村一二三产业融合发展、城乡产业互动发展三方面内容，探索城乡产业融合发展的运行机制和典型模式。

从马克思的城乡关系三段论和江苏省城乡关系现实背景出发，总结出产业融合作为城乡融合的现实基础的理论逻辑。围绕发展传统农业高质高效发展、农村一二三产业融合发展、城乡产业互动发展等内容，构建"工农互促""城乡互动"的内生性因素所推动的城乡产业体系，进一步针对三方面内容的运行机制进行单独研究。基于三方面内容的协同机制的理论结合，探讨江苏省城乡产业融合机制的路径优化。

具体研究内容：城乡融合背景下乡村产业发展的理论逻辑及其体系构成；质量兴农：传统农业高质高效发展；产业多元化＋新业态：农村一二三产业融合发展；城乡产业共生：城乡产业互动发展；城乡产业融合的协同机制及其路径优化。

4. 内容4 公共资源优化配置：城乡基础设施一体化与公共服务均等化路径研究

拟解决的问题是如何推动城乡基础设施一体化和公共服务均等化。为此要解决城乡基础设施和公共服务"为谁做""谁来做""如何做"的问题。"为谁做"决定了公共资源的性质，进而确定了"谁来做"这一投入供给的主体，就明确了"如何做"的投入供给方式。

重点研究城乡基础设施和公共服务投入供给的逻辑机理分析，明确分析基础设施和公共服务发展现状，探讨目前资源投入的方向、参与主体和投入方式，进而分析基础设施和公共服务投入供给过程中存在的问题。明确基础设施和公共服务属性特征，探讨县、乡、村在城乡融合过程中功能地位，分析政府、社会资本、村集体和农民在公共资源投入中博弈过程，明确基础设施和公共服务优先序以及实现路径。

具体研究内容包括：城乡基础设施和公共服务投入供给的逻辑机理分析；农村公共品的"多主体供给互补"机制研究；城乡基础设施与公共服务均等化实施路径与优化策略。

5. 内容5 联动改革与政策集成：城乡融合发展的制度改革与政策创新研究

拟解决的关键位主要是分析城乡融合发展推进过程中的出现的短板、弱点和制度障碍，通过对户籍制度、土地制度、农村集体产权制度等联动改革与产业政策、财政金融政策、社会保障政策等集成创新，提出加快江苏省城乡融合发展的多维制度联动改革方案、政策集成创新路径、互构实践与完善对策建议。

重点通过制度联动改革和政策集成创新，破除阻碍城乡资源双向流动的壁垒，对同阻碍城乡融合发展的户籍制度、土地制度、集体产权制度等进行改革和协同创新，共同解决因城乡二元结构所导致的城乡发展差距和不平衡、不充分问题。

具体研究内容包括：城乡融合发展的制度联动改革方案设计；城乡融合发展的政策集成创新设计。

三、研究内容之间的逻辑关系

城乡融合发展为新时期我国解决"人民日益增长的美好生活需要和不平衡不充分的发展"之间的主要矛盾指明了战略方向和战略抓手。总体研究内容是解决城乡融合发展的体制机制障碍，建立健全有利于要素自由流动、有利于基础设施一体化、有利于公共服务均等化的体制机制。当前出现农村空心化、大城市病、城乡发展不平衡等社会矛盾，系统解决这些矛盾主要靠制度改革，通过户籍制度、土地制度和农村集体产权制度等集成创新，推进资源要素在城乡之间平等自由双向流动，构建城乡协同互动的产业支撑体系，促进公共服务均等化和基础设施一体化，缩小城乡居民收入差距，高水平实现城乡融合发展。围绕战略目标，系统研究促进城乡融合发展的战略路径、作用机制与区域模式，形成中国特色的城乡融合发展理论，为保障城乡融合发展研究设计战略支撑条件、制度联动改革方案和政策集成创新设计，为城乡融合发展目标的实现提供科学支撑。

围绕总目标和研究任务，设计了相辅相成、有机融合的五个重点研究内容：

第一个内容"效率兼顾公平：城乡融合发展的理论脉络、现实实践与评价研究"，主要梳理城乡关系发展的理论逻辑与国际经验，在归纳我国城乡关系发展历史过程的基础上从生产发展、人民生活、生态环境三个角度出发，对江苏省城乡融合发展的时间演变特征进行定量评价，系统研究当前城乡发展面临的新问题与挑战，为城乡二元结构造成的农村衰落、大城市病问题寻求战略解决路径，为城乡融合发展的战略路径提供科学根据和理论支撑体系。

城乡产业协同、基础设施一体化、公共服务均等化等融合发展，关键是要通过市场机制驱动要素在城乡之间的自由双向流动和平等交换，通过政府制度改革破除阻碍要素流动的体制机制壁垒，发挥市场机制优化配置生产资源的决定性作用。由此构建第二个内容"政府与市场：促进城乡要素双向自由流动的双轮驱动机制研究"，重点从生产要素流动的视角研究城乡融合发展的动力机制，为后续研究产业协同和公共资源均衡配置提供前提条件。

生产要素在城乡之间的高效配置会促进乡村产业创新发展和乡村经济多元化，第三个内容"产业协同互动：乡村经济多元化的创新机制研究"，从农业高质量发展、农村一二三产业融合发展和城乡产业互动等三个层次对城乡产业协同发展路径进行系统研究，为乡村振兴提供产业支撑，为农民可持续增收提供动力源泉。

第四个内容"公共资源优化配置：城乡基础设施一体化与公共服务均等化路径研究"重点落实到农村发展的短板上来，从硬（基础设施）、软（公共服务）两方面研究城乡公共资源的均衡配置问题。在考虑区域差异的基础上对城乡公共资源进行分类，由此构建基于不同资源禀赋条件的基础设施一体化、基本公共服务均等化融合发展模式。无论是协同创新还是特色发展，最终要有战略路径、制度改革、政策保障等系统体系来配套，由此开启最后一个组织保障收尾的子课题。

第五个内容"联动改革与政策集成：城乡融合发展的制度改革与政策创新研究"，在前述城乡融合发展的战略路径与发展模式基础之上，构建促进要素资源自由流动的制度改革方案。主要通过户籍、土地、农村集体产权等制度改革和产业政策、财政金融政策、社会保障政策等集成创新，破除阻碍资源要素在城乡之间自由双向流动和平等交换的政策壁垒，为城乡融合发展提供有效的体制机制支撑与组织保障。

本书构建政府和市场双轮驱动的战略路径，通过促进劳动、土地、资本、技术等生产要素资源双向自由流动，促进城乡在产业协同、基础设施一体化、公共服务均等化等方面的融合发展，在考虑区域差异基础上构建特色发展模式，见图1-4。乡村和城镇本质上是等值的，功能各有侧重，城乡融合发展研究的核心就是破除阻碍劳动、土地、资金等要素流动的制度壁垒，构建户籍、土地、农村集体产权等制度改革方案和产业、财政金融、社会保障等集成创新方案，为人的平等权利与全面发展目标的实现提供战略保障。这五大研究内容相辅相成、有机互动。

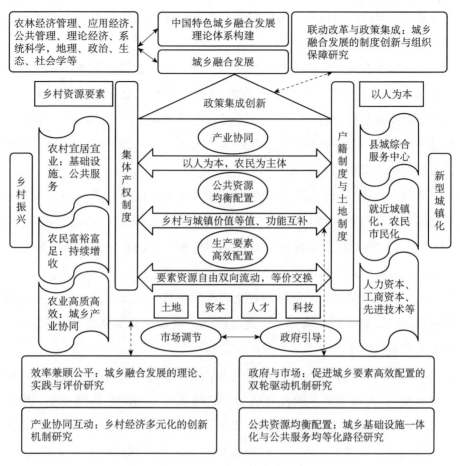

图1-4 研究内容逻辑关系

四、研究思路

本书总体研究思路是对农林经济管理、应用经济学、公共管理等学科进行适度交叉，吸收地理、生态、社会、政治等学科基本理论和研究方法，遵循乡村振兴和新型城镇化的内在逻辑机理，借鉴国外实践经验及理论研究成果，从促进乡村、城市之间资源要素自由流动出发，围绕产业、市场、基础设施、公共服务等方面，发挥市场机制和政府引导双轮驱动力，研究城乡融合发展的战略路径以及基于区域差异的特色融合发展模式，研究阻碍劳动力、土地、资本、技术等要素流动的体制机制障碍，构建户籍、土地、农村集体产权等制度联动改革方案，形成产业政策、财政金融政策、社会保障政策等城乡融合发展政策集成方案，如图 1-5 所示。

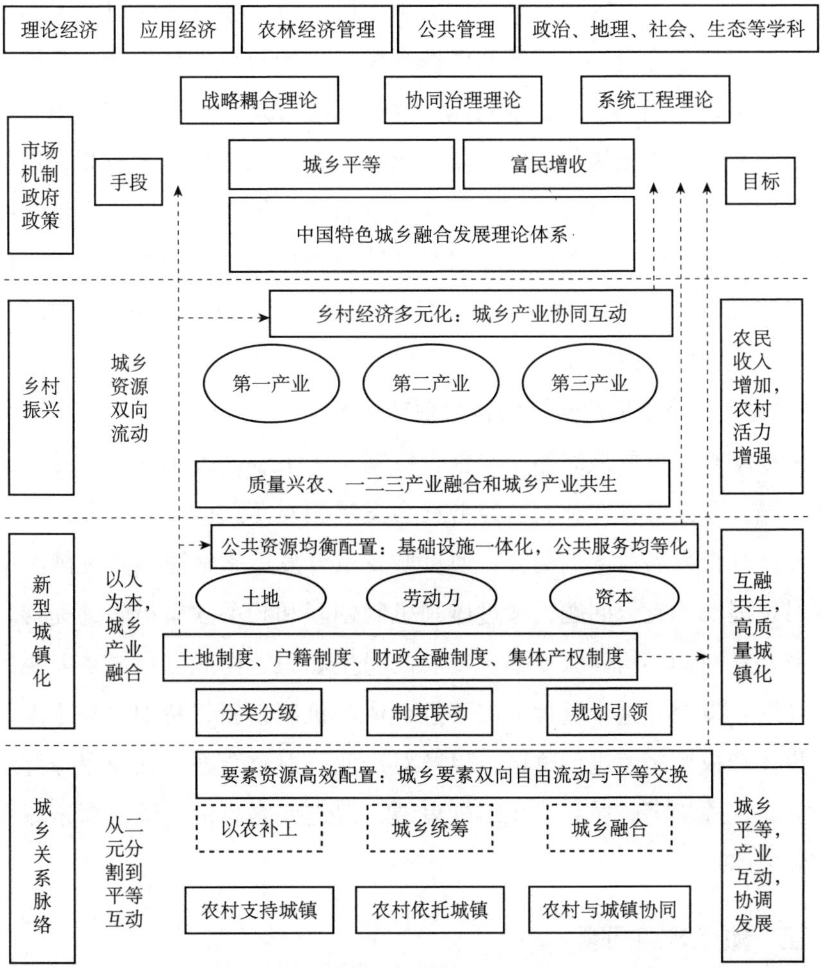

| 理论经济 | 应用经济 | 农林经济管理 | 公共管理 | 政治、地理、社会、生态等学科 |

战略耦合理论　　协同治理理论　　系统工程理论

市场机制政府政策

手段　　城乡平等　富民增收　　目标

中国特色城乡融合发展理论体系

乡村振兴

城乡资源双向流动

乡村经济多元化：城乡产业协同互动

第一产业　　第二产业　　第三产业

农民收入增加，农村活力增强

质量兴农、一二三产业融合和城乡产业共生

新型城镇化

以人为本，城乡产业融合

公共资源均衡配置：基础设施一体化，公共服务均等化

土地　　劳动力　　资本

互融共生，高质量城镇化

土地制度、户籍制度、财政金融制度、集体产权制度

分类分级　　制度联动　　规划引领

城乡关系脉络

从二元分割到平等互动

要素资源高效配置：城乡要素双向自由流动与平等交换

以农补工　　城乡统筹　　城乡融合

城乡平等，产业互动，协调发展

农村支持城镇　农村依托城镇　农村与城镇协同

图 1-5　研究思路

第三节　拟解决的重点难点问题

一、拟解决的关键性问题

1. 城乡融合发展的基础条件、制约因素与战略目标

城乡融合发展的基础条件、制约因素与战略目标决定了城乡融合发展

的区域模式，也决定了中国特色城乡融合发展的理论体系。城乡融合发展的路径和特色发展模式要充分考虑各地实际，以创新发展的思维不断推动制度改革，探索适合区域特征和资源禀赋条件的特色发展模式。我国各地经济发展呈现不同的水平，不同地区的城乡融合发展水平存在相当大的差异。经济发展水平较高的地区，城镇化和工业化水平也相对较高，城乡融合发展程度也较高；经济发展水平相对落后的区域，城乡融合发展水平也较低。探索城乡融合发展的战略路径和特色发展模式，须充分考虑不同区域的经济社会发展水平差异，遵循城乡融合发展的客观规律，因地制宜，探索差异化的特色发展模式。

2. 城乡融合发展的战略路径与创新机制

城乡融合发展的战略路径与创新机制决定了制度改革方案与政策创新设计。城乡差距的存在和农村经济社会发展相对落后的城乡二元结构，阻碍了经济社会发展效率的提升。通过城乡融合发展来解决城乡发展不平衡和乡村发展的不充分问题，通过体制机制创新和相关政策措施的完善，促进城乡要素流动，构建城乡融合发展的内生动力，由此缩小城乡差距，实现城乡融合发展。这个过程中需要进行体制机制创新，特别要对土地、户籍、集体产权等制度进行改革，以及对产业、财政金融、社会保障等政策进行创新，逐步突破城乡二元结构束缚，促进要素自由流动，探索城乡融合发展之路。

二、重点难点问题

1. 城乡融合、乡村振兴、新型城镇化的关系

构建的城乡融合—乡村振兴—新型城镇化"一体两翼"研究框架中，三者之间的关系如何处理与把握，成为研究的重点和难点之一。既存在时间、空间、目的和路径等方面的同步性，又存在区域、战略重点和路径等方面的差异性，三者各自功能与发展各有侧重，又相辅相成、有机融合。乡村振兴立足于乡村，发挥农民的主体性作用，挖掘乡村多元价值，通过产业振兴、生态振兴、人才振兴、文化振兴和组织振兴，重点解决农村活力不足问题，关键是要发挥市场机制和农民主体性作用，研究促进要素资

源双向自由流动的体制机制问题；县（镇）解决如何就近实现"以人为本"的新型城镇化并解决大城市病问题，重点在于因地制宜，充分调动人的积极性，通过就近城镇化路径，真正减少农村人口，提高城镇居民生活质量。

2. 政策创新的设计与落地

如果要发挥市场机制优化配置城乡资源的决定性作用，必要破除阻碍城乡资源流动的体制机制壁垒，土地、户籍、农村集体产权等制度改革和产业、财政金融、社会保障等政策创新的设计与落地成为研究的重点难点之一。城乡融合发展需要突破体制机制障碍，厘清促进融合发展的各种制度、政策的边界和职能分工，将制度改革和政策创新纳入融合发展的大体系。复杂的制度改革和政策创新发挥协同作用，成为本书研究的一个难点。为了突破难点，先剖析制度改革和政策创新方案的服务对象，也就是城乡融合发展的战略路径与特色发展模式，加强制度改革和政策创新方案的针对性，按照乡村振兴的内涵要求从产业、生态、文化、治理等维度构建城乡融合发展的战略路径。以产业互动为核心，通过促进资源要素的双向自由流动，构建城乡互动的产业支撑体系；以公共资源优化配置为抓手，通过提高政府公共产品的覆盖层级，构建城乡居民福利公平的均等化保障体系。将政府和市场双轮驱动的路径按照产业多元化、公共服务均等化、基础设施一体化等纳入城乡融合发展这一大系统，在这个系统工程中重点要解决影响系统有效性的体制机制障碍以及发展的内在逻辑。阻碍劳动、土地、资金、技术自由流动的制度性障碍因素，在于户籍制度、土地制度、农村集体产权等制度和产业、财政金融、社会保障等政策，围绕以上范围设计出制度改革和政策创新方案，成为本书研究的重要目标。

第二章　城乡融合发展的理论
脉络与制度逻辑

第一节　城乡融合发展研究的趋势、演化与展望

一、引言

党的十九大报告提出坚持农业农村优先发展，实施乡村振兴战略。实现乡村振兴，必须走城乡融合发展之路。国家发改委发布《2021 年新型城镇化和城乡融合发展重点任务》，提出推进以县城为重要载体的城镇化建设，加快推进城乡融合发展的要求。实现城乡融合发展，需要理论上的阐释和指导，从我国农村发展和城镇化的实践出发探索城乡融合发展的理论前沿成为时代之需，为进一步深化体制机制改革协同推进乡村振兴战略和新型城镇化奠定坚实的理论基础。

党的二十大报告提出"坚持城乡融合发展，畅通城乡要素流动"，指明了未来重塑新型城乡关系的实现路径，开启城乡全面融合、共同繁荣的全新局面。站在新的历史关口，坚持推动乡村振兴和新型城镇化双轮驱动、协同发展，促进城乡生产要素双向自由流动和公共资源合理配置，加快形成工农互促、城乡互补、协调发展、共同繁荣的新型工农城乡关系。

促进现代要素在城乡间双向自由流动成为协同推进乡村振兴与新型城镇化促进城乡融合发展的根本路径，健全市场机制和政府赋能路径破除阻碍城乡要素自由流动的障碍，成为核心研究议题。回顾和总结国内外城乡关系理论发展和研究历程，刻画国内外城乡融合发展研究的时间脉络，总

结经验、审视问题，对于寻求新视角、新方法来研究我国城乡融合发展具有重要的理论价值和现实意义。

科学发展史可以通过其足迹从已经发表的文献中提取，大数据时代为使用已有数据进行新知识的生产提供了可能。本书从文献计量和主题文献分析两方面来梳理国内外城乡融合发展研究学术脉络并进行动态分析与评价展望。文献计量是采用数理统计学方法来定量描述、评价和预测学术现状与发展趋势的图书情报学研究分支（邱均平和王月芬等，2008）。知识谱图是在文献计量学的基础上出现的，对海量数据的挖掘处理并将其转化为可视化图像成为其最独特的优势，能够清晰勾勒出某特定研究领域的总体图景和研究热点（张一楠等，2015）。据此，本书运用 CiteSpace 可视化分析软件，基于研究趋势、学科分布、研究内容和高被引文献等维度，对国内外城乡融合研究文献进行系统分析，揭示国内外城乡关系研究的发展逻辑。从文献大数据中提取能反映近期乡村振兴与新型城镇化的关键知识信息并加以系统分析，对从整体把握城乡融合发展研究的态势和演化规律具有重要意义。

本书研究所用文献数据来自中国知网（CNKI）与 Web of Science，数据检索时间为 2020 年 12 月 14 日，共获取 2 390 篇中文文献和 1 257 篇英文文献作为分析对象。中文文献全部来自 CSSCI 期刊，时间跨度为 1998～2020 年，检索主题为（乡村＋农村）＊（城镇＋城市）＊（协同＋融合）；英文文献全部来自于 SCI 或 SSCI 期刊，时间跨度为 1985～2020 年，检索主题为（rural）＊（urban）。在占有大数据的基础上，采用以定量分析为主的科学知识图谱绘制方法，借助信息可视化软件 CiteSpace 展示城乡融合发展研究的历史变迁。具体采用的方法是词频分析和热词分析，版本为 5.4R3。

二、研究动态与总体趋势

（一）变化趋势与学科分布

如图 2-1 所示，从国内发文量来看，乡村与城市关系研究的文献在 2012 年之前一直处于缓慢增长阶段；2013～2018 年处于相对较快的增长期，其间有波动，发文量从 86 篇增长至 194 篇；随着乡村振兴战略和新型城镇化战略的推进，城乡融合发展研究文献从 2019 年开始急剧增加，2019 年发文 529 篇。

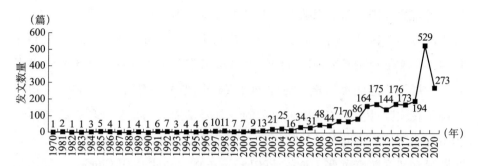

图 2-1　1970～2020 年国内城乡融合发展研究趋势

如图 2-2 所示，从国际发文量来看，关于乡村和城市关系研究的文献在 2005 年之前一直处于缓慢增长阶段；2006～2012 年，存在一个较快增长期，其间有波动，发文量从 41 篇增长至 53 篇；随着发展中国家特别是我国城乡一体化和融合发展的推进，乡村与城镇的研究文献从 2013 年开始急剧增加，2020 年发文 111 篇。

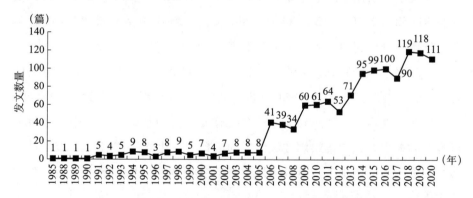

图 2-2　1985～2020 年国际乡村与城镇研究发展趋势

从国内文献的学科分布来看，研究城乡融合发展或者城乡关系以经济学和管理等门类为主，也有政治、社会和地理等门类，学科比较广泛，涉及应用经济、公共管理、理论经济和工商管理等。农业经济学的研究文献有 665 篇，成为研究城乡融合发展的重要力量，超过 100 篇文献的

学科还有城市经济、政治、社会和区域经济等。城乡融合及发展领域的
文献有763篇，与城乡融合发展直接相关的领域还包括乡村振兴、新型
城镇化等，文献数量分别为561篇、466篇。由此可见，城乡融合发展
必然离不开乡村振兴与新型城镇化两大战略，三者成为"一体两翼"的
逻辑关系。

从国外文献的学科分布来看，研究乡村与城镇的学科涉及发展研究、
经济学、农业经济学、区域城市规划、环境研究、城市研究、食物科技研
究等，应用经济学成为研究乡村与城镇关系的重要力量，同时呈现出经济
学与农业、环境、城市、食物等学科的交叉融合趋势。

（二）研究主题变迁

1. 研究主题

利用CiteSpace中关键词分析功能对关键词进行分析，得到各时期高频
关键词，可以直观呈现出城乡融合发展各时期的研究热点，见表2-1和表
2-2。

国内城乡关系发展的研究文献可以分为三个时期，根据乡村与城镇相
关研究高频关键词统计，总体表现出"城乡统筹—城乡一体化—城乡融
合"等明显的阶段性特征，同时又有"城镇化""城乡融合"等长期可持
续的研究主题。我国乡村与城镇关系在不同阶段面临着不同的改革任务与
现实挑战，乡村与城镇关系的研究也从不同时期的现实问题出发，有针对
性地对各时期重要问题进行系统研究，构成了我国城乡关系研究的阶段性
特征。1998~2012年，城乡统筹、农民工、社会融合、工业化、新农村建
设等成为高频研究关键词，这个阶段开始注重城乡关系的融合发展，通过
新农村建设和城镇化等战略推进城乡统筹发展。2013~2018年，新型城镇
化、城乡一体化、乡村振兴等成为高频关键词，以人为本的新型城镇化成
为城乡一体化发展的重要动力和研究对象。2019年以来，乡村振兴、城乡
融合发展、新型城镇化、特色小镇、产业融合等成为高频关键词，如何通
过乡村振兴与新型城镇化战略协同来促进城乡融合发展，成为我国当前的
重大战略抓手与理论研究热点。

表 2 - 1　　　　　　　1998～2020 年国内城乡关系研究主要关键词

顺序	1998～2012 年		2013～2018 年		2019～2020 年	
	关键词	频次	关键词	频次	关键词	频次
1	城乡融合	73	新型城镇化	162	乡村振兴	353
2	城乡一体化	64	城镇化	128	城乡融合发展	345
3	城乡统筹	36	城乡融合	97	城乡融合	253
4	城市化	30	城乡融合发展	89	乡村振兴战略	203
5	城镇化	29	乡村振兴	77	新型城镇化	119
6	农民工	24	城乡一体化	71	城乡关系	101
7	城乡统筹发展	22	乡村振兴战略	70	城镇化	72
8	工业化	21	城镇化发展	61	城镇化发展	40
9	城乡关系	20	协同发展	54	特色小镇	35
10	统筹城乡发展	20	城乡关系	49	产业融合	29
11	农村城镇化	18	工业化	47	新型城镇化建设	26
12	社会融合	17	新型城镇化进程	45	乡村旅游	26
13	新农村建设	16	城镇化进程	44	城镇化进程	26
14	城乡一体化发展	16	农民工	40	协同发展	25
15	城镇化进程	16	产城融合	38	城乡一体化	25

国外文献中，中国、城镇化、贫困、劳动力转移、增长、非洲等长期是高频关键词，中国、非洲等发展中国家的城乡关系是国际乡村与城镇研究文献的重要组成。2013 年以来，城镇化的频次相比于 1985～2012 年有了明显的增长，从 32 次猛增到 117 次，可见城镇化研究成为城乡关系研究的重要关键词与切入点，意味着通过城镇化的推进可以促进经济增长，引导农村剩余劳动力向城市转移依然是促进农村发展和城乡融合发展的重要路径。

表 2 - 2　　　　　　　1985～2020 年国际城乡关系研究主要关键词

1985～2005 年		2006～2012 年		2013～2020 年	
关键词	频次	关键词	频次	关键词	频次
China	45	China	44	China	143
poverty	49	poverty	44	urbanization	117
migration	33	migration	31	poverty	102

续表

1985～2005年		2006～2012年		2013～2020年	
关键词	频次	关键词	频次	关键词	频次
growth	26	growth	20	migration	90
policy	26	policy	22	growth	83
urban	20	urban	18	policy	56
urbanization	17	urbanization	15	impact	66
Africa	19	Africa	17	agriculture	48
model	17	income	13	cities	47
labor	11	agriculture	18	urban	56
agriculture	21	inequality	12	inequality	50
cities	12	labor	9	Africa	45
employment	14	globalization	9	determinants	38
inequality	14	cities	10	land	41
income	13	gender	10	income	33

2. 文献图谱

如图2-3所示，从1998～2012年文献研究图谱来看，呈现出城乡统筹、城乡一体化与城乡融合发展的逻辑线索，新农村建设、城镇化和城市化研究在此时期兴起，无论是城乡统筹还是城乡一体化，抑或是城乡融合发展，城乡关系研究都离不开城镇化和农村建设两条路径的同步进行。

如图2-4所示，从2013～2018年文献研究图谱来看，新型城镇化与城乡一体化成为这个时期的高被引文献与研究热词，乡村振兴与城乡融合发展相关研究在此时期兴起。根据2014年中共中央、国务院联合印发的《国家新型城镇化规划（2014—2020年）》，按照走中国特色新型城镇化道路、全面提高城镇化质量的新要求，明确未来城镇化的发展路径、主要目标和战略任务，统筹相关领域制度和政策创新，是指导全国城镇化健康发展的宏观性、战略性、基础性规划，以人为核心的新型城镇化成为推动我国经济社会健康稳定发展的强大引擎。

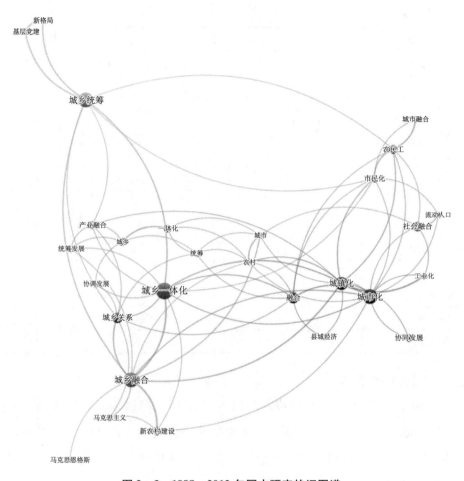

图2－3　1998～2012年国内研究热词图谱

　　如图2－5所示，从2019～2020年文献研究图谱来看，乡村振兴、城乡融合、新型城镇化成为这个时期的高被引文献与研究热词，进一步密切了三者之间不可分割的紧密联系。党的十九大报告提出，中国特色社会主义进入新时代，我国社会主要矛盾已转化为人民日益增长的美好生活需要和不平衡不充分的发展之间的矛盾。发展最不平衡最不充分的问题在农村，最艰巨最繁重的任务在农村，而最广泛最深厚的基础也在农村。2018年，中央一号文件《中共中央 国务院关于实施乡村振兴战略的意见》正式对外发布，明确提出实施乡村振兴战略，成为中国全面深化改革新征程上的一个标志性起点。

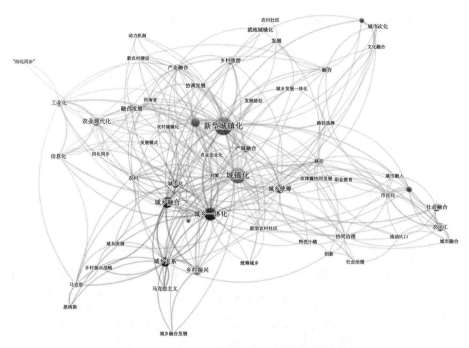

图 2 - 4　2013～2018 年国内研究热词图谱

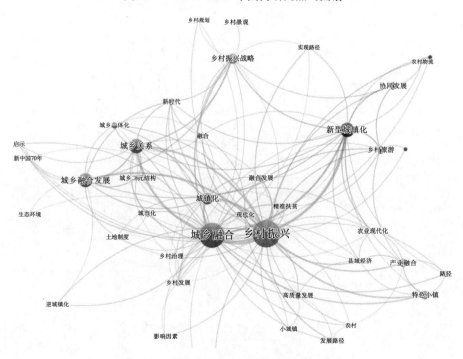

图 2 - 5　2019～2020 年国内研究热词图谱

在乡村振兴战略不断推进的同时，我国城乡融合发展的顶层设计文件也于 2019 年 5 月出台，为我国城乡融合发展规定了三阶段的发展目标和总体政策举措。2019 年 5 月，《中共中央 国务院关于建立健全城乡融合发展体制机制和政策体系的意见》正式出台，对我国城乡融合发展的总体目标和措施进行规划。即：到 2022 年，城乡融合发展体制机制初步建立；到 2035 年，城乡融合发展体制机制更加完善；到 21 世纪中叶，城乡融合发展体制机制成熟定型；建立健全有利于城乡要素合理配置的体制机制；建立健全有利于城乡基本公共服务普惠共享的体制机制；建立健全有利于城乡基础设施一体化发展的体制机制；建立健全有利于乡村经济多元化发展的体制机制；建立健全有利于农民收入持续增长的体制机制。

如图 2 - 6 所示，从 1985～2005 年国际文献研究图谱来看，贫困、增长等是研究热词，中国、劳动力转移、城镇等正成为这个时期的高被引文献与研究热词，城乡融合的研究越来越关注中国与城乡劳动力转移。

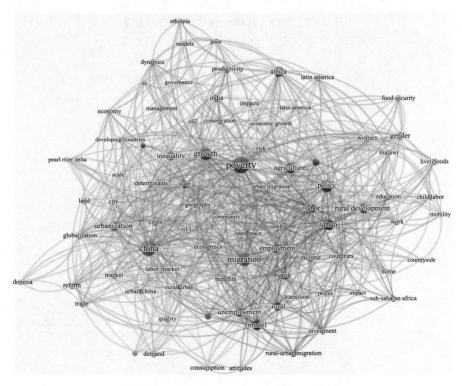

图 2 - 6 1985～2005 年国际研究热词图谱

如图 2 - 7 所示，从 2006 ~ 2012 年国际文献研究图谱来看，贫困、中国、劳动力转移等仍然是研究热词，得到了国际学术界的持续关注。

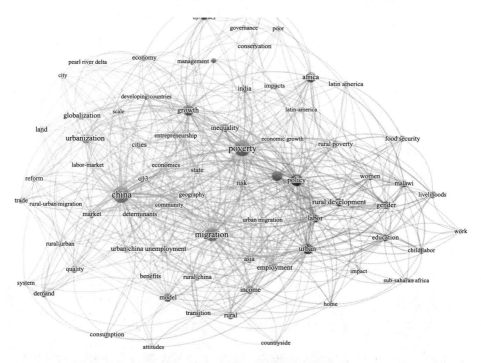

图 2 - 7 2006 ~ 2012 年国际研究热词图谱

如图 2 - 8 所示，从 2013 ~ 2020 年国际文献研究图谱来看，除了中国、劳动力转移等持续研究热度以外，城镇化成为研究热词，特别是中国的城镇化研究成为热点领域。

三、研究脉络与历史演进

（一）国际城乡关系研究历史脉络

城乡融合研究的核心和关键是对乡村与城市发展关系与定位的理解。从国际视野来看，乡村与城市关系理论演变经历了一个"关联—分割—融合"的过程，这个脉络贯穿城乡关系研究的全过程。城乡关系指城乡之间要素流动和功能合作，主要包括空间关系和行业关系（Tacoli，1998），城乡之间各种要素流动包括人口、商品、资本和技术。通过城市人口从事农

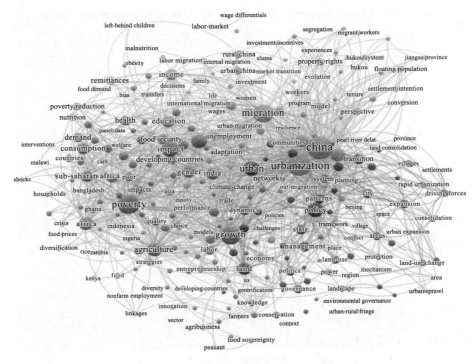

图 2 - 8   2013～2020 年国际研究热词图谱

业生产、农村人口参与非农业生产、促进工业与农业日益增长并相互依赖等手段，城乡最终走向一体化（Byres，1995）。

早期学术研究成果大多强调城乡关联发展。杜能（Von Thunen，1826）提出，孤立国农业圈层理论在本质上就是一个城乡关系模型，探究城乡不同产业的空间分布规律，运费决定产业在城乡空间上的分布。史密斯（Smith，1776）系统研究城乡发展的自然顺序及其时空演变特征，阐述地理、贸易、制度、文化变迁对城乡关系的制约与影响本质，城市财富的增长与规模扩张是农业与相关产业持续发展的结果。城乡相互依存，有着共同利益诉求，遵循自然发展顺序并保持协调的城乡关系才是良性与合理的。城乡对立是工业生产与农业生产的实际要求，工业与农业的分离形成城乡对立格局；当生产力发展达到一定水平，就要将农业与工业结合起来，促使城乡之间的对立逐步消失。霍华德（Howard，1898）认为，城乡必须结合并构建城市—乡村磁铁理论。刘易斯（Lewis，1961）指出，乡村与城镇不能截然分开，两者应当有机结合在一起。

二元结构理论的提出与发展使得城乡关系研究发生转折。城乡二元结构理论（Lewis，1954）成为城市偏向理论的起源和延展出发点。落后农村与发达城市的二元结构成为一种自然现象，乡村处于附属地位并为城市提供劳动力支持，造成城乡分割和城市偏向。采取工业化路径驱动城乡融合发展，发展中国家经济存在现代工业部门和传统农业部门，工业部门从农业部门汲取劳动力满足其扩张需要。农业部门在摆脱剩余劳动力后逐步转换为现代工业部门，获得经济增长与事业发展，逐步转换为城乡融合。城市（工业）导向在较长时期内使社会资本向城市集中，经济、政治等资源向城市集中成为社会进步的表现。区域经济增长呈现出非平衡特征，核心与外围之间的联系主要是通过资源要素自上而下流动发生，资源要素从城市到乡村流动带动区域经济发展。城市凭借自身高工资和高利润从农村吸引各种要素和资源，城乡差距不断扩大。城市通过技术创新与扩散、资本集中与输出、规模经济效益和聚集经济效应将要素向乡村扩散和传导，带动乡村发展。

20世纪70年代中期以来，城乡关系研究回归到城乡融合发展。随着发展中国家城乡关系的实践，城乡分割与偏离理论开始不断遭到发展中国家实践与理论研究的挑战（Preston，1975）。道格拉斯（Douglass，1998）提出区域网络模型，塔科利（Tacoli，1998）提出城乡融合与城乡动态发展理论。2000年以来，城乡发展的关联性日益凸显，现实中呈现出从城乡偏离到城乡协调和城乡融合发展的趋势。农村经济衰退是一种普遍现象，迫切需要更加重视促进乡村振兴和全球城市化进程（Liu and Li，2017）。麦基（McGee，1989）提出Desakota模型，林奇（Lynch，2005）提出城乡动力学等理论。城乡联系包含经济、社会、政治、人口、物质、技术、信息和服务等多种联系（Rondinelli，1978）；主要表现为城乡之间的人口、观念、商品和资金的双向流动（Connor，1983）；技术和信息的双向流动也非常重要（Gould，1969）。除城市向农村辐射的内在拉力外，农村非农化是城乡发展的内在推力，两者交互作用促使城市和乡村界限日益模糊，形成城市用地与乡村用地相互混杂的城乡发展空间组织结构形态，最终趋势是城乡融合发展。乡村自身通过一系列"流"和城市向农村辐射扩散的一系列"流"交融汇合，产生良性循环的城乡联系（Douglass，1989）。城乡良性循环的过程实质是一定区域内有序的、城乡相互联系的系统化过程，形成网络功能效应。

发达国家多数进入了城镇化后期阶段（孔翠芳，2021），英、美、德、日、韩等代表性发达国家城镇化发展历程及其与经济社会的关系对于我国新型城镇化高质量发展具有重要借鉴意义。城乡关系理论渐渐回归城乡紧密联系的传统，城乡融合发展越来越受到国际社会、政策制定者的重视。城市和农村同等重要，加州洛杉矶地区的城市建设伴随着产生一系列诸如效率低下、交通堵塞和资源浪费等"大城市病"问题。从国际经验来看，日本的城乡关系经历了一个从亲密关系转变到分离，再到亲切关系的过程。县域成为大城市与广大农村腹地之间的重要纽带，可以对城乡关系产生很大的影响，必须重视城乡的相互依赖关系（Oucho，2004）。美国加利福尼亚州实施了加强城乡合作和联系的计划（Ndegwa，2004）；欧盟开展了城乡关联发展的空间规划（Kunz，2000；Bengs，2004）；非洲和亚洲的许多国家开展了城乡关联发展的研究和规划。城乡发展过程是一个区域内城乡要素配置不断优化、协同程度日益提高的过程。发展农村是增强加纳农业增长的重要途径，是消除空间差距并促进加纳经济全面发展的必要条件（Ivy Drafor，2017）。穆罕默德等（Mahmoud et al.，2003）利用马里、尼日利亚、坦桑尼亚等六个案例对城乡联系进行比较，城乡收入不平等加剧这些国家的贫困。乔蒂亚和拉奥（Chotia and Rao，2017）发现，金砖国家通过公共政策行动实现更好的城乡关系，扩大农业与整个价值链的创新。城乡联系在发展中国家减贫方面发挥关键作用（Akkoyunlu，2015）。

（二）我国城乡关系演进与理论研究

从中华人民共和国成立以来的时间跨度来看，我国城乡关系也经历了"联系—分割—融合"的发展过程。城乡联系是一个包括了各种要素及其流动与相互作用的很复杂的系统（胡必亮和马昂主，1993）。中华人民共和国成立以来的城乡关系可以分为自然发展状态、城乡二元分割格局、城乡关系趋于缓和、城乡关系分离、城乡一体化、城乡融合发展等阶段（邢祖礼等，2019），国家战略和政策取向对我国城乡关系演化有重要影响。中华人民共和国成立初期实施重工业优先发展战略，逐渐建立起城乡分割的体制；改革开放后，城乡分割的体制不断被打破，城乡关系走向融合。我国城乡经济关系重视差别、联系和协调的研究（周叔莲和郭克莎，1994）。城乡关系不仅是一个经济结构转变的问题，而且是一个社会、政治和文化问题（恩代格瓦，2004）。跨学科的方法对于研究中国城市化是必需的，可以从人口、社会、文化、经济、生态、建筑、管理等方面入手（Friedmann，2006）。当前的研究侧重于人口、经济、物理、社会和管理，跨学科的交叉研究比较少。

城乡关系通过人的活动形成和维系。城乡的性质、特征和功能决定它们的联系（本斯，2000）。本斯认为，发达国家随着农村工业化和城市化程度的不断提高，都市与非都市的区别越来越模糊不清，城乡差距基本不存在。欧洲城乡关系显示出一个动态网络的特征，通过人流、物流、信息流、资金与技术等将城乡联系在一起，给城乡都带来发展机会。大多数发展中国家的城乡关系呈现出农业主导和乡村依附城市的特征。发展中国家最突出的问题是城乡二元结构。

我国城乡二元结构具有典型的区域性特征，地方差异明显。家庭土地承包经营制度使农村地区变成了国家现代发展的稳定器（贺雪峰，2014）。商品流通、农村非农产业的发展等政府对农村的财政支持可以增加城乡互动，人口流动与商品流通有利于农村发展（Li，2011）。城乡一体化程度取决于城乡一体化程度系统成本的降低程度（Lu and Yao，2018）。李等（2014）比较我国城乡关系向高城市化水平迈进的情况，分析城乡人口迁移、农村工业化及其影响因素对我国城乡关系的影响，重点考察当城市化率达到很高的水平时我国城乡之间关系的发展。地理因素仍将是决定农村城镇化路径最为重要的因素（陆铭，2021），在人口集聚的城市周围农村融入都市圈一体化发展。在缺乏产业集聚基础的地区需在人口减少进程中走向农业、旅游、资源产业的规模化和现代化，提高附近城镇公共服务的可达性。

（三）乡村振兴、新型城镇化与城乡融合发展

乡村和城镇的功能各异且互补，两者产生共生关系。刘易斯认为，发展中国家存在着生产率低下的传统农业部门和生产率高的工业部门，工业和城市优先发展的不平衡发展战略使得乡村建设以一种被动的发展方式进行。市场经济背景下，商品、资本、技术、人员等要素完全以自由方式向具有极化效应的地区流动，这些地区发展得更快、更繁荣，农业部门和农村处在区域边缘，形成了中心—外围经济和中心主导城市的不平衡发展（Krugman，1991）。农业在经济发展中为工业部门提供劳动力和剩余农产品（Fei and Ranis，1961）。区域经济发展需要建立起聚落系统，实现城市与农村、工业与农业之间的产品与服务双向流动，推动全国性交易市场的顺利进行（Christaller，1933），消除由产业不同带来的城乡就业对立、人口空间分布不均以及城乡福利差异等（恩格斯，1847）。

党的十九大提出乡村振兴战略以来，国内关于乡村振兴的文献日益丰富。当前我国最大的发展不平衡是城乡发展不平衡，最大的发展不充分是农村发展不充分，凸显了农业、农村、农民发展面临的突出问题（宋洪远，2017；李先军，2017）。乡村振兴的重点问题、发展路径与新农村建设一脉相承（高兴明，2017）。重视打破历史形成的乡村发展低水平均衡状态，把握人力、地权、资本和技术四个重点，推进农村发展（徐勇，2013）。农村建设的重点内容应该是解决农民最需要、最基本的公共设施和公共服务，满足他们生存和发展的需要（马晓河，2006）。以土地制度和户籍制度为中心进行制度改革，改善城乡关系，发挥城市现代文明发动机的核心作用，辐射带动农村发展（周志雄，2008；尹成杰，2010；袁梦醒和赵振军，2011）。城镇吸纳农村富余劳动力、辐射带动农村发展的能力必须足够强大（顾益康，2006；袁梦醒和赵振军，2011）。应加强对农业的科技引领来实现产业兴旺（李晓等，2017）。产业兴旺就是现代农业产业体系形成，一二三产业融合发展，农业农村经济发展活力旺盛（韩长赋，2017）。实现产业兴旺，必须引入科技、资本和人力资源到乡村发展，处理好新型城镇化与乡村振兴之间的关系（李国祥，2018）。农村一二三

产业融合发展是以农村一二三产业之间的融合渗透和交叉重组为路径，以产业链延伸、产业范围拓展和产业功能转型为表征，以产业发展和发展方式转变为结果，通过形成新技术、新业态、新商业模式，带动资源、要素、技术、市场需求在农村的整合集成和优化重组，甚至农村产业空间布局的优化（姜长云，2015）。以第一产业农业为融合主体，第二产业工业为经济支撑，第三产业为主攻方向的叠加发展形式（李小静，2016）。乡村旅游应以生态和经济和谐发展为核心，满足生态需求；以旅游特色城镇建设为导向；以环保为支撑，深化乡村绿色发展（李莺莉等，2015）。生态宜居的乡村，生态环境不断美化，居民的绿色环保意识不断加强（曹康康等，2016）。

城镇化是国家现代化的必由之路和重要标志。党的十八大以来，以习近平同志为核心的党中央确立实施了以人为核心的新型城镇化战略，我国城镇化取得重大历史性成就（胡祖才，2021）。城镇化是一个系统工程，通过建立健全社会保障体系、保证户籍转换人群基本公共服务的平等权利并持续推进农村地区居民人力资本水平提升，才能实现健康有序的城镇化，真正提高整个社会的福祉（霍鹏等，2018）。以人为本的城镇化应该同时兼顾效率、公平和安全等多重社会目标。在城市群和都市圈的宏观格局中优化城市等级梯度，强化县城与县城经济发展将是我国新发展阶段新型城镇化路径选择的可能性策略（罗必良，2021）。农民在城乡之间双向流动和通过代际接力方式快速城市化，农村社会保持了有序分化与稳定，形成独具特色与优势的渐进城镇化（夏柱智，2017）。村域城镇化作为中国新型城镇化战略的重要组成部分，将村域城镇化发展纳入市域、县域城镇发展体系中统一规划、建设和管理，有利于城乡融合发展（王景新，2015）。新型城镇化要强化大城市的集聚效应与县城的纽带作用，促进村、镇、城体系的形成，通过政府引导、市场推动推进城镇化（张永岳等，2014），促进技术创新和服务业发展，产业结构调整升级（马晓河，2011）；控制与转移大城市资源支持乡村发展，创新与完善大城市建设中的市场机制，发挥大城市反哺农村的示范作用（宋林飞，2014）；把政府、市场与社会三者的力量结合起来，以合理边界基础上形成的共同理性推动新型城镇化健康发展（高宏伟等，2018）；深化城乡发展转型体制机制改革，营造城乡平等、协调、一体发展的内生机制及外部环境（刘彦随，2016）。

新型城镇化的本质是人的城镇化，物的城镇化是由人的城镇化引起并为人的城镇化服务，满足和适应城乡居民日益增长的需求（魏后凯，2016）。新型城镇化制度创新就是要创建以人为核心的新型城镇化制度体系，建立适应城乡一体化发展的户籍、土地、生态文明、城乡基本公共服务均等化等制度支撑体系对于新型城镇化的制度保障（柯尊全，2014）。乡村振兴战略在优先发展农业农村、引入非农产业发展的同时，尤需处理好乡村振兴与新型城镇化、乡村农业与非农产业、传统农业与特色农业关系，突出农业的基础地位，补足农业现代化短板，保障粮食安全与农产品有效供给，发展适应城乡居民需求、以农业为基础、农民充分参与和受益的新产业新业态，支撑实现乡村振兴目标（陈秧分等，2018）。推进新型城镇化发展必须基于各地特色与实情，注重各项改革的联动协调以形成改革合力，确保农民能得到改革的净利益增量（李杰义，2015）。不同县域工业化和农业资源的差异形成了三种就近城镇化路径：以本地工业为基础的内生型城镇化、以本地农业为基础的内生型城镇化和以外地工业为基础的输出型城镇化（孙敏，2017）。

改变城乡在工业、商业之间的对立，实现乡村和城市人口观念上的淡化（魏清泉，1997），从城乡分离到城乡融合是现代化的关键性标志。城乡融合就是城乡从分离、对立，在互动中逐步走向融合的过程，并逐步实现城乡一体化（徐杰舜，2008）。城乡融合要求充分高效配置城乡资源，以城带乡、以乡促城，实现城乡在经济、社会、文化、生态等领域的融合（周明生，2015）。从城乡统筹、城乡一体化到城乡融合发展，既保持了发展思路、发展目标的连续性，又根据新时代的新要求，在思路上有进一步的拓宽。促进中国城乡融合发展，必须改变城市偏向的政策安排，创造出城乡权利平等与资源自由流动的有利条件，在城乡规划体制、价格剪刀差制度、户籍制度、土地制度以及公共服务体制的改革等方面取得突破（刘先江，2013）。推动城乡融合发展，户籍制度改革不能仅局限于城市，应该城乡联动。推进城乡联动的户籍制度改革，真正剥离依附于城乡户籍制度上的各种权益，推进农民工城镇化的进程（李飞等，2016），使户籍制度成为居住地意义上的制度，使城乡人口和其他资源要素得到自主流动、自由流动和合理流动，实现城乡资源优化配置、城乡产业协调发展和城乡经济社会融合发展（黄祖辉等，2013）。乡村振兴应确立以新型城镇化战略的引领，推进乡村振兴战略的有效实施，实现两大战略的互促共进和有机衔接（黄祖辉，2018）。

四、评价展望与理论体系构建

（一）评价与展望

国外文献主要从经济因素、制度因素、空间因素等方面研究城乡发展及其内在机制、驱动因素，忽略了一些非制度因素（如历史文化）对一国或地区城乡协调发展的影响。多数研究限定在定性层面，缺乏从定量层面对城乡融合发展与其驱动因素之间协同机理的研究。对于中国这样一个人口众多、历史悠久、幅员辽阔、区域差异明显的发展中国家，如何协同推进以人为核心的新型城镇化与乡村振兴战略实现城乡融合发展，缺乏系统具体的研究。越来越多的学科加入城乡融合发展研究，从以经济学为主转向管理学、社会学、地理学、人口学、规划学等学科的广泛参与，拓展了研究内容，加深了研究深度。研究的视角也深入到城乡发展的各个方面，涉及了要素流动、产业发展、科技创新、制度供给和公共服务均等化的各个方面。

已有城乡融合发展研究多是侧重于地域上的整体性或者制度层面的单一性，研究空间上的区域差异和制度研究的协同性不够，且理论支撑不够严密。研究更多体现在政策层面，理论研究和实证检验相对较少，未来需要在系统理论分析基础上设计实证检验的方式为设计城乡融合发展的机制与路径提供更多的实证结论支持。城乡要素资源单向流动成为城乡融合发展的障碍，当前的研究文献认识到了问题的严重性并在城乡要素资源流动的条件方式、路径机制方面作了探讨，缺少机制创新的视角，未来需要以要素流动、产业协同、公共资源均等配置和机制创新为研究重点，为推进城乡融合发展提供理论支撑和实践经验。

城乡融合发展需要全面系统的研究方法，从时间演变和空间差异的角度进行比较研究。已有国内外文献在揭示城乡关系时缺少时间跨度，特别是我国历史悠久，幅员辽阔，经济社会发展区域不平衡，在横向空间维度上的研究也不充分。我国城乡关系演变的过程中，需要揭示城市和乡村发展失衡的表现及动因，分析实现融合发展目标所需的条件和可能遇到的问题，探讨基于地区差异的合理模式和可行途径。从理论上对城乡融合发展地区差异加以探索和揭示，对城乡融合发展的历史、现状、变动特点和发展趋势进行系统研究和深入分析，从中发现带有规律性和必然性的东西并上升到理论高度，对促进城乡融合发展有很大意义。通过研究区域差异，明晰影响我国不同地区城乡融合发展的外在因素，寻求促进不同地区推进城乡融合发展的合理途径与模式。

推进城乡融合发展离不开制度与体制机制的干预，需要从制度改革与体制机制创新的角度进行理论与政策研究。已有文献从城乡关系自然演进的角度进行了有效理论和经验研究，针对制度干预以及由此造成城乡发展扭曲的系统性研究不够充分。如何对造成二元结构的制度壁垒约束进行突破，推进城乡融合发展需要中国情境下的理论创新和学科交叉贡献。我国是社会主义市场经济，其显著特征是在坚持社会主义基本经济制度下发展市场经济，其制度基础是公有制的主体地位；我国正处于经济转型之中，农业现代化、工业化、信息化、城镇化相互交织、不断深化，市场经济正处于逐步发育完善之中，研究对象具有不稳定性。我国既有现代化的工业部门，也有传统的农业经济部门，大规模的农村剩余人口伴随着工业化进程不断向城市转移，面临的问题是国际经验和理论难以完全对应的。我国幅员广阔、人口众多，发展具有不平衡性，包括区域发展不平衡、城乡发展不平衡等。结合我国农业发展与农村改革的伟大历史实践，从理论创新的角度，发挥学科交叉优势，推进城乡融合发展理论创新，推进理论机制分析、战略路径解构、发展模式探索等交融的综合应用研究，创建符合中国国情的城乡融合发展研究理论体系。当前应重点围绕协同推进以人为核心的新型城镇化与乡村振兴，深入开展城乡融合发展的动力机制、协同路径与制度改革等前沿问题研究。

（二）理论体系构建

面对乡村振兴战略、新型城镇化和城乡融合发展的国家重大战略需求，当前农业经济管理、农村发展、发展经济学、地理经济、农村社会学等单学科的理论基础和方法支撑都还比较薄弱。城乡融合发展的理论基础还需要进一步提炼，构建基于农林经济管理、应用经济学、理论经济学、公共管理学和系统科学等交叉融合的科学理论体系，吸收地理学、生态学、政治学和社会学相关理论和研究方法，对于支撑指导我国推进城乡融合发展具有重要理论意义和实践价值。城乡融合发展的机理、过程及驱动因素和驱动机制非常复杂，产业的转移、人口的迁移、技术和资本的流动等各种要素的运动过程及其驱动机理需要更为广泛和深入的跨学科综合研究。以从效率优先到效率与公平兼顾作为指导思想，通过生产资源高效配置与公共资源均衡配置相结合，为我国城乡融合发展机制设计和现实路径提供系统理论支撑体系。在我国城镇化率超过60%的时候，更需要兼顾公平或者更为注重公平，更要强调推进城乡融合发展，本书的研究具有时代理论价值和重要现实意义。

面向未来，需要构建城乡生产要素高效配置、空间组织优化配置、公共资源均衡配置、政策工具优化组合与集成创新等为主要内容的城乡融合发展理论体系。城乡融合发展是城乡关系中的一个动态发展的概念，贯穿于一个国家或地区的整个发展过程，最终目标是实现城乡之间在产业、空间、投资等方面的融合发展，缩小城乡发展差距和收入差距，形成基于功能分工和等值交换的城乡融合发展内生动力格局。我国有更大的地域规模和人口容量，在时间上有经济快速发展和城乡关系快速演变的特征，在空间上有区域梯度差异和层次多样的特征，在体制上有从计划经济向市场经济转型的特征，基于时间、空间和体制上的特点，我国城乡融合发展不能完全照搬国际经验，我国丰富的实践和快速演进历程需要有中国特色的城乡融合发展理论来指导。

围绕农村人口减量增流、城镇人口高质量发展，在理论上揭示我国城乡融合发展的动力机制战略路径，基于动态视角分析不同经济发展阶段城乡特征、变化规律及发展态势，为构建政府和市场双轮驱动要素流动的战略路径与区域发展模式提供理论支撑。从空间组织、产业效率、公共投资等维度构建城乡融合发展的战略路径，围绕缩小城乡发展差距和居民收入差距实现共同富裕的战略目标，把握人口、土地、资本等要素资源流动的逻辑线索，为构建促进城乡融合发展的体制机制指明战略方向。从市场机制和政府赋能出发，设计户籍制度、土地制度、财政金融制度、农村集体产权制度等政策工具组合与集成创新方案，构建城乡融合发展的组织保障体系。

习近平总书记在 2016 年哲学社会科学工作座谈会上的讲话中指出："这是一个需要理论而且一定能够产生理论的时代，这是一个需要思想而且一定能够产生思想的时代。"[①] 展望未来，我国的城乡融合发展等领域的学者以新时期我国"三农"改革与农业农村现代化实践作为金矿，注重乡村和城镇的联动研究，强化理论逻辑和学科交叉，必能对城乡融合发展研究作出原创性贡献。中国城乡融合发展理论体系的建立不仅根植于中国丰富多彩的历史实践，更需要农林经济管理、应用经济学、公共管理、理论经济学、系统科学等学科的交叉与融合，借鉴地理学、政治学、社会学、生态学等学科，形成综合性的跨学科理论体系。城乡关系协同发展与动态演进出现新的趋势，呈现出复合性、对向性、协同性、交融性、互促性、整体性等特征，具有直接性和多层次性等特点，充分把握并适应这些特点，研究我国城乡融合发展的动力机制、资源配置、演变规律、制度变迁、区域模式等需要多学科理论指导和方法论支撑。未来乡村振兴战略和

---

① 习近平：在哲学社会科学工作座谈会上的讲话 [EB/OL]. http：//www. xinhuanet. com/politics/2016 - 05/18/c_1118891128. htm.

新型城镇化引领的农业农村现代化实践，将为我国城乡融合发展的理论创新提供不竭动力。

第二节 我国城乡关系发展的理论逻辑、制度变迁与社会实践

一、引言

城乡关系是我国"十四五"规划关注的重大战略问题。解决城乡差距问题、重塑城乡关系也是社会主义现代化建设进程中的应有之义（姚毓春和梁梦宇，2020）。回望我国千年历史，城乡关系随社会和时代变迁而不断发展。在封建社会时期，城市与乡村存在着经济和政治上相互附庸的关系。乡村服从于城市的政治统领，城市又依附于乡村的经济基础，由此表现出不可分割的一元化特征（任吉东，2013）。近代以来，城乡关系发生新的变化，城市商业经济的发展促进了城乡在经济上的沟通与互动。我国社会性质转变为半殖民地半封建社会，加剧了城市对于农村在经济上的掠夺和侵占，致使城乡关系严重失衡（蔡云辉，2003）。在近代复杂的历史环境中，城乡之间难以谋求共同进步与发展。新中国成立以来，特别是改革开放之后，城乡关系开始产生实质性变化。我国城乡关系发展处于动态演进中，整体上沿着马克思主义从"分离对立"到"融合发展"的理论路径变迁。由于特定的国情与制度影响，我国城乡关系发展实践中也表现出中国特色的路径特征（周志山，2007；徐宏潇，2020）。

中华人民共和国成立以来城乡关系的阶段划分已有较多研究，多以城乡发展的现实境况或特定的历史节点作为划分依据，形成较为统一的能够反映我国城乡关系发展历程的文献研究脉络（黄少安，2018；张英男等，2019；韩俊，2009；年猛，2020；张海鹏，2019）。依据我国城乡关系发展的现实特征，遵循马克思主义的科学指导，实现了理论与现实的结合，丰富了中国特色城乡关系的研究（白永秀等，2014；许彩玲，2019）。总体

而言，中华人民共和国成立以来，我国城乡关系发展经历了乡村支持城市、农业支持工业，城乡共进、二元破冰，以工补农、以城带乡，乡村振兴、城乡融合发展的动态演进过程。

我国城乡关系的发展过程是理论与实践不断交织的过程，已有文献对此进行了丰富的探讨。城乡关系的深入研究需要突破城乡关系的表面特征，与马克思主义提出的城乡关系发展路径进行联系，从马克思主义的基本理论逻辑出发进行城乡关系变迁的实质探讨，特别需要对于城乡关系发展过程中的内部机理进行系统阐述。在理论逻辑的基础上，我国的城乡关系发展还依赖于制度保障、社会实践以及三者之间的互动关系，需要从整体和联动的角度对三者关系进行系统研究。基于此，本研究依据中华人民共和国成立以来的城乡关系发展历程，对其理论逻辑、制度变迁以及社会实践进行系统分析，探寻三者之间的互动关系和演进逻辑，以期能够系统阐述我国城乡关系的发展脉络，为我国协同推进乡村振兴与新型城镇化促进城乡融合发展提供决策参考与事实依据。

二、城乡关系发展的理论逻辑

（一）马克思主义的城乡关系发展历程

马克思主义从事物本质出发，扬弃了空想社会主义思想与古典政治经济学思想，站在唯物史观立场上对城乡关系进行探索研究，科学预测了城乡关系从"无差别统一"到"分离对立"，最终实现"融合发展"的完整路径。① 城乡关系的演进不能一蹴而就，城乡融合发展的最终实现也需要现实条件的支撑。马克思主义明确指出了生产力与生产关系的矛盾运动是人类社会发展的本质原因，城乡关系的发展离不开物质条件的基础，要依赖于生产力条件的支持。城乡融合发展及其进步也是消灭阶级和阶级对立的最主要结果。② 只有随着社会生产力的不断发展，城乡关系才能不断进步，同时只有阶级对立的消灭，城乡关系才能沿着"无差别统一"到"分

---

① 马克思恩格斯文集（第一卷）［M］．北京：人民出版社，2009：689．
② 马克思恩格斯全集（第四卷）［M］．北京：人民出版社，1958：371．

离对立"，最终走向"融合发展"。

城乡无差别的统一是城乡关系的初级阶段，此时社会生产力低下，城市与乡村、农业与手工业还不具备分化的条件，城乡除了在地理位置与自然环境上有所差别之外，内部居民并没有生活水平的区别，呈现的是"城市乡村化"特征（徐宏潇，2020）。随着社会进步和生产力发展，城乡差距逐渐显现，工商业与农业分工形成，使得城乡发生分离。马克思主义指出民族内部的分工会引起工商业和农业以及城市和乡村之间的利益分离。①城市从农村中分离出来，社会分工促使要素资源进一步向城市集聚，导致城乡关系分离。要素过多地流向城市，城乡之间矛盾凸显，城乡关系形成对立态势。城乡分离对立是社会进步状态下产生的结果，随着社会条件的变化将过渡到城乡融合发展。城乡融合发展指结合城市和乡村生活方式的优点，实现全体成员的全面发展。②城乡融合发展是城乡关系发展的高级阶段，是从二元结构重新走向一元，从而消除城乡之间的各类差异。

（二）资本循环视角的城乡融合发展实现

马克思主义科学地预测了城乡关系遵循于"无差别的统一，分离对立，融合发展"的演进路径，但是在后续研究中却鲜有对这一过程的内部机理进行深入研究。③西方马克思主义学者大卫·哈维提出的"资本三循环"理论将资本循环流动与空间特征联合起来，有助于利用资本循环的视角对城乡关系问题进行剖析。"资本三循环"是指在城乡关系发展进程中，资本将进行三次循环。资本在手工业产业内的循环称为"初级循环"；当第一次循环的资本达到累积过剩时，资本转移向空间的建设，资本在空间城市空间范围内的循环称为"次级循环"，即将资本投向城市基本建筑的建设以及空间消费项目当中；在"次级循环"过程中，首先会产生城市化的现象，继而又会产生第二轮的资本累积过剩情形，由此进行"三级循环"。在"三级循环"中，资本将投入到科学技术研究以及城市的第三产

---

① 马克思恩格斯选集（第一卷）[M]．北京：人民出版社，1995：68.
② 马克思恩格斯全集（第四卷）[M]．北京：人民出版社，1958：368.
③ 马克思恩格斯文集（第八卷）[M]．北京：人民出版社，2009.

业当中，并且还会有溢出的资本向农村地区转移，推动农村的发展和开启农村资本三循环的过程（王有正和张京祥，2018）。

1. 初级循环与次级循环：城乡关系的分离与对立

马克思主义指出城乡关系在发展过程中将会出现城乡间分离与对立的现象。① 资本三循环过程中的初级循环与次级循环为这一过程提供了理论解释。在初级循环过程中，产业资本在手工业产业内循环，通过不断地生产运动来谋求价值增殖，这也正是马克思主义经典资本循环理论所涉及的内容，产业资本依次经过购买阶段、生产阶段和售卖阶段而最终实现价值的增殖。

在初级循环过程中，资本的积累与循环还未能独立地划分出空间部门，城市与乡村因为社会生产力低下表现出统一的状态。随着资本的循环与增殖，社会生产力也有了提高，此时手工业产业领域内的资本产生积累过剩的情况，主要表现为利润率下降、过度生产、剩余价值缺乏等现实情形。为避免危机的产生，资本必须寻找新的增长领域，以谋求后续不断增殖。由此城乡内部便呈现出了分化的倾向，一部分的空间区域在后续的发展中将有新的更大量资本流入而产生经济上发展和领先的变化。

资本在缓解危机的过程中开始了次级循环。为避免过剩危机的发生，资本寻求新的增长空间，会集中于某一空间区域，由此城市开始脱离于乡村，城市化现象产生，城市与乡村逐步分离。此时城乡之间的关系从无差别统一走向分离，城乡结构从一元逐渐过渡到二元。当手工产业内的过剩资本涌向空间区域之内，开启了新一轮的货币资本循环，经过资本的循环过程再次实现价值的增殖。在这一轮的货币资本循环过程中，资本的主要去向是用于城市化的基础设施建设。资本投向以城市建筑为代表的各类基础设施，城市现代化条件逐步完善，城市的经济社会发展水平将会和农村地区产生显著区别，并且随着资本循环的深入和社会生产力的发展，城乡之间的差距愈加扩大。此时城乡之间的对立关系在所难免，城市发展迅速，吸引了大量的资源要素，而农村发展迟缓，资源要素流失，城乡差距

---

① 马克思恩格斯选集（第一卷）［M］. 北京：人民出版社，1972.

日益明显和严重。

2. 三级循环：城乡关系的融合发展

马克思主义提出的城乡关系发展的第三个阶段是城乡融合，这对应于资本三循环理论中的三级循环。① 承续于资本的次级循环，积累过剩的资本从城市的基础建设中溢出，将会向两个路径转移。

大部分资本仍停留在城市区域里，不过此时以城市建筑为代表的固定资产已建设和发展成熟，因而资本开始转移到科学技术和第三产业中进行循环以谋求增殖。资本在第三产业内的循环，主要包括现代设施和公共服务等方面。当资本投入到这类的再生产过程中时，城市的公共服务与现代化体系将会更加完善。从这方面而言城市与农村的差距将呈现扩大之势，这种差距既体现在经济层面，也体现在城市和农村两个部门居民所享受的基础设施和公共服务所带来的生活福利。

少数资本溢出至农村和郊区，开始在农村寻求价值增殖。尽管农村内部的经济动因不如城市内部强烈，但是农村内部拥有大量的土地资源、自然资源以及劳动力资源，并且农村作为新的资本投入场所，资本的边际收益处在较高水平。故而城市内部的一部分资本流向农村，进行货币资本的循环，由此也开启了农村内部的资本三循环过程，在资本的推动下农村将会优化资源配置，推动其经济发展。农村内部的资本三循环建立在空间视域的基础之上，伴随着资本三循环在农村内部开启，农村地区的生产力将逐渐提高，现代化水平不断完善。农村的发展水平逐渐向城市靠拢，由此会推动形成城乡一体化的格局，促进城乡融合发展。不过从农村资本三循环的开启到融合发展的深度实现，不是一蹴而就的，需要较长的时间和先进的生产力来进行弥合。

3. 拓展的资本三循环：中国特色的城乡融合发展

资本三循环理论为阐释马克思主义城乡关系发展的过程提供了理论依据，但是在应用于中国场景的过程中仍具有其自身的局限性，需要不断拓展和完善以便更好地解释中国现实（龙启蒙等，2016）。资本三循环理论

---

① 马克思恩格斯选集（第一卷）[M]．北京：人民出版社，1972.

与中国国情与实践的结合，主要存在两方面的问题：一是在资本的三级循环中，城市的资本溢出流向农村，这是由城市的基础设施建设已经充分完善，生产力提高到一定水平所引起的，而在现实情形尤其是我国的国情中，城市资本流向农村不一定只依赖于生产力进步和城市发展完备的条件；二是资本三循环理论的分析过程中，在各个循环内部主要关注的是资本在城乡之间的单向流动，在次级循环中，农村资本流向城市，在三级循环中，一部分城市资本溢向农村。在我国各地城乡关系发展的现实中，普遍存在着资本在城市与农村之间双向流动的事实。考虑到中国特色的城乡融合发展过程，必须对于上述两个问题进行厘清。

资本三循环是资本在空间中的循环和流动，其本质与核心是马克思主义的资本循环理论在空间范围的体现，不过在社会主义中国，资本循环已经失去了剥削性质，而具有逐利和受政策导向影响的特性。在中国城乡关系发展以及我国城乡统筹和城乡融合发展的过程中，农村的发展虽然总体上滞后于城市，但在城市内部经济不断发展而平均利润率下降的情况下，一些资源禀赋条件较好的农村地区反而有了更高的平均利润率，致使部分资本从城市流向农村以谋求价值增殖。在社会主义初级阶段的城乡关系发展过程中，资本的逐利性对于生产力的提升发挥着重要的积极作用。政策的调控和引导作用在我国城乡关系实践中发挥着重要作用，我国实行的是社会主义市场经济，市场在资源配置过程中发挥基础性决定性作用，同时政府的职能作用发挥也十分重要，政府是引导城乡要素双向流动的重要力量。随着全面实施乡村振兴战略，我国已逐步走向农村资源要素优先配置和乡村优先发展的格局，这将大力推动城市资本流向农村，助力农村经济社会发展。因此城市的资本溢出流向农村，既是生产力水平不断发展和市场作用下资本逐利的结果，在市场失灵之处也受到了政府的政策导向影响。

马克思主义指出资本循环的过程具备在时间上继起、在空间上并存的特征。[①] 资本三循环是资本循环在空间范围内的表现，因而这种特征对于

---

① 资本论（第二卷）. 北京：人民出版社，2004.

城乡之间资本三循环的过程也同样适用。在时间上，资本三循环的过程依次开展，当生产力水平不断提高，内外部的基础条件得到满足，将会推动资本从初级循环走向次级循环，继而走向三级循环。在空间上，城乡关系发展是动态的过程，我国城乡融合发展水平尚处于初级阶段，在不同地区也会存在着相应的水平和程度差异。资本三循环的过程同时存在，既有农村资本流向城市的初级和次级循环，也有城市资本流向农村的三级循环，城乡间资本的双向流动更是普遍存在。总体而言，资本在城乡之间的双向流动是符合我国现实情况的，也是对资本三循环理论的重要补充，将推动我国高水平、高质量城乡融合发展的最终实现。

三、城乡关系发展的制度变迁

城乡关系发展的过程也是制度变迁的过程，制度保障是推动城乡关系发展的重要力量。我国城乡关系发展过程中制度的变迁与理论逻辑息息相关，理论逻辑表明资本循环推动着城乡关系从二元走向一元，从分离走向融合，制度的变迁也与此相适配。我国的土地制度、户籍制度与分配制度分别从土地使用、劳动力流动和财富与收入分配的角度体现了制度变迁的倾向，即遵循于理论逻辑并不断推动不同层面的要素更加科学有序地流动以缩小城乡差距，实现城乡融合发展。

（一）土地制度：从集权走向放权

土地制度是城乡关系发展过程中的基础性制度。土地资源的使用与流转直接关系到农民的生产生活，也关系到城市的发展规模与城镇化水平。中华人民共和国成立以来，党和政府高度重视土地制度的构建与实施，经历了从集权走向放权的土地制度演变历程。

"耕者有其田"是千百年来我国农民最基础和重要的目标。中华人民共和国成立以来，中国共产党带领人民完成社会主义革命，确立社会主义基本制度，坚持公有制的主体地位。在社会主义制度初步建立时期，我国建立了以农民土地所有制为主体的土地制度。后续为了加快实现社会主义经济建设进程，农村的土地制度从农民私有转变为集体共有。政府以合作社的形式将农民组织起来，将土地集中起来，在这一时期土地的所有权和使用权实际上归集体所有。1978年开始实行的家庭联产承包责任制是我国土地制度改革历史上的重大事件，标志着农民在土地的使用上拥有了自主的权利。家庭联产承包责任制实行土地所有权和使用权的分离，集体拥有土地所有权，农民拥有土地使用权。这一制度极大地提升了农民生产的积极性，也提高了农民的收入水平。随着社会主义市场经济的不断发展，我国进一步放开土地使用的权利。2014年，我国政府提出农村土地所有权、承包权、经营权三权分离，实施"三权分置"制度。农村集体经营性建设用地入市也是农村土地制度改革的重要内容，构建城乡统一的土地要素市场，农民在对土地的利用上拥有了更多自主和公平的权利。农村集体经营性建设用地入市使得土地市场放活，城市资本流向农村谋求增殖发展，有利于城乡的协同和融合发展。

（二）户籍制度：从禁锢走向开放

户籍制度是限制劳动力自由流动的最主要壁垒，也是城乡融合发展过程中的制度阻碍。我国政府在城乡关系发展历程中，依据变化的条件不断推动着户籍制度从禁锢走向开放。

中华人民共和国成立到改革开放这段时期，我国为了快速实现工业化的目标，采取了乡村支持城市、农业支持工业的发展模式，致使城乡关系在此阶段产生分离和对立。乡村支持城市、农业支持工业，具体来说就是采用工农业产品剪刀差等方式将农业剩余转移到工业化建设当中，为了保证农业剩余的充足，在劳动力层面我国设立了严格的户籍制度屏障。1958年颁布的《中华人民共和国户口登记条例》明确规定"公民由农村迁往城市，必须持有城市劳动部门的录用证明，学校的录用证明，或者城市户口登记机关的准予迁入的证明，向常住地户口登记机关申请办理迁出手续"。对于农民从农村的迁出设置壁垒，标志着我国城乡二元户籍制度的正式建立。这一制度使得城乡之间强制性地建立起隔阂，农村人口难以自由地进入城市，只能从事农业生产而难以进行非农业的务工行为，此举保障了农业的剩余，也保障了农村支持城市、农业支持工业发展的物质转移。从中华人民共和国成立到改革开放这段时期，户籍制度是对农村农民权利的一种剥夺，城市与农村都被严格地禁锢起来，城乡发展的二元体制也由此建立。随着改革开放后我国经济的迅速发展，严格的户籍制度开始松动，农民走向城市不再受到强制性管制。1984年的中央一号文件指出，允许农民和集体的资金自由地或有组织地流动，不受地区限制。1994年我国明确划分了农业与非农业户口，城乡二元的户籍制度既在城乡之间勾勒了一道界限，也容纳了从农村进入城市从事非农工作和进行经济建设的农村剩余劳动力。进入21世纪后，我国的户籍制度发生了根本性变化。2014年颁布的《关于进一步推进户籍制度改革的意见》指出，要统一城乡户口登记制度。随着户籍制度的深化改革，人为分割的农业与非农业的户口制度得以取消，城市由禁锢走向开放，劳动力这一重要的要素能够在城乡之间自由地流动，极大推动了城乡融合发展。

（三）分配制度：从单一走向多元

分配制度与收入和财富的分配公平性以及城乡发展差距密切相关。长期以来，我国城乡之间存在着较大的收入差距，这不仅是因为城市相对于农村有更先进的生产力和更丰富的资源要素，我国特定的分配制度也是诱致因素。城市在发展过程中分配到了更多的财富与收入，极大地提高了其在基础设施和公共服务方面的建设水平，由此也导致了一系列的城乡不公平问题。随着经济社会的不断发展，农村发展不充分、城乡之间发展不平衡成为了我国城乡关系的显著阻碍。分配制度的完善是解决这些问题的重要途径，也是我国政府致力于改革的方向。在经历了从计划经济到市场经济的探索阶段后，我国的分配制度呈现出从单一走向多元的特征。

在计划经济时期，我国采用严格的按劳分配制度，财富在社会中的分配追求绝对的公平化，分配制度呈现目标和形式上的绝对化与单一化，农村实行合作社分红制，城市实行工资制。在此过程中，城市工人和农村农民难以通过劳动获得额外的收入，生产积极性受挫。改革开放之后，我国逐步建立起了按劳分配为主体、多种分配方式并存的分配制度。在原有按劳分配的基础上，在农村实行家庭联产承包责任制，使得农民能够获得除上交给国家和集体之外的多余收入；城市工人的工资收入开始与自身创造出的经济绩效直接挂钩，同时能够获得分红、奖金、利息收入等其他形式的收入，这极大地提升了城市内部的劳动效率与生产效益。在按劳分配为主体的分配方式上，党的十六大和十七大指出将要素分配纳入分配制度，劳动、资本、技术和管理等生产要素按贡献参与分配。城市与农村因为分配制度的改革获得了极大发展。

党的十八大以来，我国的分配制度改革进一步深化，主要表现在分配要素和分配方式上的多元化。在分配要素方面，习近平总书记指出要构建以数据为关键要素的数字经济，明确了数据作为生产要素的地位。[①] 党的十九届四中全会首次提出将数据作为生产要素参与分配，这是新时期下分配制度的新特征，是对原有分配制度的范围的扩大。在分配的方式上，在初次分配和再分配的基础上，党的十九届四中全会明确提出第三次分配是收入分配制度体系的重要组成部分。初次分配、再分配和第三次分配协同作用的制度体系是分配制度的重要完善，是有为政府、有效市场和有情社会在新时期的共同作为。分配方式的多元化将能够有效地缓解社会上的贫富差距问题，有助于实现共同富裕的社会主义目标。在全社会贫富差距不断收敛直至消除的路径中，我国的城乡差距也会消除，最终实现城乡融合发展和共同富裕。

四、城乡关系发展的社会实践

在城乡关系动态发展过程中，我国进行了社会实践。对过往的实践脉络进行梳理分析，可以系统窥探中华人民共和国成立以来社会主义建设过程和城乡关系变迁历史。我国在实践探索的道路上也积累了宝贵的经验。

（一）城乡关系发展的实践脉络

中华人民共和国刚成立时，百废待兴，城市与乡村的落后状态急需打破。在当时的生产力条件下，城市与农村难以实现共同发展，通过乡村支

---

① 习近平：实施国家大数据战略加快建设数字中国［EB/OL］. http：//www. xinhuanet. com/politics/2017－12/09/c_1122084706. htm.

持城市、农业支持工业的工业化优先发展战略，有助于快速构建现代化的工业体系。中华人民共和国成立到改革开放这一时期，我国政府为推动生产力发展和工农业劳动力分离制定了相应的制度体系，在工业化的发展过程中筑起城乡界限，推动分工体系的构建与完成，保证农业剩余不断流向城市，以实现乡村支持城市、农业支持工业并快速推进工业化的目的。在实践探索过程中，我国进入城乡分离对立的阶段，形成了经济上的二元格局（魏后凯等，2020）。

改革开放以后，计划经济时期形成的制度体系和政策导向开始逐步调整。农村与农业的发展不再以服务于城市和工业的发展为主要任务。经历了家庭联产承包责任制改革之后，农民的生产积极性大幅度提高。随着市场化的进程加快，乡镇企业异军突起，农民在农业和非农业的领域中进行着广泛的实践探索。农村经济获得迅速发展，生产力得以极大释放，城乡二元结构在经济层面开始瓦解，城乡共进成为不可逆转的趋势。

21 世纪以来，我国城乡关系进一步发展并呈现新的特征。我国已初步具备了工业反哺农业的条件（张海鹏，2019），城乡关系进入新阶段。党的十六大和十七大报告中相继提出"统筹城乡经济社会发展"和"形成城乡一体化的新格局"，表明我国城乡关系开始从分离对立的状态中脱离出来，城乡之间差距的缩小不仅仅是经济层面，还包括社会、文化和生态等各个层面的统筹与一体化发展。这一阶段的探索实践处于城乡分离对立和融合发展过渡期，为全面乡村振兴和城乡融合发展作了重要准备和铺垫。

经过城乡统筹和一体化发展阶段之后，我国进入城乡融合发展和全面乡村振兴阶段。党的十九届四中全会和"十四五"规划指出"健全城乡融合发展体制机制"，党的十九大提出乡村振兴战略，推动城乡关系进入实现"人的全面发展"新阶段。城乡融合发展和乡村振兴以及新型城镇化相辅相成，互为依托，城乡融合是实现乡村振兴的必由之路（何仁伟，2018）。

（二）城乡关系发展的经验汲取

1. 在市场化农村改革中赋予农民更多权利

市场化导向是我国农村发展演变的重要主线（刘俊杰，2020）。从计划经济走向市场经济，城乡关系发生深刻变革，农民在从事农业生产中有了更多自主的权利，农民的地位不断提升。农村实行家庭联产承包责任制，农民在生产过程可以自行决定生产行为。我国延续两千多年的农业税制度被取缔，减轻了农民的负担，提升了农民的收入水平。土地制度的改革不断深化，农村土地的流转与利用更加科学有序，农村耕地"三权"分置等一系列重要的制度创新使得农民获得了更多处置土地的权利。农民在从事非农工作和城镇化的历程中也获得了更多的选择机会。户籍制度的改革使得农民不再局限在农业生产中，而是可以更加自由地进入城市参与众多非农工作。随着农村人口进入城市和以人为核心的新型城镇化水平不断提升，农村转移人口和"新市民"享受到更为公平的基础设施和公共服务，福利水平和获得感大幅度提升。

2. 多维度破除城乡二元结构

马克思主义指出城乡融合发展的最终目标是实现全体成员的全面发展，这就要求在发展过程中多维度破除城乡二元结构，弥合城乡之间在各个层面的鸿沟。

城乡二元结构最突出的表现是城乡居民收入的不平等。改革开放后的一段时期内，制度改革红利释放，农村经济发展动能大幅度提高，城乡之间的经济水平差异得到缩小。在党的十六大和十七大报告中我国政府相继提出城乡统筹和一体化发展，开始在多层面推动城乡之间的协调发展。城市与农村在经济、社会、文化、生态等各个方面唇齿相关，在缓解城乡收入差距的同时，我国政府从多个维度精准施策，对于农村的直接支持与间接补贴力度不断增加，极大地提高了农村基础建设、公共服务和居民生活水平（林万龙，2007）。多维度破除城乡二元结构，最终的走向是城乡融合发展和全体成员全面发展。

3. 推动城乡关系渐进发展

中华人民共和国成立至今，我国城乡关系经历了分离对立、统筹一体化以及融合发展的过程。城乡融合发展目标的最终实现是渐进的过程，依赖于政策制度和社会实践的推动。改革开放后，我国采取渐进式改革举措，持续推动城乡关系改善。从城乡分离到融合发展并非一蹴而就，需要社会生产力的不断提高、体制机制的不断健全和全体人民的共同努力。目前我国在整体上初步进入了城乡融合发展的阶段，需要依据现实特征制定阶梯性、渐进性、可操作性的政策体系，推动城乡关系实现高质量融合发展。

五、理论、制度与实践的动态关联

纵观我国的城乡关系发展历程，其内含的理论逻辑、制度变迁与社会实践不是割裂的独立存在，三者动态关联造就了中华人民共和国城乡关系不断演进的格局。从三者的互动关系可以审视我国城乡关系发展的内外部特征。

从理论逻辑视角来看，马克思主义科学地预判了城乡关系的发展过程，资本三循环理论则对于这一过程进行了机理上的支撑，构成了完整的城乡关系发展理论逻辑。我国城乡关系发展的制度变迁从理论逻辑中引申而来，通过制度的深化改革，推动生产要素在城乡之间能够更加自由有序地流动，强化市场对于要素配置的决定性作用，重视政府的协调引导作用，为我国城乡关系的社会实践奠定政策基础。

从制度变迁视角来看，城乡关系发展中的制度创新和政策实施遵循于马克思主义理论逻辑的指导，为社会实践提供政策向导与支持。我国城乡关系发展的制度与实践都存在动态演变与优化的特征，制度与实践相互协调且共同进步。制度的变迁搭建起了理论与实践之间的桥梁，使得我国城乡关系始终在政府的顶层设计下寻求发展与进步。

从社会实践视角来看，马克思主义城乡关系发展的理论逻辑指导了我国城乡关系发展实践，社会实践又发展和丰富了马克思主义理论，实现城乡融合发展在实践和理论上的互构（王芳和贾秀飞，2021）。城乡关系的变迁和城乡融合发展是马克思主义城乡关系理论所进行的设想，在我国社会实践中得以实现。社会实践受制度政策的引导，通过人民的不懈探索实践，我国逐步形成了中国特色城乡关系发展格局。

六、总结与启示

回望中华人民共和国成立以来70多年的城乡关系发展历程，我国经历了从分离对立到统筹一体化发展，再到融合发展的路径过程。在发展过程中，理论逻辑、制度变迁与社会实践相互作用，形成了中国特色城乡关系发展格局。马克思主义科学预想了社会主义国家的城乡关系发展过程，资本在空间内的流动循环为这一过程提供了机理支撑，由此形成了我国城乡关系发展的基本理论逻辑。在理论指导下，城乡关系发展中的制度不断变迁，推动了要素的自由流动和市场化配置，土地制度、户籍制度、分配制度分别从土地利用、劳动力流动、财富与收入分配的角度实现了制度变革与自我完善。社会实践推动着城乡关系发展并积累了宝贵经验，为城乡融合发展和乡村振兴的全面实现提供历史镜鉴。在城乡关系发展过程中，理论逻辑、中国特色制度体系和社会实践互相支撑，动态关联，以制度变迁为桥梁连接起理论逻辑与社会实践，在三者的共同作用下，中国特色的城乡关系不断发展和进步。

展望未来，随着社会生产力水平不断进步，城乡之间的要素流动更加畅通，我国必然能够实现全方位的城乡融合发展。这一过程既是马克思主义城乡关系发展理论中国化的过程，也是我国制度体系和社会实践完善创新的过程。当前我国依然存在农村发展不充分和城乡发展不平衡等社会矛盾，这与马克思主义设想的真正完全意义上的城乡融合发展依然存在差距。在未来的发展过程中，需要发挥理论、制度和实践的协同作用并完善三者之间的互动关系，通过长期的不懈努力推进城乡融合发展和乡村振兴战略全面实施，最终实现全体人民共同富裕。

第三章　城乡融合发展评价

我国城市和农村这两类异质空间单元既相互关联又相互独立（黄禹铭，2019）。在城乡要素配置与要素流动的过程中，由于城市的特有优势和制度优势的存在，导致各种资源向城市聚集，城乡分割的状态由此形成（阮云婷和徐彬，2017）。中华人民共和国成立以来，在国家发展战略的调整下，城乡关系先后经历了城乡分割、城乡对立、城乡互动、以城带乡和构建新型城乡关系五大阶段（张海鹏，2019）。在过去70多年里，我国城乡收入差距呈现出减小、扩大再到统筹协调发展的趋势。

党的十九大提出，社会主要矛盾开始转化为人民日益增长的美好生活需要和不平衡不充分的发展之间的矛盾，其中，最大的不平衡是城乡发展不平衡，最大的不充分是农村发展不充分（新华社）。城乡发展不均衡是其重要体现，我国存在着城乡居民收入水平差距大、城乡基本公共服务供给不均衡等现象。城乡协调发展的问题备受学界关注。结合学者关于城乡协调发展的已有研究，可以将其大致分为以下几个方面：（1）从要素流动的视角解释了城乡发展不平衡的理论。"二元经济结构理论"的提出者刘易斯认为，城乡发展不平衡在于现代工业部门和传统农业部门间的产业结构差异。城乡二元经济结构不仅是发展中国家经济结构中存在的突出矛盾，而且是这些国家相对贫困和落后的重要原因（Enke，1962）。缪尔达尔的"地理二元结构"理论强调"扩散效应"和"回波效应"的作用，用于解释地理二元经济结构形成的原因及其作用机制。此外，佩鲁的"增长极"理论、赫希曼的"中心—外围"模型和弗里得曼的空间极化发展理论均揭示了区域经济增长中的不平衡规律在城乡互动中城市起到了主导作用，城市与乡村之间的联系主要是通过资源要素"自上而下"的流动来发生的，强调了核心（增长极）对外围的带动作用（战金艳等，2003）。（2）主要探究城乡协调发展的实现模式。主要包括马克思和恩格斯的"城乡融合"理论、拉格纳纳克斯的平衡发展战略、芒福德的城乡发展观和麦基的亚洲城乡一体化发展模式（胡国远，2007）。（3）城乡协调水平的测度与区域差异的研究。张竟竟等（2007）立足城乡系统内部结构发展，初步建立了城乡协调度模型，对城乡发展水平的测度作出积极尝试。顾鹏等（2013）采用线性加权法测算江苏省2002～2011年城乡协调度，结果显示江苏省内城乡协调度不高，总体上升但呈现波动变化。钱文荣等（2016）运用聚类分析等方法探讨我国2002～2012年省级城乡协调度的动态演变过程和空间分异规律，结果显示各省份的城乡协调度均有所上升，但省域间差异明显且呈现出空间自相关。黄禹铭（2019）以东北三省为研究对象，构建城乡协调度评价体系，并利用了基尼系数、空间自相关和空间回归等方法，研究发现东北地区城乡协调发展水平的区域差异呈不断扩大的趋势且空间集聚性明显。

本书从生产发展、人民生活、生态环境三个角度出发，分别从我国整体以及江苏省的视角对2009～2019年城乡协调发展水平进行系统测度，试图重新审视我国及江苏省城乡发展的时间演变特征，从而为我国各地区制定城乡发展政策提供参考。

第一节　城乡协调发展评价指标体系构建

一、指标体系构建与数据来源

社会对于城乡要素流动的需求促使原有的"城乡二元结构"萌发出"城乡融合发展"的内生性诉求。刘守英（2017）将城乡融合界定为人口、土地和资本等三要素的融合。周佳宁等（2019）认为，高质量的城乡融合应实现人口—空间—经济—社会—环境的五维融合，实质是五维和谐一致、配置得当。纵观已有文献可以看出，城乡融合是从异质二元结构转变为同质一元结构的过程。

本书结合已有研究所采用的指标（周佳宁等，2019；王富喜等，2009；何秀丽等，2010；王颖等，2019），并基于科学性、全面性、可获得性、代表性等原则，依照我国城乡协调发展进程的实际，确定从生产发展、人民生活、生态环境3个维度选取相关指标。在初选阶段，指标数量较多，涉及城乡子系统指标各15个，共有30个。由于初选指标数量较多，同一部分的指标易存在明显的多重共线性，且个别指标的数据质量偏低，所以最终构建如下评价指标体系（见表3-1）。

表3-1　　　　　城乡协调发展水平评价指标体系

目标层	系统层	准则层	指标层	单位
城乡协调发展水平	城市子系统	生产发展	恩格尔系数	%
			城市居民可支配收入	元
			城市居民人均二三产业产值	元
		人民生活	每千人口卫生技术人员数	人
			每千人口医疗卫生机构床位	个
			城镇居民人均教育文化娱乐消费支出	元
		生态环境	人均道路面积	平方米/人
			人均公园绿地面积	平方米/人
			城市市政公用设施建设人均支出	元/人
	乡村子系统	生产发展	恩格尔系数	%
			农村居民可支配收入	元
			农林牧渔业人均产值	元
		人民生活	每千人口卫生技术人员数	人
			每千人口医疗卫生机构床位	个
			城镇居民人均教育文化娱乐消费支出	元
		生态环境	人均道路面积	平方米/人
			人均公园绿地面积	平方米/人
			城市市政公用设施建设人均支出	元/人

本书涉及原始数据均来源于2009～2019年各年的《中国统计年鉴》《中国农业统计年鉴》《中国城乡建设统计年鉴》，对于个别年份的缺失或奇异数据采用插值法补齐，其中台湾、香港、澳门、西藏等地区数据缺失

过多不加入分析。

二、研究方法

（一）熵值法

城乡协调发展水平体系由城市和乡村两个子系统构成，每个子系统又由若干个细分指标组成。指标单位和数值大小不一，为使其具有可比性，需要确定指标的权重。主观赋权法和客观赋权法是常用的两种确定指标权重的方法。熵值法是一种客观赋权法，其根据各项指标观测值所提供信息的大小来确定指标权重。运用熵值法确定指标权重的步骤一般如下。

1. 矩阵标准化

设有 m 个评价指标，n 个被评价对象的评估问题［以下简称（m，n）评价问题］的原始数据矩阵为 $R' = (r'_{ij})_{mn}$，对其进行标准化处理后得到 $R = (r_{ij})_{mn}$，其中标准化公式为：

对于正向指标：

$$r_{ij} = \frac{r'_{ij} - \min\{r'_{ij}\}}{\max\{r'_{ij}\} - \min\{r'_{ij}\}} \quad\quad (3-1)$$

对于逆向指标：

$$r_{ij} = \frac{\max\{r'_{ij}\} - r'_{ij}}{\max\{r'_{ij}\} - \min\{r'_{ij}\}} \qu\quad (3-2)$$

2. 熵

在（m，n）评价问题中，第 i 个评价指标的熵定义为：

$$H_i = -k \sum_{j=1}^{n} f_{ij} \ln f_{ij}, \ i = 1, 2, \cdots, m \qu\quad (3-3)$$

其中，$f_{ij} = \dfrac{r_{ij}}{\sum\limits_{j=1}^{n} r_{ij}}$，$k = \dfrac{1}{\ln n}$。假定 $f_{ij} = 0$ 时，有 $f_{ij} \ln f_{ij} = 0$。

3. 熵权

在（m，n）评价问题中，第 i 个指标的熵权 w_i 定义为：

$$w_i = \frac{1 - H_i}{m - \sum\limits_{i=1}^{m} H_i} \left(0 \leq w_i \leq 1, \sum_{j=1}^{m} w_i = 1\right) \qu\quad (3-4)$$

由此，第 j 个评价对象的综合得分为：

$$F_j = \sum_{i=1}^{m} r_{ij} w_i \qquad\qquad (3-5)$$

（二）城乡协调发展度模型

协调度是对系统内各要素在发展过程中和谐一致的量化程度，杨士弘等（1996）在其著作《城市生态环境学》中最先提出城乡协调发展度模型，而后廖重斌（1999）对模型进行了推导证明，丰富了模型的科学性和合理性。模型如下。

首先计算出城乡发展指数间的协调系数（反映城乡数值间的数学相关程度），计算方法为：

$$C = \left\{ f(X)\ g(Y) \left[\frac{f(X)+g(Y)}{2}\right]^{-2} \right\}^2 \qquad\qquad (3-6)$$

其中，f（X）、g（Y）均由式（3-5）计算可得，分别为城市发展指数和乡村发展指数。C 则为城乡发展协调系数，在数学上，若 f（X）、g（Y）的离差越小，表明城市和乡村的发展协调水平越好，那么 C 就越大，$0 \leqslant C \leqslant 1$。

协调系数 C 无法反映城乡整体的发展水平，即发展水平的高低无法通过协调系数进行有效区分。因此，引入协调度 D，计算方法为：

$$D = \sqrt{CT},\ T = \alpha f(X) + \beta g(Y) \qquad\qquad (3-7)$$

其中，C 为城乡发展协调系数，T 为城市与乡村的综合评价指数，反映城乡整体的发展水平；a、b 为待定参数，满足条件 a+b=1。参考以往学者的研究，应将城市、乡村的发展在同等地位上看待，故本书确定 $\alpha = \beta = 0.5$。另外，参考以往研究（周佳宁等，2019），依据 D 值的大小将城乡协调度分为九个等级，见表3-2。

表3-2　　　　　　　　　　　城乡协调度分类标准

协调度 D	协调等级
(0, 0.2]	严重失调（Ⅸ）
(0.2, 0.3]	中度失调（Ⅷ）
(0.3, 0.4]	轻度失调（Ⅶ）

续表

协调度 D	协调等级
(0.4，0.5]	濒临失调（Ⅵ）
(0.5，0.6]	勉强协调（Ⅴ）
(0.6，0.7]	初级协调（Ⅳ）
(0.7，0.8]	中级协调（Ⅲ）
(0.8，0.9]	良好协调（Ⅱ）
(0.9，1]	优质协调（Ⅰ）

第二节 我国城乡协调度的时序变化

一、城乡协调水平整体稳定增长

2009～2019 年，我国 30 个省份城乡协调发展水平呈现稳步增长的局面，但 30 个省份的整体城乡协调发展仍处于较低的水平。如表 3-3 所示，2009～2019 年，我国城乡协调发展水平从 0.35 上升至 0.59，虽然水平显著上升，但仍处于初级协调的阶段。从我国 30 个省份（西藏及港澳台地区除外）城乡协调发展水平的均值变化来看，研究时段内全国城乡协调度稳步上升，呈现出稳中向好的态势。这说明我国推进乡村振兴的工作完成了良好的政策目标，一系列农业农村倾向政策有效地推动了我国乡村发展，我国城乡协调发展的步伐加快。

表 3-3　　　　　　我国城乡协调度（2009～2019 年）

地区	2009 年	2010 年	2011 年	2012 年	2013 年	2014 年	2015 年	2016 年	2017 年	2018 年	2019 年
北京	0.56	0.58	0.62	0.64	0.67	0.72	0.70	0.74	0.73	0.74	0.76
天津	0.48	0.49	0.53	0.57	0.61	0.57	0.59	0.60	0.67	0.68	0.69
河北	0.35	0.33	0.36	0.39	0.40	0.42	0.46	0.48	0.51	0.52	0.53
山西	0.32	0.35	0.38	0.41	0.42	0.44	0.47	0.49	0.51	0.52	0.54
内蒙古	0.37	0.38	0.40	0.46	0.48	0.48	0.57	0.60	0.61	0.63	0.64
辽宁	0.36	0.39	0.43	0.46	0.49	0.52	0.53	0.55	0.57	0.58	0.59
吉林	0.35	0.35	0.40	0.44	0.46	0.49	0.51	0.52	0.55	0.55	0.57

地区	2009 年	2010 年	2011 年	2012 年	2013 年	2014 年	2015 年	2016 年	2017 年	2018 年	2019 年
黑龙江	0.33	0.35	0.41	0.43	0.45	0.48	0.51	0.53	0.54	0.57	0.59
上海	0.57	0.60	0.63	0.65	0.65	0.67	0.70	0.72	0.76	0.78	0.80
江苏	0.43	0.51	0.55	0.60	0.63	0.65	0.67	0.68	0.67	0.69	0.72
浙江	0.48	0.48	0.53	0.55	0.58	0.60	0.63	0.65	0.72	0.73	0.75
安徽	0.37	0.33	0.36	0.40	0.45	0.46	0.48	0.50	0.55	0.56	0.59
福建	0.38	0.42	0.49	0.53	0.57	0.58	0.62	0.62	0.59	0.61	0.63
江西	0.29	0.31	0.34	0.39	0.40	0.41	0.46	0.48	0.58	0.60	0.62
山东	0.43	0.47	0.51	0.54	0.57	0.60	0.62	0.62	0.60	0.61	0.62
河南	0.32	0.33	0.36	0.40	0.42	0.44	0.47	0.49	0.57	0.59	0.61
湖北	0.34	0.32	0.35	0.41	0.44	0.46	0.52	0.54	0.57	0.59	0.62
湖南	0.31	0.31	0.34	0.39	0.40	0.44	0.51	0.54	0.57	0.59	0.61
广东	0.35	0.38	0.40	0.44	0.48	0.51	0.53	0.56	0.58	0.60	0.63
广西	0.26	0.26	0.29	0.36	0.36	0.39	0.44	0.46	0.54	0.55	0.57
海南	0.30	0.33	0.40	0.43	0.45	0.47	0.51	0.52	0.54	0.56	0.59
重庆	0.26	0.28	0.32	0.39	0.40	0.42	0.43	0.46	0.51	0.53	0.58
四川	0.31	0.29	0.32	0.37	0.39	0.42	0.45	0.47	0.49	0.51	0.54
贵州	0.16	0.18	0.23	0.29	0.31	0.37	0.44	0.48	0.53	0.55	0.59
云南	0.23	0.25	0.30	0.35	0.35	0.37	0.43	0.46	0.52	0.54	0.56
陕西	0.33	0.32	0.35	0.40	0.42	0.45	0.49	0.52	0.54	0.55	0.56
甘肃	0.26	0.27	0.30	0.35	0.36	0.39	0.43	0.45	0.46	0.47	0.50
青海	0.28	0.27	0.31	0.38	0.40	0.43	0.47	0.49	0.48	0.49	0.51
宁夏	0.31	0.27	0.33	0.40	0.41	0.44	0.50	0.52	0.53	0.56	0.58
新疆	0.33	0.37	0.44	0.47	0.48	0.50	0.54	0.55	0.56	0.57	0.59
全国	0.35	0.36	0.40	0.44	0.46	0.49	0.52	0.54	0.57	0.59	0.61

二、城乡关系类型结构稳步协调

2009~2019 年我国 30 个省份城乡协调的结构类型演变过程分别以 2012 年、2016 年为界，分成三个演化阶段，见图 3-1。其中，2009~2012 年，我国整体城乡协调水平较低，结构的变化过程较缓慢。在此阶段，城乡协调类型的主导类型为轻度失调，2009~2011 年连续三年轻度失调地区数量不变；严重失调的地区已于2011年全部消失，中度失调地区数量由7个减至1个，所占比例由23.3%降至3.3%；勉强协调和初级协调地区数量有所增加，北京、上海率先成为初级协调地区。2013～2015年，城乡协调类型结构演化有所提速，主要表现为轻度失调地区的逐渐消失和勉强协调地区的从无到有。在此期间，城乡协调的主导类型为濒临失调，其数量稳定在15个左右；勉强协调地区数量稳定增加，在三年间数量由6个增至12个，所占比重翻了一番；初级协调和中级协调地区数量增加缓慢，在2015年出现了逆发展的现象。2016～2019年，低协调水平地区数量演化加快，结构的变化主要反映为勉强协调地区数量的增加和濒临失调地区数量的清零。濒临失调地区数量由12个降至0，占比从40%骤降为0；勉强协调地区数量由12个增加到17个，所占比重由40%增至70%；初级协调和中级协调的地区数量较期初也实现稳定增长，城乡协调的主导类型为勉强失调。

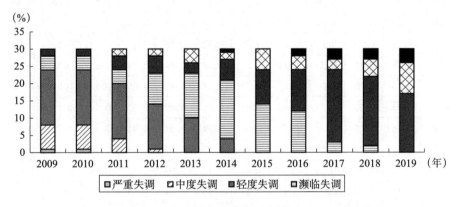

图3-1　中国30个省份各协调类型占比（2009～2019年）

根据上述协调类型和时期的分类，比较三个时期每种城乡协调类型的数量和比例，不难发现：虽然各阶段我国中有个别省份城乡发展速度较快，但整体看来发展速度比较一致；除了北京市在2015年从中级协调回落至初级协调之外，各协调类型中新增的地区都是从低水平协调阶段发展而来的，没有出现跳级发展的现象。例如，贵州省为2009～2010年全国30个省份（西藏及港澳台地区除外）中唯一城乡严重失调的地区，2009～2019年增速较快，实现了对甘肃、青海省的赶超；2012年新增的濒临失调地区（山西、内蒙古、吉林、湖北、广东海南）、勉强协调地区（福建）均为从上一个阶段发展而来。

三、城乡协调发展水平差异有所减小

根据本书所计算的我国 30 个省份（西藏及港澳台地区除外）的城乡协调发展水平计算出省份间各年份协调水平值的极差和标准差，结果如图 3 - 2 所示。2009～2019 年，我国 30 个省份（西藏及港澳台地区除外）城乡协调度的极差和标准差均呈现出波动下降的态势，表明我国城乡协调水平的区域分异有所弱化。最根本的原因还在于原城乡协调水平较高地区的发展速度下降，而原城乡协调水平较低地区的发展提速。例如，2009～2019 年，城乡协调发展水平提升最快的省份是贵州省，城乡协调值增长 0.43；城乡协调发展水平提升最慢的省份是河北省，城乡协调发展水平增加值仅为 0.18。综合看来，我国 30 个省份（西藏及港澳台地区除外）2009～2019 年城乡协调演化过程并没有表现出明显的马太效应特征，反而出现了省份间差距缩小的现象。

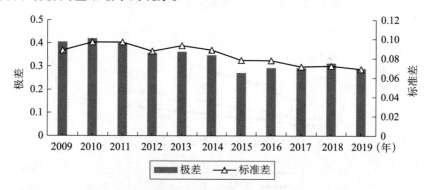

图 3 - 2　中国 30 个省份城乡协调度的极差、标准差变化（2009～2019 年）

第三节　城乡系统发展水平的时序变化

虽然 2009～2019 年我国城乡总体发展迅速，城乡发展间的"缺口"在不断缩小，但是十年间我国城乡协调发展水平值仅有 0.59，反映出我国

城乡协调程度不足的事实，说明我国城乡发展水平之间仍然存在显著差距。

为了解释城乡协调度的变动原因和子系统内在组成部分发展的优势与不足，现对书中数据作下列处理：对城乡发展各个指标的贡献率进行数学处理，将相应的值用作子系统组成部分的权重，使其总和为1，由此可计算出城乡各组成部分的发展水平值，如图3-3、图3-4所示。城市、乡村子系统同分为生产发展、人民生活、生态环境三个组成部分。

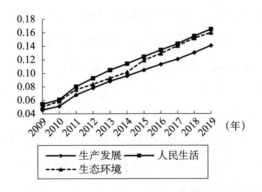

图3-3 2009~2019年城市各组成部分发展水平

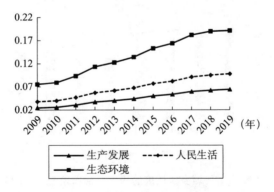

图3-4 2009~2019年乡村各组成部分发展水平

在城市子系统内，各部分的发展态势保持高度的一致，其中，生产发展、人民生活两部分发展水平差距极小，生态环境的发展水平较上述两部分发展水平偏低。不难看出，城市中生产的现代化、生活的便利性水平都得到较快的发展，但是在人居生态环境上还稍有不足，从而形成"两高一低"的态势。在乡村子系统内，各组成部分的发展趋势也保持基本一致。

其中，在子系统内部中，生态环境部分一直维持在较高的水平，且增速明显快于生产发展和人民生活等部分。人民生活和生产发展水平的演化走势高度一致，但长期处于缓慢发展的状态，仍然停留在较低的水平，和城市生产生活的发展水平有着很大的差距，影响了乡村整体的发展水平。由此可见，乡村的发展水平在一定程度仍依靠着生态环境带动，生产发展、人民生活等方面对乡村整体的贡献率偏低，这表明政策对乡村生产、生活的扶持力度还不够大。城乡协调发展强调的是内部各方面的共同发展，系统内部每一方面都对统筹城乡协调发展起着至关重要的作用。因此，在未来的发展中，有关部门不仅要保持好城乡现有的优势部门，更要把工作重点放在城乡内部的发展缺口上。

第四节　江苏省城乡协调度的时序变化

为了更直观地分析江苏省城乡协调发展指数及两部分子系统指数历年变化趋势，本节将其以图呈现，见图3－5。可以看出，在研究时段内，江苏省城乡发展状态良好，协调度呈稳步增长态势。2009年江苏省城乡协调度为0.43，到2019年，江苏省城乡协调度为0.72，仅次于北京、上海、浙江等地，超出全国均值近20%。这说明，2009～2019年，江苏省城乡协调取得了持续稳定的增长，并且未来仍有不断向好的趋势。

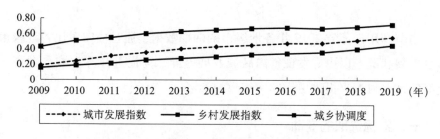

图3－5　2009～2019江苏省城乡发展指数

从发展速度来看，2009～2012年这一阶段增长最快，协调度由0.43增至0.60，三年内增长了约40%，这一增长速度与江苏省城乡融合的变迁进程息息相关。党的十七大报告提出城乡经济社会发展一体化，要统筹城乡发展，推进社会主义新农村建设放在促进国民经济又好又快发展的重要位置，江苏省掀起了大规模促进新农村建设的热潮，推进建立以工促农、以城带乡长效机制，形成城乡经济社会发展一体化新格局。2011年，江苏结合省情实际，启动实施以村庄环境整治行动为重点的"美好城乡建设行动"，以村庄人居环境改善为切入点，从乡村调查和农民意愿调查入手，重点整治农民反映强烈的乡村居住环境和基础设施条件等方面问题，通过物质空间环境的改善，带动社会要素资源向农村流动，促进乡村发展和村民增收致富。

从城乡内部来看，城市和乡村的发展均处于高速发展的阶段。但值得注意的是，2009～2013年，城市发展的增速快于农村发展速度，在图形上表现为城乡发展指数自2009年起缺口逐渐扩大；2013～2016年城乡差距稳定；2017年以后，城乡差距逐渐有缩小的趋势，表现为缺口的逐步合拢。在发展初期，城乡发展有快速发展的趋势，但初期政策与市场经济的竞争力会导致城市发展快于农村，城乡差距拉大；当发展达到一定程度时，政府会逐渐关注城乡发展差距，在引导和调控下城乡差距将会逐步缩小，城乡发展开始走向高质量的发展道路。

第五节　江苏省城乡融合协调度空间截面分析

本节利用江苏省2019年各地级市的两期数据，通过横向对比各地级市城乡发展状况，以更好发现省内区域发展差异，为促进江苏省城乡融合与更好实现乡村振兴提供更为翔实细致的参考。

一、指标选取的变动

考虑到数据可获得性以及相似指标的可替代性，本节对城乡协调发展水平指标体系稍作调整，在城乡子系统分别增加了"公共图书馆藏书量""人均专任教师数""一级文化站个数""农村劳动力平均受教育年限"等指标，以反映城乡子系统中人民生活情况。以"工业固体废物综合利用率"和"农业废弃物综合利用率"代替"城市市政公用设施建设人均支出"，以"森林覆盖率"代替乡村子系统中的"人均公园绿地面积"，并剔除了"每千人口卫生技术人员数""每千人口医疗卫生机构床位"几个指标。最终指标体系见表3-4。

表3-4　　　　　　　　江苏省城乡协调发展水平评价指标体系

目标层	系统层	准则层	指标层	单位
城乡协调发展水平	城市子系统	生产发展	恩格尔系数	%
			城市居民可支配收入	元
			城市居民人均二三产业产值	元
		人民生活	公共图书馆藏书量	人
			人均专任教师数	人
			城镇居民人均教育文化娱乐消费支出	元
		生态环境	人均道路面积	平方米/人
			人均公园绿地面积	平方米/人
			工业固体废物综合利用率	%
	乡村子系统	生产发展	恩格尔系数	%
			农村居民可支配收入	元
			农林牧渔业人均产值	元
		人民生活	一级文化站个数	个
			人均专任教师数	人
			农村居民人均教育文化娱乐消费支出	元
		生态环境	人均道路面积	平方米/人
			森林覆盖率	%
			农业废弃物综合利用率	%

二、数据来源及数据处理

本节数据均来源于《江苏统计年鉴》（2020年）以及《江苏村镇建设统计年报》（2020年）等。数据处理方法与前面一致，即通过熵值法确定各指标权重，再利用城乡协调发展度模型计算2019年各地级市城乡协调度，见表3-5。

表 3-5　　　　　　　　江苏省 2019 年各地级市城乡协调度

	项目	南京	无锡	常州	苏州	镇江	南通	扬州	泰州	徐州	连云港	淮安	盐城	宿迁
城市	生产发展	0.292	0.263	0.246	0.324	0.187	0.180	0.140	0.137	0.197	0.100	0.119	0.095	0.061
	人民生活	0.264	0.324	0.322	0.387	0.247	0.240	0.156	0.183	0.142	0.081	0.108	0.130	0.171
	生态环境	0.241	0.260	0.283	0.248	0.259	0.164	0.236	0.167	0.180	0.161	0.138	0.088	0.164
乡村	生产发展	0.232	0.133	0.155	0.178	0.114	0.227	0.167	0.180	0.260	0.189	0.259	0.345	0.160
	人民生活	0.313	0.276	0.238	0.466	0.244	0.253	0.292	0.242	0.102	0.064	0.134	0.290	0.189
	生态环境	0.397	0.379	0.352	0.398	0.336	0.205	0.295	0.103	0.032	0.048	0.144	0.067	0.098
		0.866	0.818	0.797	0.995	0.694	0.633	0.634	0.505	0.774	0.421	0.443	0.469	0.421

三、2019 年江苏省各地级市城乡协调发展水平分析

为更直观简洁地体现各地级市的城乡协调度差异，本部分将各地城乡子系统评价指数以折线图呈现，见图 3-6。

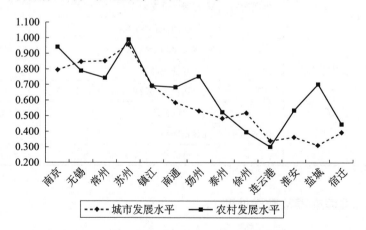

图 3-6　江苏省各地城乡子系统评价指数

总体来看，江苏省大部分地级市城市与农村发展水平较为一致，体现在城市发展水平高的地区，其农村往往也有着较高的发展水平，其中，苏州、南京、无锡城乡协调水平居前三，连云港、淮安、宿迁三市处在落后

位置，总体协调水平由苏南、苏中、苏北呈逐步下降的势态，这与我们既往印象相一致。但值得注意的是，扬州、盐城等地城乡评价指数存在较大的差异，以致其协调度较高协调地区存在较大差距。进一步，我们根据各地城市评价指数与农村评价指数高低进行划分，一种是城市评价指数高于农村评价指数，即城市领先型；另一种是农村评价指数高于城市评价指数，即乡村领先型，具体见表3-6。

表3-6 江苏省按城市评价指数类型划分

城市领先型	无锡、常州、苏州、镇江、徐州、连云港、宿迁
农村领先型	南京、南通、扬州、泰州、淮安、盐城

四、2019年江苏各地级市城乡协调度截面分析

根据耦合度和耦合协调度计算公式，得出江苏省2019年各地级市城乡耦合度以及协调度，另根据城乡评价指数比值分类为城镇滞后型、基本同步型、乡村滞后型，具体见表3-7。

表3-7 江苏省2019年各地级市城乡耦合度、协调度与协调等级、协调类型

地级市	耦合度	协调度	协调等级	协调类型
南京	0.986	0.926	优质协调	基本同步型
无锡	0.997	0.903	优质协调	基本同步型
常州	0.991	0.890	良好协调	乡村滞后型
苏州	0.999	0.987	优质协调	基本同步型
镇江	1.000	0.833	良好协调	基本同步型
南通	0.988	0.792	中级协调	基本同步型
扬州	0.942	0.778	中级协调	基本同步型
泰州	0.997	0.710	中级协调	基本同步型
徐州	0.964	0.663	初级协调	乡村滞后型
连云港	0.993	0.565	勉强协调	基本同步型
淮安	0.929	0.647	初级协调	城镇滞后型
盐城	0.728	0.608	初级协调	城镇滞后型
宿迁	0.993	0.647	初级协调	基本同步型

江苏13个市2019年城乡协调度区间为 [0.565, 0.987]，总体协调水

平较高，但各市协调度水平相差较大。不难发现，经济发展水平较好的地级市，城乡协调度也越高，因为城镇经济发展水平越高，能够用于支配乡村建设的资金也越充裕。其中，苏州、南京和无锡协调度最好，为优质协调状态且属于基本同步型。常州、镇江处于中级协调状态，镇江属于基本同步型，常州属于美丽乡村滞后型。南通、扬州和泰州处于中级协调状态，均属于基本同步型。徐州、淮安、盐城和宿迁处于初级协调状态，其中，徐州属于乡村滞后型，淮安和盐城属于城镇化滞后型，宿迁属于基本同步型。连云港仍处于勉强协调阶段，表现为基本同步型。

江苏城乡协调度大致呈现由南到北的梯级分布态势，这与江苏各地市社会经济发展水平空间分布基本一致。具体表现为：

（1）优质协调，苏州、南京、无锡。苏州、南京和无锡城乡协调度分别为 0.987、0.926 和 0.903，位居前三，且三者均属于城乡基本同居的优质协调型。苏州城镇化起步较早，乡镇企业的发展为农业劳动力转移提供了大量岗位，且由于苏州拥有得天独厚的水乡古村落、古镇资源，开辟了古镇旅游业，为以乡村旅游为抓手的美丽乡村建设打下了坚实的基础。南京是江苏省会，政府资源配置会有所倾斜，不论是基础设施建设还是居民社会保障水平均处于全省前列。同时，南京是全国人才集聚中心，以金融服务业为主的第三产业较为发达，新型城镇化发展水平较高，此外，江宁区的"五朵金花"为全国美丽乡村建设的典型模范。无锡的发展与苏州较为相似，乡镇企业的蓬勃兴起实现了劳动力非农化转移，以开发区建设为载体的城镇化快速发展，在此基础上注重城镇居民生活建设改善、生态环境保护以及城乡一体化建设，在省内率先制定出台了《无锡市主体功能区实施计划》，坚持实施中心城市带动战略，推动城市现代化和城乡发展一体化，形成城乡融合的城市总体骨架。

（2）良好协调，常州和镇江。两市城乡协调度分别为 0.890 和 0.833，常州和镇江城乡协调类型均属于良好协调型，但不同的是常州属于乡村滞后型，而镇江属于基本同步型。镇江凭借临江的地理位置和紧邻苏锡常的区位优势成功地接收了产业转移并注重改善城镇居民生活建设、环境和城乡差异。常州工业经济发展较好，随后大力发展以乐园为主题的旅游业，新型城镇化发展水平较高，但是由于乡村发展缺乏特色，美丽乡村建设稍显落后。

（3）中级协调，南通、扬州和泰州。四市新型城镇化和美丽乡村耦合协调度分别为0.792、0.778和0.710。其中，南通、扬州和泰州耦合协调子类型属于基本同步的中级协调型。南通临近上海，拥有得天独厚的地理优势，经济建设发展迅速，农村居民收入增长速度多高于城镇居民收入增幅，全市所有县实现"县有三馆"（图书馆、文化馆，博物馆或美术馆），镇村综合性文化服务中心建设率先在全省实现全覆盖。扬州和泰州处于长江北岸，社会经济基础与苏南地区相比仍然有较大差距，但紧邻苏南接受苏南经济辐射以及扬泰机场投入使用，也促使扬州和泰州城镇建设步伐加快；在美丽乡村建设方面，两市"优美乡村"、村级组织五项能力建设"百强村"个数持续增加。

（4）初级协调，徐州、淮安、盐城和宿迁。四市城乡协调度分别为0.663、0.647、0.608和0.647。其中，徐州属于乡村滞后型，由于交通区位优势以及人口优势，作为江苏制造业基地，徐州虽然工业经济水平处于苏北前列，然而由于城镇化总体建设水平不高，城镇化发展对乡村地区带动力较差，休闲观光农业景点数处于全省中下水平，乡村发展水平较为滞后。盐城由于农村土地整理等农村工作的开展，加上具有部分村镇靠近上海的地理优势，大中镇恒北村、盐都区仰徐村等成为美丽乡村建设的典范，然而由于没有较为突出的产业优势，新型城镇化水平较低。淮安属于城镇滞后型，宿迁属于基本同步型。淮安由于自身发展的基础较差且没有突出的优势条件，在城镇化发展过程中动力不足，无法形成对乡村地区的辐射带动作用，城乡建设水平整体较差。

（5）勉强协调，连云港。连云港城乡融合发展在江苏省处于滞后地位，协调度为0.565，协调类型为基本同步型。连云港地处江苏北部，乡村振兴战略实施以来，连云港市以"农业重整、农村重构、农民重塑"为抓手，优先考虑"三农"干部配备，优先满足"三农"发展要素配置，优先保障"三农"资金投入，优先安排农村公共服务，稳步推进城乡协同发展。

第六节　研究结论与启示

城乡协调度是测度城乡协调水平的一个无量纲数值，数值本身并不含有任何的实际意义。想要挖掘出城乡协调评价指数内涵的相对意义，需要选取不同地区或研究时段内的协调度作为参照，作出对比分析。因此，本书在测出城乡协调度后采用了以横向对比为主的方法。

就全国而言，2009～2019 年我国 30 省份（西藏及港澳台地区除外）城乡协调度整体水平不高，但表现出稳步上升的态势；城乡间的发展差距正在减小，但不可否认的是城乡间的差距仍存在。在城市子系统内部，生产发展、人民生活两部分对影响城市发展起着至关重要的作用，生态环境方面起到的作用比较低，生态环境的发展较为劣势；在乡村子系统内部，生态环境方面发展水平很高，但生产发展、人民生活发展水平较低，这是造成城乡差距的主要原因。就江苏省内部而言，总体来看，2009～2019年，江苏省的城乡融合发展水平有所提升，且三大区域之间的差距在缩小。根据城乡融合发展指数数值大小将江苏省市域城乡融合发展类型划分为优质协调型、良好协调型、中级协调型、初级协调型和勉强协调型 5 类，其中优质协调与良好协调数量在十年间已实现了较大程度的增加。优质协调型和勉强协调型分别集中于苏南和苏北，较高融合型则在苏南、苏中、苏北三大区域均有分布，中度融合型也分布于苏北和苏中地区。各县（市）的城乡融合发展类型虽然呈现出波动演替状态，但总体趋向是从较低级发展类型向较高级转化。苏北和苏中的城乡融合增长率显著高于苏南，这反映了省内三大区域在城乡融合发展程度上虽有差距，但苏北和苏中的部分地区已表现出追赶之势。

有鉴于此，对于我国下一阶段政策倾向提出以下建议。

（一）规范政府行为，加快城乡转型

坚持城乡融合发展的理念是实现城乡协调发展的重要保障，应逐步改变传统的"政绩比赛"下的官员考核机制，通过规范地方政府行为，建立和完善地方政府规范化的约束机制。要发挥出地方政府对城乡融合的正面推动作用，规范政府行为可以更好缓解政府的过度干预，促进要素资源有效配置。

（二）保护生态环境，加大监管力度

随着工业化的不断发展，我国许多城市环境污染严重、生态遭受破坏，环境与经济发展间的矛盾日益突出，生态环境已成为制约城市发展的重要因素。有关部门应提高重视程度，加强环境保护力度，完善环境治理法律法规，建立严格的企业环境管理监督机制，从而有效地控制污染排放。对于已被污染的地区及时进行生态修复，对高污染排放的企业进行关停整改处理，结合城市特点有规划地增加绿化面积。

（三）优化产业结构，培育农村内生动力

截至 2019 年末，我国城镇化率为 60.6%，说明我国仍有很大一部分人群在农村地区。农村地区儿童、老年人口比例较高，一方面，要提高农村医疗水平，增加医疗公共品在农村地区的供给，让儿童、老年人病有所医；另一方面，要提高农村基础教育水平、完善乡村教育体制，增加教育资源在农村地区倾向性的分配。推动农村地区一二三产业协调发展，将农村剩余劳动力转移到城市或非农产业中，促进农村人群收入水平逐渐提高。逐步废除原有的城乡二元体制制度，解除户籍制度对现行人口自由流动的约束，促进城乡人口、资源、资本等要素自由流动和相互融合。以统筹发展的视角看待城乡公共服务和社会保障问题，加大财政支出中对农村医疗、教育等公共服务的投入比例，促进城市的福利面向乡村延伸。

简而言之，以上建议的提出是希望各级政府在多方面完善制度保障，在市场无法有效配置资源的失灵领域及时发挥政府职能，例如在提供基本公共服务、收入再分配等方面。政府需要努力解决城乡在医疗水平、教育水平、基础设施等方面的不均衡问题，将城乡两个系统看成整体统筹规划，推动城乡布局、要素配置、三产发展、公共服务、生态环境等多方面融合发展，破除原有的城乡二元体制壁垒，建立更适应当代发展的城乡融合发展体制机制。

第四章　城乡要素双向自由流动机制

城乡融合关键要破除妨碍城乡要素自由流动和平等交换的壁垒，要充分发挥市场通过价格、供求、竞争和风险等运行机制对要素流动起到资源配置的决定性作用，更好发挥政府通过土地制度、户籍制度和产权制度等制度改革，破除阻碍要素流动的制度壁垒的作用，共同驱动劳动、土地、资本和技术等要素在城乡之间双向、平等流动。

本章将对现有城乡要素配置效率进行测评，总结要素配置效率特征；归纳要素流动的具体影响因素，采用实证计量方法验证效应结果，分析各因子变化对要素配置效率的贡献率，以探讨影响要素流动的障碍；在双轮驱动机制框架中，基于城乡效率配置特征与影响因素贡献率，提出城乡要素流动机制的创新优化路径。理顺城乡要素流动的逻辑关系，构建城乡人口流动均衡分布模型，梳理出城乡要素流动的关键驱动因素；设计以市场调节为主、政府调控为辅的要素流动双轮驱动机制，推动城乡要素平等交换、双向流动。

第一节　城乡要素错配的理论与实证

一、城乡要素错配程度的理论与实证分析框架

（一）国内外要素错配的研究进展

关于资源错配的测度与分析方法，较为经典的研究框架为：一类是以塞尔昆（Syrquin，1986）分析框架为基础的研究。塞尔昆推广了 Solow 增

长核算框架，将总体 TFP 增长分解为要素配置效应与 TFP 增长率，按照 TFP 水平重新配置要素将提升经济效率，这一框架被广泛应用于分析经济增长结构变动及影响研究。例如，席尔迈和蒂默（Szirmai and Timmer，2000）基于该研究方法探索亚洲国家制造业生产力结构变化，将总生产率增长分解为部门内生产率增长与结构变化效应（包括静态转移效应、动态转移效应），研究结论不支持结构性红利假说。陈永伟和胡伟民（2011）在该方法基础上将资源优化配置效应再分解为要素价格扭曲变化效应与行业份额效应，分析了中国制造业要素价格扭曲变动对产出的动态影响。另一类是以谢地和克莱诺（Hsieh and Klenow，2009）理论框架为基础的研究。谢地等从异质性企业垄断竞争的标准模型出发，引入物质生产率（TFPQ）与收入生产率（TFPR），讨论要素扭曲与 TFP 的关系，按照边际收益重新配置要素将提升总体 TFP，这一框架被广泛应用于微观主体配置效率的分析研究。例如，比索等（Busso et al.，2012）通过对拉丁美洲国家制造业企业的研究，发现如果实现资源有效配置将使得制造业 TFP 提高 45%~127%。阿达莫普洛斯等（Adamopoulos et al.，2017）借鉴该研究方法发现中国农村土地与资本市场摩擦制约了生产力更高的农民提高 TFP，这主要与中国的制度约束息息相关，可以通过优化要素配置、促进高效率农户规模化生产或跨部门就业转移来提高农业 TFP。塞尔昆与谢地等的分析框架为要素错配研究提供了很好的理论与方法指导，但是塞尔昆的分析框架仅提供了要素扭曲对 TFP 结构影响的描述性分析，无法指出具体的效率配置方式，而谢地等的分析框架中对模型的结构化假设较多，限制了其研究结论的稳健性，对宏观生产主体的研究适用性有限。

近年来，从要素错配视角研究中国经济效率与结构成为热点，按照研究主题来看大致分为以下三类：一是分析行业间或产业间要素错配与经济效率问题。多拉尔和韦尔（Dollar and Wei，2007）对 12 400 家中国企业的研究发现，国有企业平均资本回报率比国内私营企业或外资企业低 23%~54%，在保持经济增长不变的情况下通过资本优化配置可以减少 8% 的资本存量。勃兰特等（Brandt et al.，2012）针对中国非农要素市场配置问题，同时考察了省际地区间、省内国有企业与非国有企业之间的资源错配对经济效率的影响，认为要素错配使非农业 TFP 平均降低了 20%，要素市场扭曲主要来自国有企业与非国有企业之间的资本分配不当。柏培文（2014）发现我国第一、第三产业劳动力配置过多，而第二产业劳动力配置不足，认为各产业部门内部配置扭曲与工资差异是导致该现象的重要原因。二是探讨城乡要素错配与城乡经济结构的关联问题。现有研究常以农业与非农部门的关系表征城乡关系。王颂吉和白永秀（2013）测算了中国城乡要素错配系数，发现农业部门配置了过多劳动力和过少资本，而非农部门则配置了过多资本和过少劳动力，导致城乡二元经济结构转化滞后。刘明辉和卢飞（2019）通过在生产函数中设定要素初始分配参数与重置效应参数，对城乡要素错配程度进行测度，认为要素错配现象在农业部门更严峻，对农业部门要素错配的改善有利于城乡融合的发展。柏培文和杨志才（2019）从相对价格与个体异质性角度分析了各省农业与非农部门之间的要素错配程度，研究发现要素错配对收入差距存在较强的解释力度，且金融危机后劳动与资本扭曲程度增加。三是分析农业部门内部要素错配与产出的影响关系。朱喜等（2011）发现如果可以消除农业资本与劳动配置扭曲，农户的农业 TFP 将增长 20% 以上。李承政等（2015）利用浙江村户级层面的固定观察数据，发现如果能实现农地效率配置，农业总产出有望提升 20% 以上。郑宏运等（2019）通过分析 1978～2015 年农业部门要素错配程度及其对农业产出的影响，发现土地要素的错配对产出变动的影响最大，对农业产出变动的年均影响为 −0.1%。这些文献也存在一些待改进之处：首先，对扭曲效应的分解方法较为单一，较少从生产函数结构视角对扭曲进行分解；其次，关于农业要素错配的相关文献中纷纷指出土地要素错配是导致扭曲效应的重要影响因素，然而在对两部门要素配置的研究中，仅考虑了资本与劳动要素，生产函数中忽略了土地要素会导致对农业部门 TFP 的测算产生偏差，进而影响了其效率配置水平核算结果的正确性。

现有研究认为市场、制度与发展策略是造成要素市场扭曲的主要原因，当要素市场受到市场势力、政府干预与制度结构等掣肘时，资源的自由流动将受到限制，资源配置偏离效率状态，造成产出效率损失，最终降低产出的潜在增长力。政府过度干预资源要素流动方向，造成了全社会整体经济效率损失，产生经济发展速度与质量的冲突，并损害经济增长的可持续性。但完全缺失政策引导又将造成地区收入差距扩大，如户籍制度与居民权利非均等化制约下，劳动力无法充分流动，导致地区间、部门间劳动力效率与投入的错配，随着地区生产效率差异的进一步分化，劳动力匹配失衡，经济发展陷入增长困境。同时，我国要素市场尚不健全，一方面，土地流转与利用市场仍处于初步发展阶段，产业用地功能转换困难；另一方面，二元金融市场格局分化致使城乡金融资源分配不均，一定程度上也造成了生产要素错配。

（二）衡量城乡要素市场扭曲的理论框架

考虑一个两部门模型，假设全社会经济分为农业部门与非农部门，农业部门与非农部门采用 j = A，N 来表示（A 代表农业部门，N 代表非农部门）。定义 i 省产出完全由农业部门与非农部门解释，产出函数服从 CES 形式，则有：

$$Y_i = \left(Y_{Ai}^{1-\varphi} + Y_{Ni}^{1-\varphi}\right)^{1/1-\varphi} \quad Y = \left(\sum_{i=1}^{28} w_i Y_i^{1-\sigma}\right)^{1/(1-\sigma)} \quad (4-1)$$

其中，φ、σ 分别为部门之间替代弹性、省际替代弹性系数；Y_i、Y 分别为 i 省产出与全社会总产出；w_i 为 i 省产出占全社会总产出的权重。采用道格拉斯生产函数形式，i 省农业部门与非农部门生产函数可表示为：

$$Y_{Ai} = A_{Ai} M_i^{\alpha_1} L_{Ai}^{\alpha_2} K_{Ai}^{\alpha_3} \quad (4-2)$$

$$Y_{Ni} = A_{Ni} L_{Ni}^{\beta} K_{Ni}^{1-\beta} \quad (4-3)$$

式（4-2）为农业部门生产函数，式（4-3）为非农部门生产函数。其中，Y 为产出；A 为全要素生产率（TFP）；M 为农业部门土地投入；K 为物资资本投入；L 为劳动力投入。i 省资源总量为 $K_i = K_{Ai} + K_{Ni}$，$L_i = L_{Ai} + L_{Ni}$；全社会资源总量为 $K = \sum_{i=1}^{28} K_i$，$L = \sum_{i=1}^{28} L_i$，$M = \sum_{i=1}^{28} M_i$。根据完全市场定义中，各部门（地区）边际产出相等时，高效率部门（地区）获得更多生产要素，此时要素实现最优配置，则有：

$$\frac{l_{ji}}{L_i} = \frac{k_{ji}}{K_i} = \pi_{ji}$$

$$\frac{L_i}{L} = \frac{K_i}{K} = \frac{M_i}{M} = \pi_i \quad (4-4)$$

由于土地具有地理上固定的特殊性，因此土地的效率配置定义为各省农业部门生产中土地投入的最优规模。定义 $\widetilde{A}_{ji} = A_{ji} / (\tau_{ji}^{l\alpha} \tau_{ji}^{k1-\alpha})$，$\widetilde{A}_i = (\widetilde{A}_{Ai}^{\frac{1-\varphi}{\varphi}} + \widetilde{A}_{Ni}^{\frac{1-\varphi}{\varphi}})^{\frac{\varphi}{1-\varphi}}$，其中，$\widetilde{A}_{ji}$ 为估计的 i 省 j 部门 TFP；$\widetilde{A}_i$ 为估计的 i 省 TFP。为方便推导，以非农部门为例，假设非农部门产品价格为 P_{Ni}，单位劳动价格为 q，单位资本租金为 r，存在一组扭曲为 $\{\tau_{Ni}^l 、 \tau_{Ni}^k 、 \tau_i^y\}$，分别代表非农部门劳动、资本、产出的价格楔形税，非农部门利润可表示为：

$\max\limits_{K_{Ni}, L_{Ni}} \{P_{Ni} A_{Ni} L_{Ni}^{\beta} K_{Ni}^{1-\beta} - \tau_{Ni}^l q L_{Ni} - \tau_{ji}^k r K_{Ni}\}$，根据利润最大化条件可得：

$$\frac{K_{Ni}}{L_{Ni}} = \left(\frac{\tau_{Ni}^l q}{\beta}\right)\left(\frac{\tau_{Ni}^k r}{1-\beta}\right) \tag{4-5}$$

$$P_{Ni} = A_{Ni}^{-1}\left(\frac{\tau_{Ni}^l q}{\beta}\right)^{\alpha}\left(\frac{\tau_{Ni}^k r}{1-\beta}\right)^{1-\beta} = A_{Ni}^{-1}\tau_{Ni}^{l\beta}\tau_{Ni}^{k1-\beta}\theta_p \tag{4-6}$$

其中，$\theta_p = \left(\frac{q}{\beta}\right)^{\beta}\left(\frac{r}{1-\beta}\right)^{1-\beta}$，根据前面对 $\widetilde{A}_{ji}$ 的定义进而得出 $P_{Ni} = A_{Ni}^{-1}\tau_y^{-1}\theta_p$，由此得到 $P_i = \left(P_{Ai}^{\frac{1-\varphi}{\varphi}} + P_{Ni}^{\frac{1-\varphi}{\varphi}}\right)^{\frac{\varphi}{\varphi-1}} = \widetilde{A}_i^{-1}\tau_y^{-1}\theta_p$，将式（4-5）代入式（4-3）得到：

$$Y_{Ni} = A_{Ni}\left(\frac{\tau_{Ni}^l q}{\beta}\right)^{1-\beta}\left(\frac{\tau_{Ni}^k r}{1-\beta}\right)^{\beta-1} L_{Ni} = \widetilde{A}_{Ni}\tilde{\tau}_{Ni}^l\theta_L L_{Ni} \tag{4-7}$$

其中，$\theta_L = \left(\frac{w}{\beta}\right)^{1-\beta}\left(\frac{r}{1-\beta}\right)^{\beta-1}$，令 $u_i = [(\widetilde{A}_{Ai}\tilde{\tau}_{Ai}^l l_{Ai})^{1-\varphi} + (\widetilde{A}_{Ni}\tilde{\tau}_{Ni}^l l_{Ni})^{1-\varphi}]^{\frac{1}{1-\varphi}}$，将式（4-7）代入式（4-1）中，得到 $Y_i = u_i\theta_L L_i$。i 省总利润最大化条件可表示为 $P_{ji} = P_i\left(\frac{Y_{ji}}{Y_i}\right)^{-\varphi}$，由此可得 $\frac{P_{Ni}}{P_i} = \frac{\widetilde{A}_i}{\widetilde{A}_{Ni}} = \left(\frac{\widetilde{A}_{Ni}\tilde{\tau}_{Ni}^l L_{Ni}}{u_i L_i}\right)^{-\varphi} =$

$\left(\frac{\widetilde{A}_{Ni}\tilde{\tau}_{Ni}^l l_{Ni}}{u_i}\right)^{-\varphi}$，并解得 $l_{Ni} = u_i\widetilde{A}_i^{-\frac{1}{\varphi}}\widetilde{A}_{Ni}^{\frac{1-\varphi}{\varphi}}\tilde{\tau}_{Ni}^{1-1}$，根据前面的假定，i 省各部门劳动资源可表示为 $l_{Ai} = L_{Ai}/L_i$、$l_{Ni} = L_{Ni}/L_i$，即 $l_{Ai} + l_{Ni} = 1$，则有 $1 = l_{Ai} + l_{Ni} = u_i\widetilde{A}_i^{-\frac{1}{\varphi}}(\widetilde{A}_{Ai}^{\frac{1-\varphi}{\varphi}}\tilde{\tau}_{Ai}^{1-1} + \widetilde{A}_{Ni}^{\frac{1-\varphi}{\varphi}}\tilde{\tau}_{Ni}^{1-1})$，当存在要素扭曲时 i 省 j 部门劳动要素效率配置份额为 $l_{ji} = \dfrac{\widetilde{A}_{Ni}^{\frac{1-\varphi}{\varphi}}\tilde{\tau}_{Ni}^{1-1}}{\widetilde{A}_{Ai}^{\frac{1-\varphi}{\varphi}}\tilde{\tau}_{Ai}^{1-1} + \widetilde{A}_{Ni}^{\frac{1-\varphi}{\varphi}}\tilde{\tau}_{Ni}^{1-1}}$，当不存在要素扭曲时要素实现

最优配置，可表示为：

$$l_{ji} = \frac{A_{ji}^{\frac{1-\varphi}{\varphi}}}{A_{Ai}^{\frac{1-\varphi}{\varphi}} + A_{Ni}^{\frac{1-\varphi}{\varphi}}} = \left(\frac{A_{ji}}{A_i^*}\right)^{\frac{\varphi}{1-\varphi}} \qquad (4-8)$$

其中，$A_i^* = (A_{Ai}^{\frac{1-\varphi}{\varphi}} + A_{Ni}^{\frac{1-\varphi}{\varphi}})^{\frac{\varphi}{1-\varphi}}$。同理，由全社会利润最大化可推出 $\frac{P_i}{P} = \frac{w_i}{\tau_i^y}$

$$\left(\frac{Y_i}{Y}\right)^{-\sigma} = \frac{w_i}{\tau_i^y}\left(\frac{\widetilde{A}_i \tilde{\tau}_i^{-1} l_i}{\left[\sum_{i=1}^{28} w_{i'}(\widetilde{A}_{i'}\tilde{\tau}_{i'}^{-1} l_{i'})^{1-\sigma}\right]^{\frac{1}{1-\sigma}}}\right)^{-\sigma}, \quad 令 \ u = \left[\sum_{i=1}^{28} w_{i'}(\widetilde{A}_{i'}\tilde{\tau}_{i'}^{-1} l_{i'})^{1-\sigma}\right]^{\frac{1}{1-\sigma}},$$

则 $\frac{\widetilde{A}_i^{-1}\theta_p}{P} = w_i\left(\frac{\widetilde{A}_i \tilde{\tau}_i^{-1} l_i}{u}\right)^{-\sigma}$，推出 i 省劳动资源占全社会劳动资源的份额为

$l_i = u\left(\frac{P}{\theta_p}\right)^{\frac{1}{\sigma}} \widetilde{A}_i^{\frac{1-\sigma}{\sigma}} \tilde{\tau}_i^{1-1} w_i^{\frac{1}{\sigma}}$，即有 $l_i = \dfrac{w_i^{\frac{1}{\sigma}} \widetilde{A}_i^{\frac{1-\sigma}{\sigma}} \tilde{\tau}_i^{1-1}}{\sum\limits_{i=1}^{28} w_i^{\frac{1}{\sigma}} \widetilde{A}_i^{\frac{1-\sigma}{\sigma}} \tilde{\tau}_i^{1-1}}$，则 i 省劳动要素的效

率配置为：

$$l_i = \frac{w_i^{\frac{1}{\sigma}} A_i^{*\frac{1-\sigma}{\sigma}}}{\sum\limits_{i=1}^{28} w_i^{\frac{1}{\sigma}} A_i^{*\frac{1-\sigma}{\sigma}}} = \frac{w_i^{\frac{1}{\sigma}}(\widetilde{A}_i)^{\frac{1-\sigma}{\sigma}}}{\sum\limits_{i=1}^{28} w_i^{\frac{1}{\sigma}}(A_i^*)^{\frac{1-\sigma}{\sigma}}} \qquad (4-9)$$

对其他要素的推导与劳动要素一致，可得省内、省际要素的效率权重为：

$$\pi_{ji} = \left(\frac{A_{ji}}{A_i^*}\right)^{\frac{1-\varphi}{\varphi}} = \frac{A_{ji}^{\frac{1-\varphi}{\varphi}}}{(A_{Ai}^*)^{\frac{1-\varphi}{\varphi}} + (A_{Ni}^*)^{\frac{1-\varphi}{\varphi}}} \pi_i = \frac{w_i^{\frac{1}{\sigma}}(A_i^*)^{\frac{1-\sigma}{\sigma}}}{\sum\limits_{i=1}^{28} w_i^{\frac{1}{\sigma}}(A_i^*)^{\frac{1-\sigma}{\sigma}}}$$

$$(4-10)$$

各省要素配置权重、各省各部门要素配置权重由式（4-10）给出，农业部门与非农部门效率产出水平可表示为：

$$Y_{Ai}^* = A_{Ai}(\pi_i M)^{\alpha_1}(\pi_i L \pi_{Ai})^{\alpha_2}(\pi_i K \pi_{Ai})^{\alpha_3} \qquad (4-11)$$

$$Y_{Ni}^* = A_{Ni}(\pi_i L \pi_{Ni})^{\beta}(\pi_i K \pi_{Ni})^{1-\beta} \qquad (4-12)$$

i 省效率产出水平为：

$$Y_i^* = [(Y_{Ai}^*)^{1-\varphi} + (Y_{Ni}^*)^{1-\varphi}]^{1/1-\varphi} \qquad (4-13)$$

全社会效率产出水平为：

$$Y = \left[\sum_{i=1}^{r} w_i^* (Y_i^*)^{1-\sigma} \right]^{1/(1-\sigma)} \tag{4-14}$$

对经济效率损失的测度中，针对既定的产出水平 Y 与计算的效率产出 Y^*，阿扎莫普洛斯等（2017）采用 Y^*/Y 来衡量，布兰特等（2012）、柏培文与杨志才（2019）则倾向于对效率 TFP 与实际 TFP 的比值再取对数的方式来衡量，陈永伟和胡伟民（2011）采用 ln（Y/Y^*）来衡量产出情况。本书采用 $D = \ln (Y^*/Y)$ 来衡量我国要素市场扭曲效应程度，理由是相较于简单的产出比值形式，对数形式能更好地平滑数据，便于进行差异比较；效率产出与实际产出的比值能更为清晰地展现潜在经济效率损失情况；所选的衡量指标具有较为坚实的理论基础，操作上也更为可行。

（三）变量选取与数据来源

1. 变量选取

根据第一产业定义（农林牧渔业，不包括农林牧渔服务业），以第一产业总量代表农业部门，第二、第三产业之和代表非农部门。具体变量选择如下：（1）产出。以第一产业增加值代表农业部门产出，第二、第三产业增加值之和代表非农部门产出。与总产值相比，增加值剔除生产过程中的中间投入成本，更能反映真实部门投入产出关系。分别使用相应的产业增加值指数折算为 1997 年不变价。（2）劳动。以第一产业就业人数代表农业部门就业，以第二、第三产业就业人数之和代表非农部门就业。（3）资本。以资本存量来衡量，采用永续盘存法以 1997 年为资本基期计算每年的物质资本存量，[①] 使用 9.6% 的折旧率水平。在计算处理中，农业部门每年资本投入增量以"农业固定资产投资占全社会资产投资比重乘以全社会固定资产投资额"来表示；非农部门资本投入增量以"全社会固定资产投资额减去农业部门资本投入增量"来表示，采用固定资本投资指数平减。（4）土地。以农作物播种面积表示。农作物播种面积考虑了复种套种等情况，可以反映对土地要素的实际利用情况，农作物播种面

---

① 借鉴李谷成等（2014）的做法，对基期资本存量计算公式为：$K_{1997} = I_{1997} / (\gamma + g_I)$，$\gamma$ 为折旧率，g_I 为 1998～2017 年产出的几何平均增长率。

积为土地投入量的合理指标。（5）弹性系数：现有文献关于跨部门、跨省替代弹性的研究较少，布兰特等（2012）在关于国有与非国有企业的研究中，将部门之间、地区之间替代弹性设置为1.5，这与柏培文和杨志才（2019）将部门之间替代弹性设置为1.5的选择一致，本书参考布兰特等的做法，设定农业与非农部门的替代弹性 $\varphi = 2/3$，各省替代弹性 $\sigma = 2/3$。①

2. 要素产出弹性估计

关于要素产出弹性的估计，现有文献提供了许多经验支撑。农业生产在区域间存在空间效应，采用非空间效应的回归模型将导致估计结果偏误。郑宏运等（2019）采用空间模型测算了1978~2015年农业生产要素的产出弹性，揭示我国农业土地稀缺、农业劳动力过剩的现实情况。对资本存量的核算越早误差越小，郑宏运等1978~2011年农业资本存量的数据来源于李谷成等（2014）的核算，采用同一方法补充后续数据，核算方法较为完备。因此，本书借鉴郑宏运等对农业部门要素产出弹性的设定。关于非农部门产出弹性的估计，现有文献大多仅测算了全国范围的产出弹性，为与农业部门产出弹性研究保持一致，本书从区域视角细化，构建如下模型对非农部门产出弹性进行测算：

$$\ln Y_{Nit} = \ln A_{Nit} + \beta_{1i} \ln K_{it} + \beta_{2i} \ln L_{it} + T_i + \varepsilon_{it} \qquad (4-15)$$

通过对非农部门生产函数取对数得到上式，T_i 为时间虚拟变量，度量时间趋势变化，ε_{it} 为随机误差项，除中部地区劳动系数不显著外其余估计值均通过1%的显著性水平，为与农业部门处理保持一致，基于规模报酬不变假设对其进行标准化处理。要素产出弹性见表4-1。

表4-1　　　　　　　　农业部门与非农部门要素产出弹性

地区	农业部门			非农部门	
	劳动	土地	资本	劳动	资本
东部地区	0.1453	0.6967	0.1581	0.5471	0.4529
中部地区	0.2769	0.5955	0.1275	0.1431	0.8569
西部地区	0.3541	0.4349	0.2110	0.2080	0.7920
东北地区	0.2871	0.5720	0.1409	0.5721	0.4279

---

① 部门之间替代弹性 $\varphi^{-1} = 1.5$、省之间替代弹性 $\sigma^{-1} = 1.5$。

3. 数据来源

在研究区间的选择上，由于部分省份第一产业资本投入数据在1997年后统计缺失，若采用其他指标替代或以回归方式填充（部分缺失数据采用插值法补充），将对研究结果产生影响。为保障研究结论一致性，将研究区间设定为1998~2017年。在样本处理上，为使与其他相关研究可比，将重庆市数据并入四川省，将海南省数据并入广东省，由于西藏地区数据缺失严重，因此不包含西藏。① 数据来自《中国统计年鉴》《中国固定资产投资统计年鉴》以及各省份统计年鉴与年鉴资料。各变量描述性统计见表4-2。②

表4-2 　　　　　　　　　　　各变量的描述性统计

项目	变量	单位	均值	标准差	最小值	最大值
农业部门	产出	亿元	380.53	302.73	15.84	1 675.56
	劳动	万人	1 044.285	805.22	37.09	3 772.4
	土地	千公顷	5 671.15	3 715.57	120.94	14 767.58
	资本	亿元	847.51	982.15	11.86	6 178.44
非农部门	产出	亿元	2 910.14	2 148.07	164.63	9 523.22
	劳动	万人	1 611.5	1 173.17	79.5	5 327.71
	资本	亿元	26 391.54	28 922.83	649.82	173 772

二、城乡要素错配特征分析

（一）全要素生产率增长特征

表4-3列出了2000年、2005年、2010年、2015年各省份农业部门、非农部门、全社会的全要素生产率（TFP）。整体来看，各省份非农部门TFP水平高于农业部门TFP，但随着时间的推移，农业部门与非农部门

① 参考已有文献处理方法，不包括港澳台地区。

② 重庆市在1997年设为直辖市，统计数据是从1996年独立出来的，此前与四川合在一起，海南自1988年建省，此前归广东省管辖，因此许多研究中（尤其是一些研究内容时间跨度较大的）为了保持研究数据的一致性和完整性，都采取了将重庆数据并入四川，将海南数据并入广东的计算方法。为了保证研究口径的一致性，以及便于与其他研究相对比，本书也采取了将重庆的数据并入四川、将海南数据并入广东的做法。

TFP 的差距逐渐收缩。各省份非农部门 TFP 存在较为显著的区域性特征，即不同区域的省份非农部门 TFP 存在显著差异，而同一区域内省份非农部门 TFP 较为相似，这或许与同一区域存在相似的地理优势、产业结构、技术效率等，而不同区域间则差异较大有一定的关联。具体来看，在农业部门中，东部地区 TFP 长期保持首位，其次为东北地区、西部地区、中部地区，2015 年东北地区 TFP 超过东部地区居首位，但这种发展趋势并非来自东北地区农业部门的 TFP 增长效应，而是由东部地区、中部地区农业部门 TFP 下降速度快于东北地区产生；非农部门中，东北地区 TFP 在 2010 年前最高，然而东北地区在长期"产业缺位"与"体制固化"（赵儒煜和王媛玉，2017）发展桎梏下产出效率快速下降，2010 年后东部地区非农部门 TFP 列居首位，中部地区非农部门 TFP 最低。在全社会 TFP 的衡量中，东部地区全社会 TFP 最高，东北地区次之，中部地区最低。

对于全国平均水平来看，2010 年前江苏农业 TFP 低于全国水平，而自 2010 年超过了全国水平，2015 年江苏省农业部门 TFP 为 0.1344，而全国平均水平仅 0.1169，即便与东部地区相比较，也处于平均水平之上。江苏非农部门 TFP 一直高于全国平均水平，这与江苏非农经济的快速发展息息相关，尽管如此，在东部地区内江苏的非农 TFP 仍低于平均水平。江苏全社会 TFP 远远高于全国平均水平，甚至在 2015 年超过了东部地区的平均水平，从上述分析来看，这或许是由于农业部门的效率快速增长带来的总体增长福利。

表 4 - 3　　　　　　　特定年份按省份划分的各部门全要素生产率

省份	农业部门				非农部门				全社会			
	2000 年	2005 年	2010 年	2015 年	2000 年	2005 年	2010 年	2015 年	2000 年	2005 年	2010 年	2015 年
北京	0.3295	0.2652	0.1455	0.1512	1.1862	0.9886	0.8615	0.7533	2.766	2.278	1.7152	1.5794
天津	0.1884	0.1518	0.0863	0.0579	0.9825	0.9281	0.59	0.3611	2.0313	1.8307	1.1275	0.7083
河北	0.1309	0.1268	0.1222	0.0925	0.7376	0.6954	0.5218	0.3318	1.49	1.4161	1.1491	0.7745
上海	0.2132	0.1697	0.1281	0.1065	1.1612	1.0818	0.9023	0.7579	2.3695	2.1085	1.7104	1.4326
江苏	0.1753	0.1567	0.1386	0.1344	0.7986	0.7351	0.5974	0.457	1.7222	1.5705	1.3113	1.0871
浙江	0.2377	0.198	0.1889	0.1744	0.8757	0.7067	0.5677	0.4363	2.0259	1.6529	1.4116	1.1625

省份	农业部门				非农部门				全社会			
	2000年	2005年	2010年	2015年	2000年	2005年	2010年	2015年	2000年	2005年	2010年	2015年
福建	0.3154	0.2552	0.2147	0.1762	0.9504	0.7741	0.5573	0.3386	2.3608	1.918	1.4638	1.0034
山东	0.1541	0.1261	0.114	0.0962	0.8147	0.7139	0.5346	0.3725	1.6773	1.4401	1.1424	0.8472
广东	0.2797	0.2045	0.166	0.1397	1.0077	0.7496	0.5605	0.4271	2.3492	1.7372	1.3364	1.0554
山西	0.0978	0.0724	0.0766	0.0632	0.4462	0.3366	0.2012	0.0904	0.9618	0.7211	0.5263	0.3048
安徽	0.1437	0.1152	0.1058	0.0895	0.337	0.274	0.143	0.0796	0.9209	0.7445	0.4948	0.3379
江西	0.1789	0.1514	0.121	0.1021	0.4709	0.2894	0.1512	0.0803	1.2302	0.8595	0.5428	0.3636
河南	0.2351	0.2211	0.1925	0.1465	0.3176	0.2846	0.1544	0.0825	1.0992	1.0074	0.6918	0.4488
湖北	0.178	0.1695	0.1584	0.1369	0.2889	0.2539	0.1757	0.0928	0.9204	0.8383	0.6679	0.4553
湖南	0.1706	0.1429	0.1314	0.0928	0.4242	0.3326	0.213	0.1137	1.1328	0.9114	0.679	0.4119
内蒙古	0.2224	0.1391	0.0864	0.0641	0.4666	0.3025	0.1647	0.0782	1.3331	0.8519	0.4896	0.2839
广西	0.2203	0.2124	0.1703	0.1397	0.3741	0.3074	0.1831	0.096	1.1687	1.0308	0.7065	0.4673
四川	0.2502	0.2244	0.1608	0.1302	0.4371	0.3086	0.1913	0.1107	1.3487	1.0593	0.703	0.4811
贵州	0.1589	0.1252	0.1038	0.1261	0.3852	0.2574	0.2097	0.1031	1.0389	0.7417	0.6086	0.4573
云南	0.1895	0.1722	0.1353	0.123	0.3846	0.3242	0.2108	0.1179	1.1138	0.969	0.6839	0.4817
陕西	0.1569	0.1383	0.1329	0.1046	0.4151	0.3307	0.1922	0.0985	1.0824	0.8968	0.6447	0.4061
甘肃	0.1557	0.1275	0.1024	0.0773	0.3381	0.2858	0.1961	0.0875	0.9526	0.7951	0.5819	0.3294
青海	0.154	0.1431	0.1296	0.1024	0.3031	0.2288	0.182	0.0888	0.8893	0.7339	0.6188	0.382
宁夏	0.1383	0.1063	0.1096	0.0898	0.3602	0.2565	0.201	0.1042	0.9449	0.693	0.6074	0.3876
新疆	0.2307	0.2205	0.2287	0.1514	0.3803	0.3167	0.248	0.1197	1.2035	1.0658	0.953	0.5404
辽宁	0.2595	0.2497	0.2019	0.1862	1.007	0.8286	0.6183	0.4784	2.2888	1.9881	1.5268	1.2615
吉林	0.1933	0.1693	0.1208	0.1015	0.9121	0.7763	0.5732	0.4022	1.9453	1.6708	1.2202	0.9079
黑龙江	0.1039	0.1111	0.0893	0.1155	1.0227	0.8651	0.6681	0.4148	1.7785	1.596	1.2458	0.9679
平均	0.1951	0.1666	0.1379	0.1169	0.6281	0.5190	0.3775	0.2527	1.5052	1.2545	0.9486	0.6902
东部	0.2249	0.1838	0.1449	0.1254	0.9461	0.8192	0.6326	0.4706	2.088	1.7724	1.3742	1.0723
中部	0.1673	0.1454	0.131	0.1051	0.3808	0.2952	0.1731	0.0899	1.0442	0.847	0.6004	0.387
西部	0.1877	0.1609	0.136	0.1109	0.3844	0.2919	0.1979	0.1005	1.1076	0.8837	0.6597	0.4217
东北	0.1856	0.1767	0.1373	0.1344	0.9806	0.8233	0.6199	0.4318	2.004	1.7506	1.3309	1.0458

图4-1展示了1998~2017年全国农业部门TFP的分布箱线图以及江苏农业部门TFP的分布散点图。从趋势上来看，全国农业TFP呈现逐渐缓

慢的下降趋势，并且各省份的农业 TFP 分布差异较大，尤其是 2008 年，TFP 分布差异达到峰值，TFP 中位数处于偏下位置。而 2008～2017 年，各省份农业 TFP 差异逐渐减少，中位数分布也逐渐趋于中间位置。江苏农业部分 TFP 分布与全国农业 TFP 中位数相近，1998～2003 年，江苏 TFP 略低于全国中位数水平；2004～2008 年，与全国中位数水平基本保持持平趋势；2009～2017 年，江苏农业部门 TFP 远远超过了全国中位数水平。因此，从整体趋势上来看，江苏农业部门 TFP 保持着小于 0.01 的波动变化。

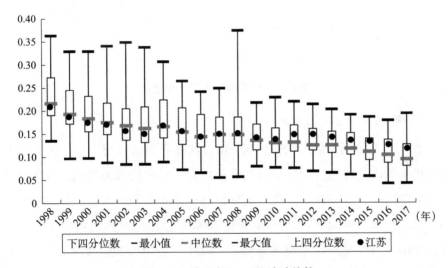

图 4-1　农业部门 TFP 波动趋势

图 4-2 展示了 1998～2017 年我国全国非农部门 TFP 的分布箱线图以及江苏非农部门 TFP 的分布散点图。从趋势上来看，全国非农部门 TFP 呈现逐渐缓慢的下降趋势，并且各省份的非农部门 TFP 分布差异较大，呈现出较强的极化特征。具体来看，中位数分布始终处于趋近下四分位数的位置，并且随着时间的推移，至 2017 年基本与下四分位数持平。这表明，我国各省份非农部分 TFP 中，大部分省份 TFP 水平仍较低，部分省份非农部门经济发展较快，促使全国非农部门 TFP 呈现出强烈的两极分化特征。江苏非农部门 TFP 远远高于全国中位数水平，甚至在 2010 年后超过了全国中位数水平。这表明，江苏非农部门经济发展迅速，处于全国中上水平。

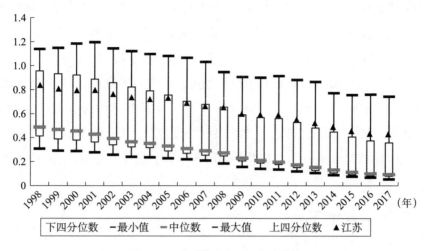

下四分位数 —最小值 —中位数 —最大值 上四分位数 ▲江苏

图 4 – 2　非农部门 TFP 波动趋势

（二）经济增长动力分析

表 4 – 4 汇报了 1999 ～ 2017 年全国与江苏产出增长率、生产要素增长率。样本期内江苏经济增长动力主要来自资本要素投入的增长，其次是劳动要素的增长，是一种要素投入主导型增长方式。平均来看，样本期内江苏产出增长率为 1.15%，2009 年受到 2008 年金融危机的影响产出显著下跌，2010 ～ 2011 年产出增速迅速回升，2011 年后产出增速大幅下降。对比各要素的投入增速来看，土地要素投入减少，平均为 – 33.24%，资本的增长率最为显著，年均增长达 1 233.38%，产出年均增速仅为 1.15%，劳动平均增长 42.52%。这表明，随着我国人口红利优势的逐渐消退，资本逐渐代替劳动投入生产，但资本过度深化导致资本回报率下降。

表 4 – 4　　　　　1999 ～ 2017 年产出增长率与生产要素增长率　　　　单位:%

年份	全国				江苏			
	产出增长率	劳动增长率	土地增长率	资本增长率	产出增长率	劳动增长率	土地增长率	资本增长率
1999	– 0.0121	0.0033	0.0043	0.0378	– 0.048	0.018	– 0.4331	3.4233
2000	0.0215	0.0148	– 0.0005	0.0431	– 0.014	0.6247	– 0.9788	3.4577
2001	0.0208	0.0071	– 0.0044	0.0555	– 0.0086	0.4144	– 2.1076	– 0.5559
2002	0.0063	0.0099	– 0.0072	0.0748	– 0.0164	0.8203	0.2633	7.2365

年份	全国				江苏			
	产出增长率	劳动增长率	土地增长率	资本增长率	产出增长率	劳动增长率	土地增长率	资本增长率
2003	0.0264	0.0148	−0.01464	0.0927	0.0092	0.6065	−1.4928	11.9631
2004	0.0697	0.0205	0.0073	0.1079	0.0718	0.8244	−0.1629	12.3073
2005	0.0399	0.0188	0.0129	0.1286	0.0411	0.9187	−0.3622	14.2576
2006	0.0395	0.0159	0.0108	0.1448	−0.0065	1.0964	−0.424	15.6665
2007	0.0778	0.0005	−0.0227	0.1544	0.0373	1.057	−2.6426	15.6581
2008	0.0785	0.0306	0.0183	0.1525	0.0502	0.4934	1.3842	15.0796
2009	−0.0003	0.018	0.0152	0.1852	−0.0175	0.5441	0.6375	17.445
2010	0.0692	0.0167	0.0128	0.1865	0.0484	0.5954	0.8128	17.1328
2011	0.0813	0.0187	0.01	0.1556	0.0742	0.0747	0.5731	14.9733
2012	0.0249	0.0114	0.007	0.1627	0.003	0.0273	−0.1525	15.3987
2013	0.0223	0.0156	0.0074	0.1679	0.0004	0.0076	0.4191	15.7609
2014	0.0079	0.0135	0.005	0.1612	−0.0061	0.0197	−0.0652	15.3502
2015	0.0007	0.0027	0.0056	0.1511	−0.0053	−0.0489	0.865	15.1625
2016	0.0111	0.0062	0.0016	0.136	−0.0064	−0.0479	−0.8795	13.7548
2017	0.0465	−0.012	−0.0019	0.1078	0.0119	0.0332	−1.5699	10.8696
平均增速	3.16%	1.14%	0.34%	12.03%	1.15%	42.52%	−33.24%	1233.38%

注：资本要素投入增长率为资本存量增长率。

三、经济效率损失分析

（一）产出增长率损失情况

表4－5给出了我国产出增长率损失情况，基准水平显示，1998～2017年我国年均产出增长率损失约0.08%。1998～2000年，实际平均增长率比效率平均增长率低0.1%，2001～2005年、2006～2010年实际平均增长率比效率平均增长率分别高2.94%与0.77%，这表明在"十五"与"十一五"阶段，制度改革使得我国要素市场扭曲程度得到改善。2011～2015年、2016～2017年实际平均增长率比效率平均增长率分别低2.35%、3.53%，"十二五"时期及之后的时间里我国要素市场扭曲程度越加严峻，导致产出增长率损失几乎抵消了"十一五"时期及之前因扭曲程度改善所

带来的增长率效益。

表 4 – 5　产出增长率与损失情况　　　　　单位:%

项目		1998 ~ 2000 年	2001 ~ 2005 年	2006 ~ 2010 年	2011 ~ 2015 年	2016 ~ 2017 年	1998 ~ 2017 年
全国	实际产出平均增长率 Y_g	– 2.32	1.18	2.09	0.41	– 0.52	0.63
	效率产出平均增长率 Y_g^*	– 1.32	– 1.76	1.32	2.76	3.02	0.71
	扭曲效应 = $Y_g - Y_g^*$	– 0.10	2.94	0.77	– 2.35	– 3.53	– 0.08
江苏	实际产出平均增长率 Y_g	– 3.07	1.96	2.29	1.31	0.27	1.22
	效率产出平均增长率 Y_g^*	– 3.9	4.12	4.00	4.11	2.18	3.58
	扭曲效应 = $Y_g - Y_g^*$	0.83	– 2.16	1.71	– 2.8	– 1.91	– 2.36

　　江苏产出增长率损失趋势与全国趋势基本保持一致,但仍存在一些发展特征。从趋势上来看,江苏的效率产出平均增长率远远高于实际产出平均增长率。除 1998 ~ 2000 年外,各阶段均存在较严峻的生产效率损失,其中,"十五"与"十二五"扭曲效应分别达到 – 2.16%、– 2.8%,这表明实际平均增长率比效率平均增长率分别低 2.16%、2.8%。样本期内,与全国年平均扭曲效应相比,江苏扭曲效应程度更甚,达到年均 2.36% 的效率损失。

（二）总体扭曲效应分析

　　根据我国效率产出水平与实际产出水在时间维度上的关联变化来看（见图 4 – 3）,1998 ~ 2017 年我国效率产出与实际产出之间的差距呈现逐渐缩小又逐渐增大的波动趋势,扭曲程度平均约为 0.63。从扭曲效应程度的趋势上来看,我国要素市场扭曲程度呈现出"先下降后上升"的"U"型趋势。具体情况为:1999 ~ 2008 年我国要素市场配置状况在一定程度上得到了改善,扭曲程度由 0.6921 逐年下降至 0.5349,而在 2009 年后要素错配程度逐渐恶化，扭曲程度至 2017 年达 0.7618。这说明金融危机后我国要素市场扭曲程度逐渐恶化致使扭曲程度逐年加重，[①] 从侧面反映出，在实现要素市场效率配置后，我国经济将获得较大的潜在收益。

江苏效率产出与实际产出之间的差距趋势与全国相似，但无论是实际产出还是效率产出均高于全国平均水平。江苏扭曲效应程度平均为 0.608，略低于全国平均水平。从扭曲效应程度的趋势上来看，江苏要素市场扭曲程度呈现出波动上升趋势，1998～2006 年江苏要素市场扭曲程度低于全国水平，2007 年超过全国水平，此后差距逐渐增加，至 2014 年逐渐减少。总体而言，1999～2017 年江苏扭曲效应程度不断增加。

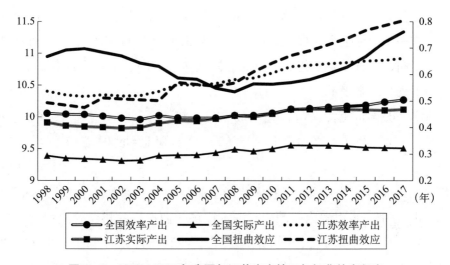

图 4 - 3　1998～2017 年我国与江苏产出情况与扭曲效应程度

四、要素市场扭曲效应分解

（一）基于生产函数结构的分解

根据式（4-1）中对生产函数的定义，总体经济产出可以分解为各省份产出的加权总和，进而可以再次分解为各省份内部农业部门与非农部门的产出加权和，因此，总体要素市场扭曲效应可以由省际扭曲效应与省内扭曲效应共同解释，当消除了省内要素市场扭曲后即可度量省际

---

① 这与李欣泽、司海平（2019）的测算结果一致。

要素扭曲对总体扭曲效应的贡献。借鉴反事实实验思维，定义要素市场仅在省内效率配置时为无省内扭曲，此时产出为Y_{nw}，要素市场仅在省际效率配置时为无省际扭曲，此时产出为Y_{nb}，省际与省内要素市场扭曲效应为：

$$D_b = \ln \left(Y^*/Y_{nw} \right) \qquad D_w = \ln \left(Y^*/Y_{nb} \right) \qquad (4-16)$$

其中，Y_{nw}、Y_{nb}分别为消除了省内要素市场扭曲、省际要素市场扭曲时的产出水平；D_b度量了由省际要素市场扭曲导致的产出损失；D_w度量了由省内要素市场扭曲导致的产出损失。借鉴布兰特等（2012）的做法，可以分别定义省际、省内扭曲对总体要素市场扭曲效应的贡献为：

$$d_b = D - D_w = \ln \left(Y_{nb}/Y \right) \quad d_w = D - D_b = \ln \left(Y_{nw}/Y \right) \qquad (4-17)$$

进一步根据生产函数定义将省内要素扭曲分解为省内资本、劳动要素市场扭曲，将省际要素扭曲分解为省际资本、劳动、土地要素市场扭曲，采用下列公式来表示：

$$d_{wl} = \ln \left(Y_{nwl}/Y \right), \quad d_{wk} = \ln \left(Y_{nwk}/Y \right) \qquad (4-18)$$

$$d_{bl} = \ln \left(Y_{nbl}/Y \right), \quad d_{bk} = \ln \left(Y_{nbk}/Y \right), \quad d_{bM} = \ln \left(Y_{nbM}/Y \right)$$

$$(4-19)$$

其中，Y_{nwl}、Y_{nwk}分别表示无省内劳动扭曲与无省内资本扭曲的产出水平；d_{wl}、d_{wk}分别表示由省内劳动力、资本市场扭曲产生的扭曲效应程度。式（4-19）中，Y_{nbl}、Y_{nbk}、Y_{nbM}分别表示无省际劳动、资本与土地扭曲时的产出水平；d_{nbl}、d_{nbk}、d_{nbM}分别表示由省际劳动、资本与土地市场扭曲产生的扭曲效应程度。

如图4-4（a）所示，1998~2017年，从全国层面来看，省际要素市场扭曲是导致全社会总产出损失的主要原因，消除省际要素市场扭曲可以显著降低全社会扭曲效应，消除省内要素市场扭曲对缓解产出损失的影响随时间逐渐弱化。一方面，随着各省份 TFP 差异逐渐扩大，省际要素错配程度逐渐加强，尤其是各地开发区兴建以及金融危机后地区落后产能的投资，使得省际要素市场配置恶化；另一方面，不断深化的城乡融合发展促进了生产要素跨部门流动，促使省内要素市场扭曲逐渐改善，进而导致省际要素市场扭曲效应愈加凸显。因此，缓解省际要素错配程度将是促进我国经济增长的有效途径。如图4-4（b）所示，江苏省全社会要素扭曲中，省际扭曲与省内扭曲均存在较为显著的波动情况，且2011年后省际扭曲与省内扭曲均大幅上升。2012年后省际扭曲成为江苏省全社会总产出损失的主要原因，尽管如此，省内要素扭曲依然较为显著，是缓解江苏社会要素市场扭曲的重要途径。

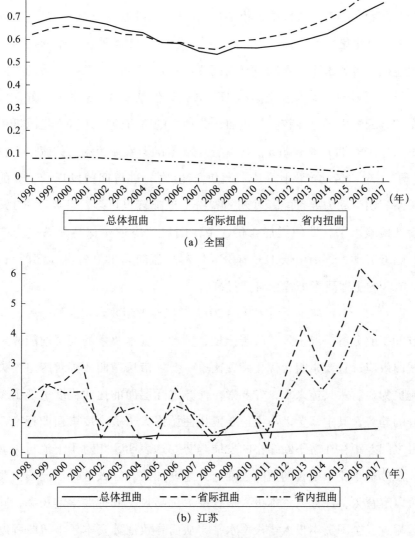

(a) 全国

(b) 江苏

图4-4 全社会扭曲效应分解：省际、省内

图 4 - 5（a）展示了对 1998～2017 年全国省际要素扭曲的分解。改善土地、劳动、资本要素的配置均能改善省际扭曲效应，且要素组合优化配置比单一要素市场扭曲改善对产出损失的影响更为显著。2007 年前土地要素是影响省际扭曲效应的主要原因，2007 年后省际劳动扭曲逐渐加重成为导致省际扭曲效应的主要因素，资本要素的扭曲效应长期来看较为平稳，省际要素市场扭曲对全社会总扭曲影响的时间变化主要来自于劳动要素扭曲的时间变化趋势。省际要素市场扭曲的主要原因为：（1）劳动力流动与 TFP 差异分化速度不匹配。生产要素跨省流动是缓解地区要素回报差异的有效途径，各省份 TFP 离散度随时间逐渐增加，为减少各省份劳动力回报的差异，更多的劳动力应流向高 TFP 省份，但从图 4 - 5 来看，劳动力要素在省际配置中仍存在较大的扭曲，劳动力的跨省流动速度不足以抵消各省不断分化的 TFP 离散差异。（2）土地要素随着农业劳动力的流出而投入"过剩"。对"劳动产出比"与"土地产出比"进行回归发现，二者的正向关系表明劳动力要素配置过剩的省份土地配置也过多，且通过了 1% 的显著性检验水平，即便增加年份、个体固定效应依然保持显著的正向关系。随着劳动力逐渐由低 TFP 省份（部门）流向高 TFP 省份（部门），低 TFP 地区的土地要素配置相对"过剩"。

图 4 - 5（b）展示了对 1998～2017 年江苏省际要素扭曲的分解，与全国省际扭曲分解情况一致，改善土地、劳动、资本要素的配置均能改善省际扭曲效应，且要素组合优化配置比单一要素市场扭曲改善对产出损失的影响更为显著。具体来看，各要素在江苏省际层面的扭曲程度呈现出缓慢上升的趋势，其中，劳动与土地要素扭曲始终大于资本要素扭曲程度，但二者之间差距存在着不断缩小的发展趋势。这表明，相对于土地与劳动要素，江苏资本要素配置的扭曲程度上升速度加快。导致这种情况的主要原因可以解释为，江苏省资本投入增长率远远超过了其他要素增长率，同时远远超过了全国资本投入增长率水平，从而导致江苏资本要素扭曲程度的快速增加。

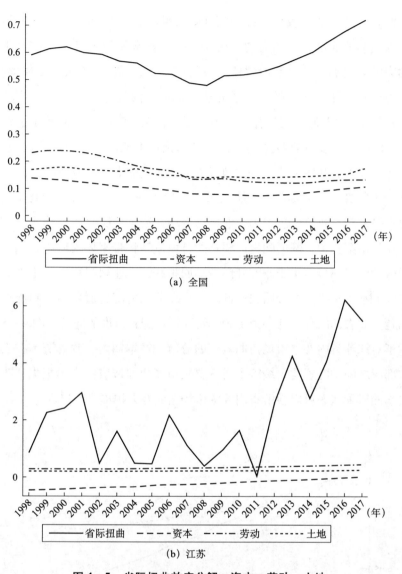

图4-5　省际扭曲效应分解：资本、劳动、土地

图4-6（a）显示了对全国省内要素市场扭曲效应的分解。样本期内，改善劳动与资本在农业与非农部门之间的配置均可缓解由省内要素市场扭曲造成的产出损失，省内要素市场扭曲的时序变化主要来自资本市场扭曲的变化趋势，改善资本要素的错配状态可以改变省内要素市场扭曲的变化趋势并大幅提升产出水平。导致省内要素市场扭曲的原因在于：（1）户籍制度与教育水平制约劳动力流动。户籍制度的制约体现在劳动力流动后无

法匹配相应的就业、教育、社会福利等公共权益，公共服务的缺失割裂了农业部门与非农部门劳动力的自由流动；教育水平的不足体现在农业部门劳动力缺乏足够的教育程度致使专业技能不足，需要花费更多的成本进行劳动力流转。相较于高教育水平劳动力来说，低教育水平劳动力流动性较低，[①] 我国农村普遍存在教育水平不足现象，在一定程度上制约了劳动力向非农部门的进一步就业转移。（2）政策干预资本流向与市场优化配置背离。改革开放以来的开发区热潮挤占地区资源，导致资本的低效率配置，2008 年全球金融危机后，工业整体产能利用率下滑 21%，政府干预下的银行救助、政府直接补助与政策优惠干预企业经营活动，致使大量"僵尸企业"僵而不倒。在效率配置中，部门间生产要素的自由流动将带来要素回报均衡。农业部门劳动回报率显著小于非农部门劳动回报率，农业部门资本回报率显著大于非农资本回报率。这表明农业部门中存在劳动力配置过剩与资本配置不足的问题，非农部门存在劳动力配置不足而资本配置过度的问题。图 4-6（b）显示了对江苏省内要素市场扭曲效应的分解。样本期内，改善资本在农业与非农部门之间的配置均可缓解由省内要素市场扭曲造成的产出损失，改善资本要素的错配状态可以缓解省内要素市场扭曲并大幅提升产出水平。

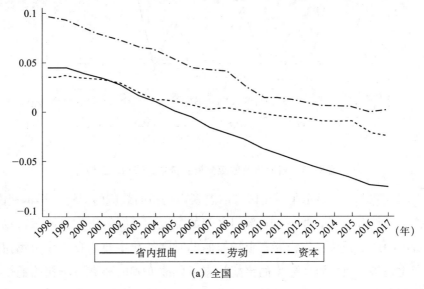

(a) 全国

---

① 杨爱元. 劳动经济学 [M]. 北京：人民邮电出版社，2014：478.

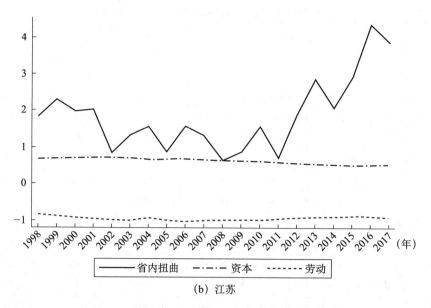

（b）江苏

图 4 - 6　省内扭曲效应分解：资本、劳动

（二）基于各类要素市场的分解

进一步将扭曲效应分解为各类要素市场扭曲，如表 4 - 6 所示，从全国平均水平来看，土地市场扭曲影响最大，扭曲效应平均为 0.3128；其次是劳动与资本市场，扭曲效应平均分别为 0.2848、0.2567，但 2011 ~ 2017 年资本市场的扭曲程度已经超过了劳动市场的扭曲程度。从时间序列上可以发现，各类要素市场扭曲程度 1998 ~ 2008 年呈现出由一开始的小幅上升到逐渐下降的趋势，至 2008 年达到最低值，但自 2009 年后各类要素市场扭曲程度几乎逐年增长，这与前面我国经济效率损失趋势一致。根据样本期平均水平计算，即使不增加要素总投入量，通过要素优化配置可使总体经济效率水平平均提高 88.12%。[①] 其中，改善资本、劳动、土地市场扭曲分别可使经济效率水平平均提高 9.93%、16.55%、15.55%。

---

① 经济效率水平采用（$Y^* - Y$）/Y 计算（李欣泽和司海平，2019）。

表 4-6   各类要素市场扭曲对我国扭曲效应的影响

年份	全国			江苏		
	资本	劳动	土地	资本	劳动	土地
1998	0.2115	0.2922	0.2717	0.3843	0.3241	0.3381
1999	0.2172	0.3069	0.2877	0.3797	0.3152	0.3339
2000	0.2211	0.3125	0.2998	0.3761	0.3084	0.3276
2001	0.2255	0.3168	0.2992	0.3875	0.3389	0.3583
2002	0.2229	0.3127	0.2995	0.3821	0.3350	0.3596
2003	0.2222	0.3043	0.3036	0.3811	0.3297	0.3572
2004	0.2216	0.2741	0.3111	0.3770	0.3332	0.3467
2005	0.2168	0.2689	0.2863	0.4240	0.3684	0.4040
2006	0.2228	0.2718	0.2889	0.4194	0.3623	0.3977
2007	0.2255	0.2516	0.2925	0.4103	0.3648	0.3876
2008	0.2233	0.2446	0.2823	0.4188	0.3671	0.4002
2009	0.2416	0.2573	0.296	0.4458	0.3935	0.4320
2010	0.2510	0.2579	0.3032	0.4654	0.4104	0.4636
2011	0.2604	0.2589	0.3103	0.4835	0.4290	0.4809
2012	0.2699	0.2600	0.3155	0.4939	0.4429	0.4905
2013	0.2869	0.2692	0.3245	0.5078	0.4547	0.5121
2014	0.3053	0.2784	0.3347	0.5230	0.4671	0.5322
2015	0.327	0.2956	0.348	0.5422	0.4882	0.5502
2016	0.3722	0.3298	0.3868	0.5559	0.4963	0.5661
2017	0.3897	0.3326	0.4148	0.5692	0.5079	0.5807
平均	0.2567	0.2848	0.3128	0.4463	0.3918	0.4310

  从江苏层面来看，各类要素扭曲程度均高于全国平均水平，表明江苏省存在较为严峻的要素配置扭曲损失情况。具体来看，资本市场扭曲效应最大，扭曲效应平均为 0.4463；其次是土地市场，扭曲效应平均为 0.431，劳动市场平均扭曲效应为 0.3918。从时间序列上可以发现，样本期内各类要素市场扭曲程度保持着逐渐上升的趋势。根据样本期平均水平计算，即使不增加要素总投入量，通过要素优化配置可使总体经济效率水平平均提高 84.74%，其中，改善资本、劳动、土地市场扭曲分别可使经济效率水平平均提高 56.59%、48.27%、54.4%。

第二节 城乡要素双向自由流动机制探索

一、城乡要素流动的逻辑关系

市场配置下，由于城乡部门存在预期收益差距，要素自发地由农村部门流向城镇部门，城镇获得集聚效应带来的规模产出收益，同时因"拥堵"使得要素流动摩擦增加；当政府功能缺失时，单向的要素流动导致城镇部门的过度集聚，并带来城乡收入差距，导致城乡发展不均衡、不平衡问题。城乡预期收益均衡的关键在于政府与市场双轮驱动机制引导要素双向自由流动，兼顾效率与公平，市场主导效率配置，政府打破要素流动壁垒，使要素在城乡部门充分获得均衡收益。

（一）市场完全配置下，要素单向流入城镇

构建乡村与城镇人口流动均衡分布模型，假设经济中存在农村与城镇两个经济部门，社会总劳动力为农村劳动力与城镇劳动力数量的总和。如图 4–7 所示，农村部门的预期收益曲线 R_1 与城镇部门的预期收益曲线 U_1 的交点 O 点为初始均衡点。当城镇部门产值增加时，劳动力预期收益亦将增加，U_1 曲线向上平移至 U_2，与 R_1 的交点 O′ 位于 O 点的右上方，在新均衡状态下，城镇劳动力数量将增加。劳动力大量转移至城镇部门，农村部门剩余有效劳动力人数大幅下降，导致农村部门产值减少，收益曲线 R_1 向下平移至 R_2，与 U_2 相交于 O″（位于 O′ 点的右下方），在此均衡状态下，城镇部门劳动力数量将进一步增加，农业部门劳动力人数将进一步减少，劳动力持续迁徙推动城镇化水平增加。劳动力集聚将促进其他市场要素集聚，市场要素集聚又将进一步吸引劳动力流动集聚。例如，劳动力集聚将促进产业经济发展、社会服务完善，教育、医疗等资源将进一步促进劳动力从农村部门向城镇部门的迁徙流转。

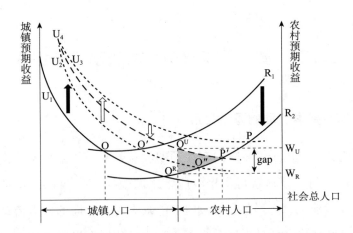

图4-7 农村部门与城镇部门的预期收益变化与劳动力分布

资料来源：王曦，陈中飞. 中国城镇化水平的决定因素：基于国际经验 [J]. 世界经济，2015，38（6）：167-192.

（二）超过临界点的集聚效应促使要素流向农村

随着劳动力不断向城镇集聚，城镇部门的生产效率不断提升，城镇部门净收益曲线由 O_1 移至 O_3，此时集聚效应带来的产出福利正效应超过了生活成本上升负效应，均衡点为 P 点，在此均衡状态下城镇劳动力集聚程度将进一步加强。当劳动力的流入导致集聚效应突破某一临界点时，集聚效应带来的产出福利正效应低于生活成本上升负效应，城镇部门净收益曲线由 U_3 移至 U_4，均衡点为 P′点，此时，均衡状态下城镇劳动力数量将下降，出现了劳动力由城镇部门流出的逆城镇化现象。

（三）政府功能缺失导致城乡收入差距

劳动力受交通成本、制度壁垒制约产生迁徙成本，使得原本位于 P′点的均衡状态被打破，实际均衡点分别为 O^R（农村部门）与 O^U（城镇部门），均衡状态下的城镇部门劳动力数量低于 P′点水平，此时城镇部门预期收益高于农村部门（即 $W_U > W_R$），这表明迁徙成本使得劳动力迁徙不能实现出清，非均衡结果出现。这表明迁徙成本使得劳动力迁徙不能实现出清，非均衡结果出现。迁徙成本造成福利损失，大小为三角形 $O^R O U^{P'}$ 的面积（即灰色面积）。

二、城乡要素流动的机制研究

（一）统一城乡市场体系，联动配置生产要素

市场经济要求生产要素商品化，以商品形式在市场上通过市场交易实现流动和配置，从而形成各种生产要素市场。统筹城乡要素资源配置，就是要统筹城乡之间的各种生产要素，充分发挥市场在要素资源配置中的基础性作用，通过市场引导土地、资本、劳动力、技术、人才、信息等资源在城乡之间合理流动，打破城乡市场体制条块分割的状况，建立规范的市场流通秩序，营造城乡各类经济主体平等使用生产要素的环境，促进各种要素在全国范围的自由流动和公平竞争，加快发展和培育城乡统一、开放、竞争、有序的一体化的要素市场体系，实现城乡生产要素的联动配置。

（二）统筹搭配政策供给，发挥制度组合效应

长期以来的政策设计导致重城轻乡的政策环境，在城乡融合发展的乡村振兴目标下，要求新制度的设计能够实现乡村发展，引导城乡生产要素的双向自由流动。政策的供给是多样性的，而经济社会的复杂性使得制度施行存在牵一发而全盘变化的特征，单一的政策供给设计无法完全实现发展目标。同时，各类政策之间存在彼此相互作用、相互影响的发展关系。因此，要真正实现城乡要素自由流动，必须促进财政政策、货币政策、产业政策、土地政策、就业政策、社会保障等各项政策有机结合，形成合理的政策体系，发挥出政策组合效应。

当前城乡要素市场中关键要解决的就是"人、地、钱"问题，需要多项政策制度的搭配施行。例如，针对劳动力流动的制度中，可以通过就业政策与土地政策、社会保障政策的相互配合，削减或消除制约城乡劳动力流动的相关成本，加快推进城乡劳动力的双向自由流动；对土地要素流动的制度中，可以通过土地政策与金融政策或产业政策的相互搭配，促进城乡土地要素市场价格体系的建设，实现城乡土地价值对等；在城乡资本要素配置中，可以通过金融政策、财政政策协调配合，积极吸引金融资本、

社会资本投向农村，加快形成财政优先保障、金融重点倾斜、社会积极参与的多元投入格局，解决城乡融合发展过程中的资金问题。同时，促进金融政策、财政政策与产业政策的相互搭配结合，促进金融资源配置到农村经济社会发展的重点领域和薄弱环节。

（三）市场驱动机制与政策制度创新有机结合

如图4－8所示，市场机制（价格、供求、竞争和风险等运行机制）驱动要素自发向高效率部门（地区）流动，形成集聚规模，推动产业发展，增强经济活力。在兼顾效率与公平前提下，政府制度创新（户籍制度、土地制度、财政金融制度、基本公共服务制度等）可作为市场机制的补充，以制度创新破除阻碍要素流动的机制壁垒，盘活农村优势资源，吸引现代要素（技术、资金、人力资本等）流入农村，实现城乡要素（土地、劳动、资本、技术等）高效配置、双向平等流动，促进城乡产业融合，缩减城乡收入差距。

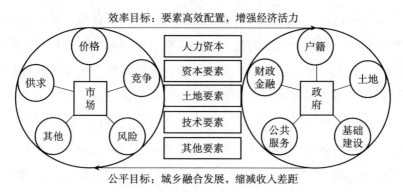

图4－8 要素市场流动机制：市场＋政府双轮驱动机制

第五章 城乡产业互动与协同发展

第一节 城乡产业协同发展内涵

城乡融合发展的战略路径是促进城乡产业协同发展。城乡产业协同发展体现在三个方面：传统农业高质高效发展；农村一二三产业融合；城乡产业互动。在城乡融合发展过程中，农业质量效益发展是城乡产业融合发展的内生动力，农村一二三产业融合是城乡产业融合发展的战略路径，城乡产业互动发展是城乡产业融合发展的黏合剂。城乡融合发展依赖于这三方面在农业横向高质量发展、农业和相关产业的纵向融合发展、城乡区域之间的互动互补发展。城乡融合发展依赖这三方的经济增长和协同发展。

基于亚当·斯密的城乡关系演变的自然顺序理论，融合发展是为城乡产业关系的高级形态，内涵极为丰富，从各种外在表征中抽取出提高农业质量效应、产业多元化发展、城乡产业互动发展三方面内容，这三方面内容的协同发展，可以形成以工补农、以城带乡、工农互促、城乡互补、协调发展、共同繁荣的新型工农城乡产业关系，加快农业农村现代化。

一、农村产业融合发展，建立新产业新业态培育机制

城乡关系从对立走向融合，农业作为城乡融合的"内生点"，必然要以多功能拓展为基础，以全产业融合发展为途径，聚焦优势产业，优化配置土地、资金、劳动力、技术等要素，主攻产业链薄弱环节和关键环节，激发产业链、价值链的重构和功能升级，加快发展乡村产业链的新技术、

新模式、新业态，衍生出多元化与符合未来发展趋势的现代农业产业体系。农业与涉农产业之间的价值链延伸可以增加农产品的附加值，并将其留在农村内部。建立健全农业生产、加工、销售以及服务（种养加工、产供销、贸工农、农工商、农科教）等一体化的产业体系、生产体系和经营体系，让农民充分享有农业生产、加工、流通等全链条的增值收益，是促进农业增效、农民增收的必然选择。农业与外部产业的融合产生了农业新的附加功能和更强的竞争力。随着人们生活水平的不断提高，乡村产业功能从食物保障、原料供给和就业增收等传统功能，向更广泛的生态保护、休闲观光与文化传承等领域拓展。通过拓展产业的经济功能，提升农业发展的技术含金量，实现农产品附加值、农业劳动生产率的稳步提高。农业通过与工业、服务业之间的产业延伸和功能互补，实现产业之间的相互融合形成产业新体系。例如，农业与旅游业的交叉融合催生了旅游农业、观光农业；农业与能源工业融合形成了能源农业；农业与文化产业相融合而产生的创意农业、文化农业、体验农业等。另外，随着科学技术的进步，高新技术无摩擦地渗透到传统产业中，极大地提高了传统产业的效率。

二、城乡产业互动发展，搭建城乡产业协同发展平台

城乡之间虽然形成互换互利的循环系统，但对外贸易的发展使得乡村对城镇（市场）依赖程度却远大于城镇对它的依赖程度。这是因为乡村的市场相对分散，难以产生较强的吸附力。国内国际双循环的大背景下，乡村市场将成为扩大内需的排头兵，是深化城乡市场融合的重要机遇，也是需求侧改革的核心内容。培育发展城乡产业协同发展先行区，推动城乡要素跨界配置和产业有机融合。把小城镇作为城乡要素融合重要载体，打造集聚特色产业的创新创业生态圈。优化提升各类农业园区。完善小城镇联结城乡的功能，探索创新美丽乡村特色化差异化发展模式，盘活用好乡村资源资产。创建一批城乡融合典型项目，形成示范带动效应。

进入城乡融合发展的后工业社会时期，农业功能拓展则在更广阔的领域进行，由经济范畴拓展到生态范畴、社会范畴和文化范畴。除已有经济功能仍不断强化外，还承担起保障农民就业、保护资源环境、文化休闲和

农业文化的传承等社会和环境方面的非经济功能。从"大农业"、现代产业体系角度重新定义农业，将农业内涵和外延扩大，强调了农业与其他产业部门的相互渗透与融合，这也为农业的发展和城乡融合提供了更广阔的空间与支撑。

第二节　产业多元化＋新业态：
农村一二三产业融合发展

党的十九大报告提出，促进农村一二三产业融合发展，支持和鼓励农民就业创业，拓宽增收渠道。从国际经验来看，农村一二三产业融合发展的本质特征是依托特色农业生产和农村资源形成利益共同体，突出农民对二三产业的参与和利益分享。在推进一二三产业融合发展过程中，有的地方存在脱离农民主体、脱离特色农业生产和特色农村资源的倾向，出现融合项目的同质化现象，需要在未来建立和完善相关机制来推进农村一二三产业的进一步融合发展。

一、农村三产融合内涵

农村一二三产业融合发展并不是一个新概念，其实践早已存在，是农业产业化发展的新阶段和升级版。农村一二三产业融合理论以产业融合、六次产业化、农业多功能性和价值链等理论为基础，最早来源于 20 世纪 90 年代日本农业专家今村奈良臣提出的六次产业化农业发展理念，认为农业发展要走一二三次产业融合之路。六次产业化的主体是第一产业，目的在于将农产品的附加值留在农村地区，使得农民分享来自第二产业和第三产业的收益。

农村一二三产业融合发展是农业发展到一定阶段的必然产物。农业本身就具有多功能性，不仅有生产功能，也有生态环境保护、文化传承、科普教育等功能，每一种功能都会衍生出多种业态。如果仅把农业作为第一产业，农业的生态、社会效益在市场经济中可能就无法实现，通过农村一二三产业融合发展，农业的生态、社会效益就可以通过市场机制得到实现，通过附加值的提升使得农民参与并分享到全产业链的增值。

我国农村一二三产业融合发展是以农业生产为基本依托，以农民为主体，以新型经营主体为引领，以利益联结为纽带，通过产业联动、要素集聚、技术渗透、体制创新等方式，将资本、技术以及资源要素进行跨界集约化配置，使农业生产、农产品加工和销售、餐饮、休闲以及其他服务业有机地整合在一起，农村一二三产业之间紧密相连、协同发展，最终实现农业产业链延伸、产业范围扩展、附加值提升。其本质特征是形成利益共同体，使得融合发展带来的农业附加值和就业岗位在农村地区内部化，突出农民对二三产业的参与和利益分享。

农村一二三产业融合以特色农业生产为基础。农村一二三产业融合发展的根基在农业，只有农业发展可持续，才能不断延长产业链条。日本与韩国等东亚国家和地区在推进六次产业化发展过程中，始终没有忽视对农业的扶持，同时强化政府严格监管，保障农业产业化经营中农业生产者的权益最大化，对向农业投资的工商业资本进行严格审核，限制股份所占比例，保证农民在合作中的主动权。

农村一二三产业融合以特色农村资源为依托。日本强调地产地销和一村一品；韩国规定50%的原料来源于当地或者是自己生产。因地制宜地挖掘农村地区丰富的特色自然资源或传统资源，实行差异发展、错位竞争，可以避免产业同构、同质化竞争，把优势资源、特色资源发展成特色产业、主导产业，打造区域品牌，提升产业竞争力。

我国农村一二三产业融合发展的基础同样离不开农业生产，依托特色农业生产，可以有四种模式进行产业链延伸拓展，即农业内部产业重组型融合，以农业优势资源为依托，将种植业、养殖业的某些环节甚至整个环节连接在一起，形成农业内部紧密协作、循环利用、一体化发展的经营方式；农业产业链延伸型融合，以农业为中心向前向后延伸，将种子、农药、肥料供应与农业生产连接起来，或将农产品加工、销售与农产品生产连接起来，或者组建农业产供销一条龙；农业与其他产业交叉型融合，将农业与生态、文化、旅游等元素结合起来，拓展农业原来的功能；先进要素技术对农业的渗透型融合，信息技术的快速推广应用，既模糊了农业与二三产业间的边界，也大大缩短了供求双方之间的距离，使得网络营销、在线租赁托管等新业态成为可能。

二、农村三产融合的主要问题

（一）一二三产业融合出现同质化倾向

农村一二三产业融合发展是以特色农业生产为基础，以开发特色农村资源为核心，将产值和农业附加值留在农村并使得农民充分分享。农村一二三产业融合发展过程中，部分地区出现资本与劳动力对于农业的脱离。由于产业融合后在新的产业分工体系下，下游的厂商相较于农业体现出了更高的回报率，导致许多参与农村一二三产业融合发展的农业劳动力和农业资本出现弃农、离农倾向，导致一二三产业融合发展给农业生产带来了威胁。部分地方的农村一二三产业融合项目同质性强，农业多功能挖掘不够，休闲农业、旅游农业以观光为主，文化传承、人物历史、风土乡俗等触及不多，高品位、多样性、特色化不足，雷同现象较为严重，缺乏差异化竞争和深度开发，抢资源、争市场过于激烈，导致资源过度开发、市场无序竞争。

（二）农民分享二三产业利益机制不够健全

农村一二产业联动中，农产品加工企业与农户的联结程度有待增强，大部分企业与农民之间的利益联结机制尚未建立，企业与农业基地对接不够，带动本地农民增收的作用不明显。以休闲农业为代表的三产与农民的利益连接机制更为薄弱。一些地方出现了企业拿走更多产业利润，农户仍然以初级农产品销售为主，难以更多分享二三产业利润的情况，从而影响了农民生产积极性，成为制约休闲农业发展的瓶颈。从世界范围来看，当前江苏农村一二三产业融合发展在总体上还处于初级阶段，农村各产业之间融合度不够高、融合水平较低。产业融合链条短，以初次加工为主，高附加值产品比例较低；利益联结机制还不够完善，龙头企业和农户在合作中地位不平等，合作诚信度还不够高，订单违约率较高。

（三）政策措施之间联动性需要进一步提升

对于农村一二三产业融合的财政扶持存在不平衡情况，对农业基础设施、科技创新等公共领域投入不足，制约资源要素进入现代农业；土地流转不畅，受确权不到位、权能不完善等因素影响，扩大土地经营规模面临许多难题；经营人才缺乏，农村劳动力素质呈结构性下降，农业吸引人才难，培养后备人才更难；金融服务由于缺乏抵押物，融资难特别是中长期贷款难；农村基础设施建设的滞后，延缓了新业态的发展，增加了特色资源开发利用难度，加大了农村一二三产业融合发展的成本和风险。

三、农村三产融合发展路径

（一）完善利益联结机制，发挥农民主体作用

农民是农村一二三产业融合的主体，建立和完善农民与企业、合作社的利益联结机制，使农民通过农村一二三产业融合发展真正得到实惠，增加收入。引导合作社发展，鼓励龙头企业和合作社拓展营销市场，支持合作社及联社在城郊建立农产品直销店，支持合作社和农村集体经济组织开展农产品产地初加工和冷链仓储，增强合作社与龙头企业的利润创造能力；进一步完善订单带动、利润返还、股份合作等新型农业经营主体与农户的利益联结机制，以利益共享为基础，构建农村一二三产业融合发展模式。

（二）突出产品的差异化，通过建立品牌实现优质优价

引导推进农产品差异化建设，充分调动农民的智慧，注重发展和挖掘各地区的资源优势，因地制宜推出区域农产品品牌。加强对农产品品牌的保护，挖掘农产品品牌的历史、地理、传统、风俗等文化特征，寻找品牌传统文化与现代文化的结合点，实现农产品与消费者之间的情感沟通，形成江苏农产品特色文化。建立农产品质量认证体系和品牌建设促进机构，开展农产品品牌推广活动，多层次、多渠道地展示江苏农产品品牌形象，提高江苏农产品品牌的知名度和美誉度。

（三）明确三产融合重点，培育农村新业态

在农村一二三产业融合发展中，农业生产是产业融合发展的基本前提，发展农产品加工是融合发展的切入点，要推动农产品初加工、精深加工及综合利用加工协调发展。引导新型农业经营主体发展农产品电商，鼓励发展农业生产资料网上直销。挖掘乡村生态休闲、旅游观光、农耕体验、康体养生、教育科普、文化节庆等价值。扶持创意农业发展，推动农业产品符号化、品牌化、仪式化，创新应用科技、人文、节庆等创意元素，因地制宜发展农田艺术景观、农业主题公园、农业节庆活动和农业科技创意。鼓励社区支持农业、农业众筹、个性化订制农业等新业态发展，开展农产品会员配送和集中配送服务。

（四）完善工商资本进入农业相关政策

划定工商资本进入农业的分类区域，出台江苏工商资本投资农业的负面清单，鼓励和引导工商资本进入农村一二三产业融合互动的新品种研发、新技术推广、生产性服务，以及农产品加工、储藏、物流、销售、品牌建设等领域；秉承自由出入、规范经营的原则，强化工商资本进入农业的土地用途管制，建立有效的土地流转风险预防、控制和处置办法，探索形成工商企业与农户之间长效、紧密、公平的利益联结机制。

第三节　城乡产业共生：城乡产业互动发展

经济基础决定上层建筑，城乡产业互动发展是城乡产业融合发展的聚合力，重在资源整合、产业培育、经济转型与收入增长（徐维祥，2019）。城市和乡村产业协同主体就是城市产业与乡村产业，是城市生产要素（包括资源、资本、劳动力、技术、信息等）与乡村生产要素之间的多重传播或拓展，它们构成了城市和乡村产业协同的内容与载体。城乡产业的对接、互动，不是单一产业单一环节的发展，需要上下游产业部门、外部服务业以及配套设施等相关产业的发展。通过城乡融合发展，城市和乡村产业间关联性逐渐加强，产业链条拉长与壮大，获得持续、有效的共同发展（任迎伟和胡国平，2008）。

乘数效应、溢出效应和反馈效应是区域经济影响的重要内容。乘数效应用于反映区域内一个单位最终产出的变化所带来的影响；溢出效应指的是一个地区经济发展对另一地区的外溢影响；反馈效应表示一个地区经济发展对另一地区产生影响的同时，另一地区反过来对该地区产生的经济影响。乘数效应主要用于反映区域内产业间的关联作用，溢出效应和反馈效应则用于反映区域间产业间的相互影响。本节通过编制城乡投入产出表，从宏观整体与产业细分的视角测算出城乡产业互动的乘数效应、溢出效应及反馈效应，刻画出江苏省城乡产业互动的时空演变，进一步采用面板回归模型，将地区基础设施条件、公共服务、对外开放水平、城镇化率、交通可达性等因素作为影响变量引入多因素分析模型，从而得出城乡产业互动的可行路径。

一、测算方法和数据来源

（一）城乡间投入产出模型

区域间投入产出模型（Interregional Input – Output Model，简称 IRIO 模型）最早由伊萨德（Isard，1951）提出，不仅反映了区域内部产业间投入与产出关系，还反映了区域间产业间投入与产出关系，是一个非竞争性的要素流量矩阵。米勒（Miller，1966）在此基础上首次运用投入产出分析技术研究了区域间产业间的溢出效应和反馈效应，但只给出了区域间产业间反馈效应的差分算法，并未明确提出溢出效应的概念与测度方法。后续学者们在此基础上将区域间的溢出效应与反馈效应进行分解，研究它们之间以及它们与区域内乘数效应的内在联系，并致力于经验分析。基于区域间投入产出模型的以往研究，构建了城乡间投入产出模型：

$$\begin{bmatrix} A_{ii} & A_{ij} \\ A_{ji} & A_{jj} \end{bmatrix} \begin{bmatrix} X_i \\ X_j \end{bmatrix} + \begin{bmatrix} Y_i \\ Y_j \end{bmatrix} = \begin{bmatrix} X_i \\ X_j \end{bmatrix} \qquad (5-1)$$

其中，A_{ii} 为乡村产业间的直接消耗系数矩阵，A_{jj} 为城镇产业间的直接消耗系数矩阵；A_{ij}为乡村产业对城镇产业直接相关部门的直接消耗系数矩阵，A_{ji}为城镇产业对乡村产业直接相关部门的直接消耗系数矩阵；X_i、X_j分别为乡村和城镇的总产出；Y_i、Y_j分别为乡村和城镇的最终产品。求解上述方程得到：

$$X_i = [(I - A_{ii}) - A_{ij}(I - A_{jj})A_{ji}]^{-1}Y_i +$$

$$[(I - A_{ii}) - A_{ij}(I - A_{jj})A_{ji}]^{-1}A_{ij}(I - A_{jj})^{-1}Y_j \qquad (5-2)$$

$$X_j = [(I - A_{jj}) - A_{ji}(I - A_{ii})A_{ij}]^{-1}Y_j +$$

$$[(I - A_{jj}) - A_{ji}(I - A_{ii})A_{ij}]^{-1}A_{ji}(I - A_{ii})^{-1}Y_i \qquad (5-3)$$

式（5-2）和式（5-3）在形式上完全一致。以式（5-2）为例，乡村的总产出 X_i 包括两部分：等式右侧第一项表示乡村的最终产品 Y_i 通过乡村内部和城乡间的相互作用对乡村总产出的需求，主要指乡村产业间的乘数效应和城乡间的反馈效应；第二项是乡村为了满足城镇的最终产品 Y_j 而产出的总产出，主要指乡村产业的最终产出变化对城镇产业最终产业的溢出效应。

（二）城乡间产业互动的效应分解

鉴于式（5-2）和式（5-3）无法对城镇和乡村的乘数效应、溢出效应和反馈效应进行有效分解，Round（1985）对式（5-2）和式（5-3）进行了进一步变形，以式（5-2）为例，将乡村的列昂惕夫逆矩阵提取：

$$X_i = [I - (I - A_{ii})^{-1}A_{ij}(I - A_{jj})^{-1}A_{ji}]^{-1}(I - A_{ii})^{-1}Y_i +$$

$$[I - (I - A_{ii})^{-1}A_{ij}(I - A_{jj})^{-1}A_{ji}]^{-1}(I - A_{ii})^{-1}A_{ij}(I - A_{jj})^{-1}Y_j$$

$$(5-4)$$

式（5-4）的右侧由两项加总得到，两项中均出现的 $(I - A_{ii})^{-1}$ 为乡村的列昂惕夫逆矩阵，测度乡村不同部门间的相互作用，即乡村的乘数效应；第一项中的 $(I - A_{ii})^{-1}Y_i$ 为乡村最终需求导致的乡村的总产出；第二项中的 $(I - A_{jj})^{-1}Y_j$ 为城镇最终需求导致的城镇的总产出；乡村的溢出效应是城镇总产出的变化对乡村总产出的影响，在式（5-4）中表示为 $(I - A_{ii})^{-1}A_{ij}$；乡村的反馈效应是乡村总产出的变化影响城镇总产出的变化，这种变化再反过来影响了乡村的总产出，在式（5-4）中表示为 $[I - (I - A_{ii})^{-1}A_{ij}(I - A_{jj})^{-1}A_{ji}]^{-1}$。为简便起见，朗德将式（5-4）表示为乘法形式：

$$\begin{bmatrix} X_i \\ X_j \end{bmatrix} = \begin{bmatrix} F_{ii} & 0 \\ 0 & F_{jj} \end{bmatrix} \begin{bmatrix} I & S_{ij} \\ S_{ji} & I \end{bmatrix} \begin{bmatrix} L_{ii} & 0 \\ 0 & L_{jj} \end{bmatrix} \begin{bmatrix} Y_i \\ Y_j \end{bmatrix} \tag{5-5}$$

其中：

$$\begin{cases} L_{ii} = (I - A_{ii})^{-1}, \ L_{jj} = (I - A_{jj})^{-1} \\ S_{ij} = (I - A_{ii})^{-1} A_{ij}, \ S_{ji} = (I - A_{jj})^{-1} A_{ji} \\ F_{ii} = [I - (I - A_{ii})^{-1} A_{ij} (I - A_{jj})^{-1} A_{ji}]^{-1} = [I - S_{ij} S_{ji}]^{-1} \\ F^{22} = [I - (I - A^{22})^{-1} A^{21} (I - A^{11})^{-1} A^{12}]^{-1} = [I - S^{21} S^{12}]^{-1} \end{cases} \tag{5-6}$$

显然，区域内乘数效应、区域间溢出效应、区域间反馈效应的公式显示，区域间溢出效应受区域内乘数效应的影响，区域间反馈效应则受区域间溢出效应的影响。

在用乘法形式表示的区域间投入产出模型中，列昂惕夫逆矩阵可表示为：

$$\begin{bmatrix} F_{ii} & 0 \\ 0 & F_{jj} \end{bmatrix} \begin{bmatrix} I & S_{ij} \\ S_{ji} & I \end{bmatrix} \begin{bmatrix} L_{ii} & 0 \\ 0 & L_{jj} \end{bmatrix} = \begin{bmatrix} F_{ii} & F_{ii}S_{ij} \\ F_{jj}S_{ji} & F_{jj} \end{bmatrix} \begin{bmatrix} L_{ii} & 0 \\ 0 & L_{jj} \end{bmatrix}$$

$$= \begin{bmatrix} F_{ii}L_{ii} & F_{ii}S_{ij}L_{jj} \\ F_{jj}S_{ji}L_{ii} & F_{jj}L_{jj} \end{bmatrix} \tag{5-7}$$

其中，$\begin{bmatrix} F^{11}L^{11} & F^{11}S^{12}L^{22} \\ F^{22}S^{21}L^{11} & F^{22}L^{22} \end{bmatrix}$ 表示的区域间投入产出模型的列昂惕夫逆矩阵可以反映各地区最终需求对总产出的作用，这种作用可以分解为区域内乘数效应$\left(\begin{bmatrix} L_{ii} & 0 \\ 0 & L_{jj} \end{bmatrix} \right)$、区域间溢出效应$\left(\begin{bmatrix} I & S_{ij} \\ S_{ji} & I \end{bmatrix} \right)$和区域间反馈效应$\left(\begin{bmatrix} F_{ii} & 0 \\ 0 & F_{jj} \end{bmatrix} \right)$的乘积。

朗德提出的乘法分解形式可以对不同区域间的溢出效应和反馈效应进行很好的计算，同时具有很好的解释性。不过，潘文卿和李子奈（2007）提出，在区域间投入产出模型中，区域间的反馈效应不仅包含了其他区域对本区域的影响，还包括了本区域内各部门之间的乘数效应，因此，要想准确地考察区域间的反馈效应，有必要将包括在反馈效应中的乘数效应剔除，潘文卿和李子奈还验证了乘法形式和加法形式的一致性。另外，在区域投入产出模型中，乘数效应反映的是单位最终需求的变化所带来的影响，而溢出效应和反馈效应则反映了单位总产出的变化所带来的影响，为了使其经济意义达到一致，本部分结合潘文卿和李子奈的研究，进一步将式（5-7）变形为：

$$
\begin{bmatrix} X_i \\ X_j \end{bmatrix} = \left\{ \begin{bmatrix} L_{ii} & 0 \\ 0 & L_{jj} \end{bmatrix} + \begin{bmatrix} 0 & S_{ij} \\ S_{ji} & 0 \end{bmatrix} \begin{bmatrix} L_{ii} & 0 \\ 0 & L_{jj} \end{bmatrix} + \right.
$$

$$
\left. \begin{bmatrix} F_{ii}-I & 0 \\ 0 & F_{jj}-I \end{bmatrix} \begin{bmatrix} I & S_{ij} \\ S_{ji} & I \end{bmatrix} \begin{bmatrix} L_{ii} & 0 \\ 0 & L_{jj} \end{bmatrix} \right\} \begin{bmatrix} Y_i \\ Y_j \end{bmatrix}
$$

$$
= \begin{bmatrix} L_{ii}Y_i \\ L_{jj}Y_j \end{bmatrix} + \begin{bmatrix} S_{ij}L_{jj}Y_j \\ S_{ji}L_{ii}Y_i \end{bmatrix} + \begin{bmatrix} (F_{ii}-I)\ L_{ii}Y_i + (F_{ii}-I)\ S_{ij}L_{jj}Y_j \\ (F_{jj}-I)\ S_{ji}L_{ii}Y_i + (F_{jj}-I)\ L_{jj}Y_j \end{bmatrix}
$$

$$
(5-8)
$$

式（5-8）右侧的第一项为区域内乘数效应，第二项测度区域间溢出效应，第三项测度区域间反馈效应。

乡村内部乘数效应：$(I-A_{ii})^{-1} = L_{ii}$

乡村对城镇的溢出效应：$(I-A_{jj})^{-1}A_{ji}L_{ii} = S_{ji}L_{ii}$

乡村的反馈效应：$[I-S_{ij}S_{ji}]^{-1}L_{ii} - L_{ii} = (F_{ii}-I)\ L_{ii}$

（三）城乡间产业互动的动态分析

为进行动态分析，我们将上述定义代入式（5-8），并引入时间上标，对于产业 X_i 在时期 0 和时期 t 的产出可以分别表示为：

为了考察城乡产业互动中乘数效应、区域间溢出与反馈效应的动态变化带来的影响，还可以进一步对式（5-8）进行动态化处理。用 0 表示起始年份，f 表示终止年份，则有：

$$
\Delta X^1 = X^1_t - X^1_0 = \Delta M^1 + \Delta F^1 + \Delta S^1
$$

$$
= [L^1_t Y^1_t - L^1_0 Y^1_0] + [F^1_t Y^1_t - F^1_0 Y^1_0]
$$

$$
+ [(B^{12}_t Y^2_t - B^{12}_0 Y^2_0) + (B^{13}_t Y^3_t - B^{13}_0 Y^3_0)]
$$

其中，$\Delta M^1 = [L^1_t Y^1_t - L^1_0 Y^1_0]$ 表示城乡产业互动中乘数效应变化带来的总产出的变化量；$\Delta F^1 = [F_t^1 Y_t^1 - F_0^1 Y_0^1]$ 表示城乡产业互动中反馈效应变化带来的总产出的变化量；$\Delta S^1 = [(B_t^{12} Y_t^2 - B_0^{12} Y_0^2) + (B_t^{13} Y_t^3 - B_0^{13} Y_0^3)]$ 表示城乡产业互动中溢出效应的变化带来的总产出的变化量，在城乡经济系统中，它显然是由城乡两地区溢出效应的变化分别引起的。

（四）数据来源

城镇和乡村的划分本身就是一个复杂的问题。有些地方虽然行政上属于乡村，但实际主要从事非农产业活动。有些地方虽然行政上属于城镇，但包含大量的农业生产活动。为了避免问题的复杂化，同时考虑研究数据的限制性。这里，城镇被定义为进行非农产业活动的场所，且假设非农产业只在城镇进行生产。乡村为从事农业生产活动的场所，且假设农业只在乡村进行生产。之所以这样假设，主要是因为我国一般型投入产出表只包含分行业信息，不包含城乡信息，这样假设有利于将一般型投入产出表转换为城乡间投入产出表。

本部分用到的城乡间投入产出表的一般结构见表 5-1，需要提供农村和城镇地区的产业间生产要素流量数据，但目前宏观数据统计属于城乡统一统计，并未区分城乡差异，借鉴刘红光等（2018）的做法，假设农村只有农、林、牧、渔业，城镇只有非农产业，得到历年城乡间投入产出表。本部分使用了 2007 年、2012 年和 2017 年江苏省投入产出表来构造城乡间非竞争型投入产出表。2007 年、2012 年和 2017 年江苏省投入产出表均包括了 42 个产业部门，但存在部门口径差异，为了测量的精准性和数据可比较性，对部分产业部门进行了归类合并处理，最终形成 39 个产业部门，农村包括 1 个产业部门，城镇包括 38 个产业部门。[①] 本部分使用的江苏省投入

---

① 农村包括农林牧渔产品和服务。城镇包括煤炭采选产品、石油和天然气开采产品、金属矿采选产品、非金属矿和其他矿采选产品、食品和烟草、纺织品、纺织服装鞋帽皮革羽绒及其制品、木材加工品和家具、造纸印刷和文教体育用品、石油、炼焦产品和核燃料加工品、化学产品、非金属矿物制品、金属冶炼和压延加工品、金属制品、通用与专用设备、交通运输设备、电气机械和器材、通信设备、计算机和其他电子设备、仪器仪表、其他制造产品和废品废料、电力、热力的生产和供应、燃气生产和供应、水的生产和供应、建筑、批发和零售、交通运输、仓储和邮政、住宿和餐饮、信息传输、软件和信息技术服务、金融、房地产、租赁和商务服务、科学研究和技术服务、水利、环境和公共设施管理、居民服务、修理和其他服务、教育、卫生和社会工作、文化、体育和娱乐、公共管理、社会保障和社会组织。

产出表数据来源于《中国地区投入产出表》。

表5-1　　　　　　　　城乡间非竞争型投入产出表的一般结构

项目		中间使用		最终使用	总产出
		农村	城镇		
中间投入	农村	A_{ii}	A_{ij}	Y_i	X_i
	城镇	A_{ji}	A_{jj}	Y_j	X_j
进口		I_i	I_j		
增加值		V_i	V_j		
总投入		X_i	X_j		

二、江苏省城乡产业互动效应时序变化

（一）总体特征

1. 江苏省城乡产业互动的总效用

根据所构建的城乡间投入产出模型，得到城乡产业互动效应中农村产业和城镇产业的总效应，如图5-1所示。从江苏省城乡产业互动效应来看，2017年，农村产业的总效应为1.6310，城镇产业的总效应为1.5583，说明在2017年的技术水平与结构状态下，受城乡产业互动效应的影响，农村产业最终需求增加1单位会带动国民经济产出增加1.6310个单位，而城镇产业增加1单位最终需求能够带动国民经济产出提升1.5583个单位。可见，通过城乡产业互动效应，增加1单位农村产业最终需求对国民经济产出的拉动作用高于城镇产业的拉动作用。从时间动态演化趋势来看，2002年、2007年、2012年和2017年城镇产业的总效应分别为1.5984、1.5822、1.6701和1.5583，在城乡产业互动机制中城镇产业的总效应2002～2012年处于上升趋势，2012～2017年处于下降趋势，呈现出倒"U"型变化，整体上处于下降趋势。2002年、2007年、2012年和2017年农村产业的总效应分别为1.8745、1.6509、1.6997和1.6310，在城乡产业互动机制中农村产业的总效应从2002～2007年处于下降趋势，2007～2012年处于上升趋势，2012～2017年处于下降趋势，呈现出倒"N"型变化，整体上处于下降趋势。综上所述，江苏省城乡间产业互动出现了较大的波动，且互动

效应整体出现了减弱。从全国城乡产业互动效应来看，城镇产业和农村产业的总效用的时变也一致，均呈现出倒"U"型变化，整体上处于上升趋势，表明全国层面城乡间产业互动效应整体出现了增强。相对于全国层面城镇产业互动效应，江苏省城镇产业互动效应较高，江苏省的经济发展水平处于全国前列，区域内部产业集群水平较高。同时，2002年江苏省农村产业互动效应高于全国层面，2007年及以后江苏省农村产业互动效应低于全国层面，从整体来看，相对于全国层面农村产业互动效应，江苏省农村产业互动效应波动较大，其原因在于江苏产业结构的变动，粗放式发展方式向集约式发展方式的转变。这意味着江苏省内部产业间链条必然出现断裂，特别是处于价值链下端的涉农产业。

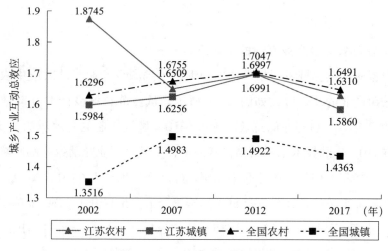

图 5-1　城乡产业互动总效应

2. 江苏省城乡产业互动效应的结构分解

为了进一步了解城乡产业互动，参照结构分解技术，并利用农村产业与城镇产业的产值权重进行加权处理，得到江苏省城乡产业互动效应中农村产业和城镇产业的乘数效应、溢出效应和反馈效应，如表 5-2 所示。2017 年，江苏省农村产业的乘数效应、溢出效应和反馈效应分别为 1.1410、0.4363 和 0.0537。这说明，增加 1 单位农村产业最终需求所拉动的 1.6310 单位国民经济产出中，有 1.141 单位的总产出增量源于农村产业内部的产业自生机制，其总产出增量发生在农村产业。有 0.4363 单位的总产出增量是通过对城镇产业的影响所引致，其总产出增量发生在城镇产业，是农村产业对城镇产业的溢出性影响。有 0.0537 单位的总产出增量由反馈效应所引致，其总产出增量发生在农村产业。值得注意的是，2017 年农村产业的乘数效应、溢出效应与反馈效应在总效应中的贡献比例分别为 69.96%、26.75% 和 3.30%，说明增加 1 单位农村产业最终需求通过产业互动效应对国民经济总产出的影响主要是由乘数效应所驱动，对应的国民经济总产出增量主要发生在农村产业。2017 年，城镇产业的乘数效应、溢出效应与反馈效应分别为 1.5544、0.0295 和 0.0021。这说明，增加 1 单位城镇产业最终需求所提升的 1.5860 单位总产出中，有 1.5544 单位的总产出增量是由城镇产业内部的产业自生机制所引起；有 0.0295 单位的总产出增量是城镇产业对农村产业的溢出性影响，相应总产出增量主要发生在农村产业；有 0.0021 单位的总产出增量由反馈效应所引致，相应总产出增量主要发生在城镇产业。从关联效应分解项的纵向时间走势来看，农村产业和城镇产业的产业互动效应在 2002 年、2007 年、2012 年与 2017 年均呈现出乘数效应 > 溢出效应 > 反馈效应的态势，乘数效应的贡献在 60% 以上，远超溢出效应和反馈效应。

表 5 - 2　2002 年、2007 年、2012 年和 2017 年江苏省城乡产业互动效应的结构分解

项目		江苏省			
		2002 年	2007 年	2012 年	2017 年
农村产业	总效应	1.8745	1.6509	1.6997	1.6310
	乘数效应	1.3170	1.1409	1.0866	1.1410
	溢出效应	0.4834	0.4498	0.5150	0.4363
	反馈效应	0.0741	0.0602	0.0981	0.0537
城镇产业	总效应	1.5984	1.6256	1.6991	1.5860
	乘数效应	1.5140	1.5779	1.6633	1.5544
	溢出效应	0.0805	0.0454	0.0322	0.0295
	反馈效应	0.0039	0.0023	0.0036	0.0021

（二）纳入规模效应

上述乘数效应、溢出效应与反馈效应系数的测度值，刻画了江苏省城乡产业互动效应的总体特征。三类效应系数均是指在城乡产业最终需求增加

同等程度时对城乡总产出影响程度的大小，这并不表明城乡产业互动效应带动的总产出就实际产生了这么大的影响力，因为当年对总产出所产生的实际影响力还要看最终产出规模的大小，即需要考虑区域经济的规模效应。

表 5 - 3 给出了 2002 ~ 2017 年江苏省城乡产业互动效应对最终产出的实际影响。2002 年江苏省城乡产业互动效应所拉动的产出约 5.26 万亿元，其中，约 4.88 万亿元是通过乘数效应带动的，约 0.36 万亿元是通过溢出效应带动的，而反馈效应带动了约 0.03 万亿元；乘数效应、溢出效应与反馈效应对当年总产出的贡献分别为 92.67%、6.77%、0.55%。而在 2017 年，江苏省城乡产业互动效应所拉动的产出上升到了约 41.14 万亿元，其中，乘数效应、溢出效应与反馈效应对当年总产出的贡献分别变化到了 97.21%、2.57%、0.22%。受产业规模效应与产业互动机制能力驱动，城乡产业互动效应对总产出的贡献值不断攀升，但溢出效应和反馈效应的相对贡献率却有所下滑。可以看出，随着江苏省经济发展以及江苏省产业结构和城乡经济空间结构的不断演化，江苏省城乡产业发展从依靠互动机制的拉动转向依靠自生机制的拉动。

表 5 - 3　　　　　江苏省城乡产业互动效应的实际影响

项目		总量（亿元）				相对贡献（%）			
		2002 年	2007 年	2012 年	2017 年	2002 年	2007 年	2012 年	2017 年
农村产业	总效应	4 409	5 060	9 792	11 680	100	100	100	100
	乘数效应	3 098	3 497	6 260	8 171	70.27	69.11	63.93	69.96
	溢出效应	1 137	1 379	2 967	3 124	25.79	27.25	30.30	26.75
	反馈效应	174	184	565	385	3.95	3.64	5.77	3.30
城镇产业	总效应	48 216	130 842	311 586	399 754	100	100	100	100
	乘数效应	45 670	126 996	305 010	391 788	94.72	97.06	97.89	98.01
	溢出效应	2 428	3 657	5 907	7 443	5.04	2.80	1.90	1.86
	反馈效应	118	188	668	523	0.24	0.14	0.21	0.13
城乡	总效应	52 625	135 903	321 379	411 435	100	100	100	100
	乘数效应	48 768	130 493	311 271	399 959	92.67	96.02	96.85	97.21
	溢出效应	3 565	5 037	8 875	10 567	6.77	3.71	2.76	2.57
	反馈效应	292	372	1 233	909	0.55	0.27	0.38	0.22

总效应的进一步分解表明，城乡产业的乘数效应、溢出效应和反馈效应对总产出的实际影响值不断增加，但受产业规模差异的影响，不同效应在两大类部门经济系统总产出中的贡献率存在差异。对于农村产业而言，其乘数效应产生的经济效应大于溢出效应，反馈效应最小，但溢出效应的相对贡献率呈现先上升后下降的趋势，表明农村产业对城镇产业的支持率先上升后下降。同时，农村产业的发展依赖于其自生机制和与城镇产业的互动机制，而溢出效应和反馈效应之和被称为产业互动机制，2002～2017年产业互动机制分别创造了 2 602 亿元、3 841 亿元、6 472 亿元、7 828 亿元的农村产业产出，也呈现不断上升的趋势，且对农村产业产出的贡献率分别为 45.65%、52.34%、50.83%、48.93%，表明约有一半农村产业产出来源于城乡之间的产业互动机制。对于城镇产业而言，其乘数效应产生的经济效应远远大于溢出效应和反馈效应，且溢出效应的相对贡献率也呈现不断下降的趋势，原因在于城镇产业内部产业链条的延伸，以及城乡产业规模之间的差距不断扩大。因此，可以看出，农村产业发展依赖于与城镇产业的互动机制，且其对城镇产业的影响也在不断增强，但相对于城镇产业的产出规模来说，所产生的相对经济贡献率较小。

（三）动态比较

进一步对江苏省城乡产业总产出进行动态分析，即进一步考察在江苏省城乡产业总产出的变化中，有多少是由区域内乘数效应变化引起的，有多少是由区域间溢出效应与反馈效应变化带来的。

表 5-4 列出了 2002～2017 年江苏省城乡产业互动效应实际影响的变动情况。数据显示，2017 年江苏省城乡产业的总产出比 2002 年增加了约 35.8 万亿元，15 年间的年均增长率为 45.46%。对于农村产业而言，15 年间溢出效应所带来的城乡产业总产出的年均增长率为 11.65%，超过了乘数效应和反馈效应所带动的总产出的年均增长率。其中，反馈效应所带动的总产出年均增长率最小，这也导致农村产业的溢出效应不断减弱，即农村产业对城镇产业的支持不断下降，原因在于单方面的支持得不到较好的反馈，支持方将没有动力给予支持。对于城镇产业而言，15 年间乘数效应

所带来的城乡产业总产出年均增长率为 50.53%，超过了溢出效应和反馈效应所带动的总产出年均增长率，同时，反馈效应所带动的总产出年均增长率大于溢出效应所带动的总产出年均增长率，这会导致城镇产业的溢出效应不断增强，即城镇产业对农村产业的支持不断增强，原因在于较高的支持得到较好的反馈，支持方将有动力不断给予支持。

表5－4 2002～2017年江苏省城乡产业互动效应实际影响的动态分解

项目	总效应		乘数效应	
	变化量（亿元）	年变化率（％）	变化量（亿元）	年变化率（％）
农村	7 270	10.99	5 073	10.92
城镇	351 539	48.61	346 118	50.53
城乡	358 810	45.46	351 192	48.01

项目	溢出效应		反馈效应	
	变化量（亿元）	年变化率（％）	变化量（亿元）	年变化率（％）
农村	1 987	11.65	210	8.05
城镇	5 016	13.78	404	22.74
城乡	7 003	13.10	615	14.00

三、江苏省城乡产业互动效应的影响因素分析

为了定量识别城乡产业互动发展的影响因素，本部分以城乡产业互动发展水平为被解释变量，探究了经济发展水平、生活状况、空间聚集、财政支持等多个维度变量对城乡产业互动发展的影响程度。

（一）变量选取和描述性统计分析

1. 城乡间产业互动指数

借鉴陈坤秋等（2019）的思路，采用城乡间产业劳动力人均收支水平差异刻画产业互动程度：

$$CRII = \frac{(RI - RE)/RI}{(CI - CE)/CI}$$

其中，RI、RE 分别表示乡村产业发展中劳动力人均收入和支出；CI、CE 分别表示城市产业发展中劳动力人均收入和支出。

2. 影响因素变量

进一步控制了以下变量：（1）人均 GDP，使用地区人均生产总值表示；（2）城镇化水平，用非农业就业人口与总就业人口之比表示；（3）城乡消费比，使用城镇居民消费支出和农村居民消费支出比值表示；（4）人均教育，使用地区人均教育财政支出表示；（5）交通密度，使用地区公路里程与地区面积之比表示；（6）农林偏向，使用亩均农林财政支出；（7）农业技术水平，使用亩均农业产值表示；（8）金融偏向，使用亩均贷款额表示；（9）农业现代化水平，用农村人均农用机械总动力度量。

具体变量及描述性特征如表 5－5 所示。

表 5－5　　　　　　主要变量的描述性统计分析

变量	观测数	均值	标准差	最小值	最大值
产业互动指数	91	0.7626	0.1453	0.5500	1.3700
人均 GDP	91	11.3922	0.4071	10.4768	12.1010
城乡人均收入比	91	1.9813	0.1588	1.6900	2.4100
城乡消费比	91	1.7092	0.1850	1.3000	2.2700
人口城镇化	91	66.4587	7.5881	52.4000	83.2000
交通密度	91	1.5722	0.2492	1.1300	2.1300
人均教育	91	0.1899	0.0436	0.1200	0.3400
农林偏向	91	0.1547	0.1092	0.0500	0.5300
农业现代化	91	5.9067	1.2577	3.4100	8.3900
农业技术水平	91	0.6192	0.2335	0.3300	1.2200
金融偏向	91	0.4812	0.7777	0.0200	3.3100

（二）实证结果与分析

为了实证研究各影响因素对城乡间产业互动的效应，基于 2013～2019 年江苏省 13 个地级市面板数据进行实证分析，先采用 Hausamn 检验来确定选择固定效应模型还是随机效应模型，结果显示显著性水平为 0.9644，因此选择随机效应模型。结果如表 5－6 所示。

表 5 - 6　　　　　　　　　　　城乡产业互动的影响因素分析

项目	固定效应	随机效应
人均 GDP	- 0. 2563 (0. 4563)	- 0. 9377 ** (0. 4364)
人均 GDP 平方项	0. 0125 (0. 0202)	0. 0446 ** (0. 0194)
城镇化	0. 0017 (0. 003)	- 0. 0026 * (0. 0015)
城乡人均收入比	- 0. 6094 *** (0. 0851)	- 0. 8079 *** (0. 0369)
城乡消费比	0. 9881 *** (0. 0154)	0. 9769 *** (0. 0161)
交通密度	- 0. 0091 (0. 0407)	- 0. 0425 * (0. 0251)
人均教育	- 0. 0452 (0. 127)	- 0. 0366 (0. 1125)
农林偏向	0. 0221 (0. 0787)	- 0. 0605 (0. 0651)
金融偏向	- 0. 0010 (0. 001)	- 0. 0030 *** (0. 0007)
农业技术水平	0. 1531 *** (0. 0452)	0. 1120 ** (0. 045)
农业现代化	0. 0044 (0. 0051)	0. 0088 *** (0. 0033)
Cons	1. 3621 (2. 6413)	5. 7336 ** (2. 4514)
N	91	91
R^2	0. 9905	0. 9637
Hausman	0. 9644	

注：*、**、***分别表示10%、5%、1%的显著性水平。

（1）经济水平的提高有利于城乡间产业互动的实现。人均 GDP 对城乡产业互动的影响表现为非线性关系，呈现出正"U"型趋势，即人均 GDP 对城乡产业互动的影响随着人均 GDP 的递增呈现先递减后递增的趋势，说明在经济发展初期，经济发展水平的提升不利于城乡间产业互动，城乡间要素流动呈现向城市单向流动的趋势，形成产业分布的极化效应，不利于城乡间产业互动。随着经济发展水平的提高，城市内部产业过度集聚导致生产要素呈现拥挤状态，需要向农村疏散相关产业，从而形成产业分布的扩散效应，这将加强城乡间产业互动效应。

（2）城镇化对城乡间产业互动有负向影响。在传统城镇化视角下城镇数目的增多和城市人口的集聚会拉大城乡发展差距，而从城镇化率的作用成效来看，其负向抑制效应可反映出当前城镇化建设存在严重的不足，尤其是城市产业发展对农村生产要素的虹吸效应，导致生产要素向城市单向流动，进而抑制城乡间产业互动发展。

（3）生活状况方面，城乡收入差距显著抑制了城乡间产业互动的发展水平。边际效应为 -0.8079，城乡收入差距加大表明城乡间不平衡发展加剧，必定削弱城乡间产业互动发展。而城乡消费比的边际效应为 0.9769，城市的消费增长通过溢出效应对农村的经济发展产生有利影响，进而促进城乡产业互动发展水平的提高。

（4）交通密度显著抑制了城乡间产业互动的发展水平。这与王艳飞等（2016）、刘融融等（2019）的研究结论不一致，可能的原因在于本部分的研究中交通密度使用了地区公路里程与地区面积之比来衡量，未反映出地区城乡间交通基础设施结构，而交通密度的提升可能源于城市地区公路里程的增长，从而导致城乡间交通基础设施结构失衡，进一步抑制城乡间产业互动效应的发展。

（5）人均教育财政支出不利于城乡间产业互动的实现，但影响并不显著。这可能是农村地区的人力资本培育为城市地区产业发展作出了较大的溢出效应，即基础教育财政支出在农村地区的产出表现为各类高级人力资本，而这些高级人力资本并不会留在农村地区为其产业发展作出贡献，而会流入城市为该地区产业发展作出贡献，从而导致城市地区人才扎堆，农村地区人才凋零，形成严重的城乡间人力资本错配现象，进一步抑制城乡间产业互动的发展。这也与城镇化的影响形成呼应。

（6）财政支农支出并不必然有利于城乡产业互动。这种看似反常的结论实际上蕴藏着其合理的解释，事实上，财政支农支出作为一种转移支付，其本质上属于公共资源，而在地方政府尚未完全建立善治体系的语境下，来自城市或农村精英的寻租行为很有可能使公共部门的资源转移到处于弱势的农民不需要的地方，最终导致政策实施背离既定目标，从而不利于城乡融合，也就是说单纯地增加支农支出总量并不必然有利于农业农村发展，这也是目前学界争论的焦点问题。然而政策结构扭曲下存在的"寻租行为"和"精英俘获"会阻碍城乡融合却是一个不争的事实，这在相关研究中也得到论证。

（7）农业发展水平方面，金融偏向显著抑制了城乡间产业互动的发展水平。这可能是流入农村的贷款由于回报较低，又返回到城镇中来追逐高回报造成的。农业技术水平对城乡间产业互动有正向影响。这说明，加快农业科技体制改革和农业技术创新步伐，加大农业技术研发和推广的资金支持，大力提升农业技术水平，优化农业和农村经济结构，加快技术推广和扩散，加大良种补贴力度，推进农业规模化经营，提升农业的竞争力，可以提高城乡间产业互动效应。农业现代化水平对城乡间产业互动有正向影响。农业现代化水平的提高，提高了农业劳动效率，使越来越多的农业劳动力从农业中释放出来，从事非农产业，从而促进了城乡间产业互动的提高。

四、研究结论与政策建议

本节对江苏省城乡产业互动发展进行了分析。一方面，通过编制城乡投入产出表，从宏观整体与产业细分的视角测算出城乡产业互动的乘数效应、溢出效应及反馈效应，刻画出江苏省城乡产业互动的时空演变。另一方面，为了定量识别城乡产业互动发展的影响因素，本节的研究以城乡产业互动发展水平为被解释变量，探究了经济发展水平、生活状况、空间聚集、财政支持等多个维度的解释变量对城乡产业互动发展的影响程度。

相对于全国层面城镇产业互动效应，江苏省城镇产业互动效应较高，区域内部产业集群水平较高。从整体来看，相对于全国层面农村产业互动效应，江苏省农村产业互动效应波动较大，其原因在于江苏产业结构的变动，粗放式发展方式向集约式发展方式的转变，这意味着江苏省内部产业间链条必然出现断裂，特别是处于价值链下端的涉农产业。在城乡产业互动发展过程中，仅仅存在单向溢出作用，会大大降低产业参与产业互动机制的动机，在受到区域内外产业的挤出效应后，城乡产业互动链条难以保持韧性，其脆弱性加强甚至出现断裂现象。因此，在区域产业结构升级过程中，江苏省需要注重涉农产业的产业内升级，而不是一味转移落后产业，这会削弱城乡产业互动效应，不利于区域内部经济的可持续发展。

经济发展水平对城乡产业互动发展存在先抑后扬的作用，应该加快越过该门槛值，避免城市对农村的极化效应，向农村疏散相关产业，从而形成产业分布的扩散效应，这将加强城乡间产业互动效应。城乡人均收入差距和人均消费比对城乡产业互动发展的影响分别为负和正，需要消除城乡不平衡发展，同时激发城市消费潜力，为农产品提供消费市场，形成城乡市场一体化效应。城镇化对城乡产业互动发展起到抑制作用，表明江苏省城镇化进程需要向新型城镇化发展。财政支持与金融支持对城乡产业互动的影响与政策目标相反，需注重政策实施的精准度和有效度，避免得不偿失。农业发展水平对城乡产业互动的影响为正，说明城乡产业互动发展离不开高质量的农业体系，需为农业现代化发展提供更强的发展动力，也是为城乡产业互动发展提供可持续发展的内生动力。

第六章　城乡市场融合发展

为了提高城乡居民的生活幸福感、形成城乡经济社会发展一体化的新格局，必须要加快推进城乡融合的步伐，坚定不移地实施乡村振兴战略。在这个过程中，农村地区的消费情况成为热点问题，提高农村地区的消费水平，拓展农村地区的消费市场是重中之重（李锐，2003）。消费、投资、出口是拉动经济增长的"三驾马车"，然而在当前经济下行压力加大的背景下，出口受限，投资对经济的拉动作用日益减弱，消费成为推动经济增长的最重要动力来源，消费的重要地位由此凸显。改善消费环境，激发居民的消费潜力，促进消费增长已成为促进我国的经济高质量发展的重要驱动力。另外，消费领域也已然发生了巨大的变化，消费品市场的规模持续扩大，消费需求总量快速提升，消费结构发生深刻的变革，居民消费从注重量的满足转向追求质的提升，并由实物型向服务型消费发生转变，因此支持与发展消费的新模式、新业态，也是适应消费转型升级的必然要求。

本章节研究的是江苏省城乡市场融合，从消费的角度对下述两个部分进行展开研究：第一部分是现状分析，对城乡居民消费规模与消费结构进行时空动态对比分析。第二部分通过案例分析，对江苏省农村地区如何为城市地区提供更多元化的消费环境进行探究。

第一节　城乡居民消费规模分析

居民的消费是以消费资料为根本对象，居民在实际生活中消耗消费资料，以满足日常生活和工作所需。消费规模通常是以价值形式表现的消费支出，主要用于反映多种消费品或劳务的消费规模。反映消费规模的指标包括社会总消费、社会消费支出、城乡居民消费支出等。本节的研究主要选用城镇居民人均消费支出和农村居民人均消费支出衡量消费规模。

一、城镇居民人均消费支出

表6-1呈现了全国除港澳台之外的31个省级行政区域的城镇居民人均消费支出水平，数据来源于2013～2020年各年的《中国统计年鉴》，时间跨度为8年，涵盖了2013～2020年的统计数据。

表6-1　　　　　　　　城镇居民人均消费支出对比　　　　　　单位：元

地区	2013年	2014年	2015年	2016年	2017年	2018年	2019年	2020年
北京	31 632	33 717	36 642	38 256	40 346	42 926	46 358	41 726
天津	22 306	24 290	26 230	28 345	30 284	32 655	34 811	30 895
河北	14 970	16 204	17 587	19 106	20 600	22 127	23 483	23 167
山西	13 763	14 637	15 819	16 993	18 404	19 790	21 159	20 332
内蒙古	19 244	20 885	21 876	22 744	23 638	24 437	25 383	23 888
辽宁	19 318	20 520	21 557	24 996	25 379	26 448	27 355	24 849
吉林	15 941	17 156	17 973	19 166	20 051	22 394	23 394	21 623
黑龙江	15 704	16 467	17 152	18 145	19 270	21 035	22 165	20 397
上海	32 447	35 182	36 946	39 857	42 304	46 015	48 272	44 839
江苏	22 262	23 476	24 966	26 433	27 726	29 462	31 329	30 882
浙江	25 254	27 242	28 661	30 068	31 924	34 598	37 508	36 197
安徽	14 594	16 107	17 234	19 606	20 740	21 523	23 782	22 683
福建	20 565	22 204	23 520	25 006	25 980	28 145	30 946	30 487
江西	13 843	15 142	16 732	17 696	19 244	20 760	22 714	22 134
山东	16 646	18 323	19 854	21 495	23 072	24 798	26 731	27 291
河南	15 249	16 184	17 154	18 088	19 422	20 989	21 972	20 645
湖北	15 334	16 681	18 192	20 040	21 276	23 996	26 422	22 885
湖南	16 867	18 335	19 501	21 420	23 163	25 064	26 924	26 796
广东	21 621	23 612	25 673	28 613	30 198	30 924	34 424	33 511
广西	14 470	15 045	16 321	17 268	18 349	20 159	21 591	20 907
海南	15 833	17 514	18 448	19 015	20 372	22 971	25 317	23 560

续表

地区	2013 年	2014 年	2015 年	2016 年	2017 年	2018 年	2019 年	2020 年
重庆	17 124	18 279	19 742	21 031	22 759	24 154	25 785	26 464
四川	16 098	17 760	19 277	20 660	21 991	23 484	25 367	25 133
贵州	13 768	15 255	16 914	19 202	20 348	20 788	21 402	20 587
云南	14 862	16 268	17 675	18 622	19 560	21 626	23 455	24 569
西藏	13 679	15 669	17 022	19 440	21 088	23 029	25 637	24 927
陕西	16 399	17 546	18 464	19 369	20 388	21 966	23 514	22 866
甘肃	14 411	15 942	17 451	19 539	20 659	22 606	24 454	24 615
青海	16 223	17 493	19 201	20 853	21 473	22 998	23 799	24 315
宁夏	15 807	17 216	18 984	20 364	20 219	21 977	24 161	22 379
新疆	16 858	17 685	19 415	21 229	22 797	24 191	25 594	22 952

由表 6 - 1 可知，在 2013 年，江苏省城镇居民人均消费为 22 262 元，处于全国第五名的位置，仅次于上海市、北京市、浙江省、天津市，略高于广东省与福建省。2014 ~ 2020 年，江苏省城镇居民人均消费都处于第六名的位置，被广东省赶超。江苏省城镇居民消费水平在全国是名列前茅的。

二、农村居民人均消费支出

表 6 - 2 呈现了 2013 ~ 2020 年全国各地区农村居民人均消费支出水平。

表 6 - 2　　　　　　　　农村居民人均消费支出对比

地区	2013 年	2014 年	2015 年	2016 年	2017 年	2018 年	2019 年	2020 年
北京	13 564	14 535	15 811	17 329	18 810	20 195	21 881	20 913
天津	12 491	13 739	14 739	15 912	16 386	16 863	17 843	16 844
河北	7 377	8 248	9 023	9 798	10 536	11 383	12 372	12 644
山西	6 458	6 992	7 421	8 029	8 424	9 172	9 728	10 290
内蒙古	9 080	9 972	10 637	11 463	12 184	12 661	13 816	13 594
辽宁	7 032	7 801	8 873	9 953	10 787	11 455	12 030	12 311
吉林	7 523	8 140	8 783	9 521	10 279	10 826	11 457	11 864
黑龙江	7 192	7 830	8 391	9 424	10 524	11 417	12 495	12 360
上海	13 016	14 820	16 152	17 071	18 090	19 965	22 449	22 095

续表

地区	2013 年	2014 年	2015 年	2016 年	2017 年	2018 年	2019 年	2020 年
江苏	10 759	11 820	12 883	14 428	15 612	16 567	17 716	17 022
浙江	12 803	14 498	16 108	17 359	18 093	19 707	21 352	21 555
安徽	7 200	7 981	8 975	10 287	11 106	12 748	14 546	15 024
福建	9 986	11 056	11 961	12 911	14 003	14 943	16 281	16 339
江西	6 807	7 548	8 486	9 128	9 870	10 885	12 497	13 579
山东	6 877	7 962	8 748	9 519	10 342	11 270	12 309	12 660
河南	6 359	7 277	7 887	8 587	9 212	10 392	11 546	12 201
湖北	7 850	8 681	9 803	10 938	11 633	13 946	15 328	14 472
湖南	7 833	9 025	9 691	10 630	11 534	12 721	13 969	14 974
广东	8 938	10 043	11 103	12 415	13 200	15 411	16 949	17 132
广西	6 035	6 675	7 582	8 351	9 437	10 617	12 045	12 431
海南	6 376	7 029	8 210	8 921	9 599	10 956	12 418	13 169
重庆	6 971	7 983	8 938	9 954	10 936	11 977	13 112	14 140
四川	7 365	8 301	9 251	10 192	11 397	12 723	14 056	14 953
贵州	5 291	5 970	6 645	7 533	8 299	9 170	10 222	10 818
云南	5 247	6 030	6 830	7 331	8 027	9 123	10 260	11 069
西藏	4 102	4 822	5 580	6 070	6 691	7 452	8 418	8 917
陕西	6 488	7 252	7 901	8 568	9 306	10 071	10 935	11 376
甘肃	5 654	6 148	6 830	7 487	8 030	9 065	9 694	9 923
青海	7 506	8 235	8 566	9 222	9 903	10 352	11 343	12 134
宁夏	6 740	7 676	8 415	9 138	9 982	10 790	11 465	11 724
新疆	7 103	7 365	7 698	8 277	8 713	9 421	10 318	10 778

通过对比排序表中不同年份各个省份的数据，分析可得，2013~2020年，江苏省农村居民人均消费水平长期处于第五名的位置，是处于全国层面上的较高水平，并且与天津市和广东省更加接近，差异较小，但是与北京市、上海市、浙江省相比，仍然存在一定的差距。

三、江苏省城乡居民人均消费支出差额

图 6-1 呈现了江苏省居民人均消费支出统计结果，2013~2019 年，江

苏省整体的消费是处于一个相对稳定的增长状态，而在 2020 年江苏省整体消费出现下滑，对居民消费产生巨大负面冲击，这种负面冲击在短期的影响较为剧烈，而在中长期逐渐趋于平缓。具体而言，汽车、家具、建材、家电等消费品的销售不利，同时，客流的大幅下降对住宿、餐饮、美容美发、大型百货商场、购物中心等行业与业态都产生不利冲击，总体上表现为消费总量的下降。2018～2019 年，江苏省居民人均消费支出上升幅度为 6.7%，而2020 年江苏省居民人均消费支出趋势由增转为降，下降幅度约为 1.76%。

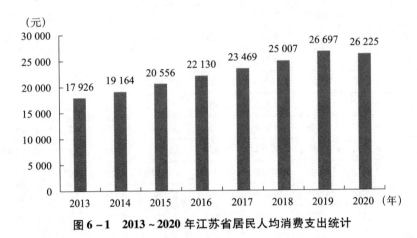

图 6 - 1 2013～2020 年江苏省居民人均消费支出统计

资料来源：2013～2020 年各年的《江苏统计年鉴》。

图 6 - 2 体现了 2013～2020 年江苏省城乡居民人均消费支出情况，将城乡居民人均消费支出水平置于同一图表进行比较，不难看出 2013～2019 年江苏省的城乡人均消费皆表现出稳定增长的趋势，2020 年出现下降。实际上，2020 年之前，江苏省城镇居民人均消费是以每年 5%～6% 的幅度增长，而农村居民人均消费在 2016 年前是以每年 9%～10% 的幅度增长，在2016 年后每年的增长幅度下降至 6%～7%。2020 年后，江苏省城镇居民人均消费支出下降幅度约为 1.4%，农村居民人均消费支出下降幅度约为3.9%，疫情冲击对于农村居民的消费带来的抑制作用更加强烈。

图 6 - 3 体现了 2013～2020 年江苏省城乡居民人均消费支出的差额变化趋势，总体变化趋势是城乡居民人均消费支出差距逐步扩大，城市的人均消费水平与农村相比，上升的幅度更大。其中，2019 年较 2018 年的消

图 6 - 2　2013～2020 年江苏省城乡居民人均消费支出

资料来源：2013～2020 年各年的《江苏统计年鉴》。

费支出差额增长幅度约为 5.5%，2020 年较 2019 年的消费支出差额增长幅度约为 1.8%，可见城乡消费支出差额仍在扩大，但由于外生冲击的影响，消费支出差额增长的幅度变小。

图 6 - 3　2013～2020 年江苏省城乡居民人均消费支出差额

资料来源：2013～2020 年各年的《江苏统计年鉴》。

第二节　江苏省城乡居民消费结构分析

江苏省是经济大省，综合经济竞争力居全国前三位，是全国经济最活

跃的省份之一（张荣和张敏新，2017）。江苏省总人口在 2018 年达到
8 050.7 万人，其中，城镇人口 5 604.09 万人，占总人口的 69.6%，乡村
人口 2 446.61 万人，占总人口的 30.4%。由此可以看出，江苏省的城镇化
率较高，经济水平不断提高，同时，江苏省城乡居民消费结构随着经济的
发展而变化。所以，通过对比江苏省城乡居民的消费结构，可以发现在城
乡融合过程中农村地区的消费问题，对于深层次挖掘农村地区的消费潜
力、扩大农村地区的消费市场、促进城市和农村地区的市场融合具有重要
的现实意义。

在已有的文献当中，大多学者都在研究农村地区的消费结构，鲜有学
者会将城乡居民的消费结构进行对比，因此本节对江苏省城乡居民的消费
结构都进行了研究，经过对比分析才更能直观地发现农村消费结构存在的
问题。国内文献中，研究居民消费结构的文献可以分为两大类：全国地区
和各省份地区。管福泉（2005）以浙江省为例，认为衣着、家庭设备和服
务的边际消费倾向较低，但从收入弹性方面分析，随着收入的增加，它们
已经成为一个新的消费热点，人们将增加的收入大部分用于家庭耐用品消
费和时尚消费，反映了浙江省城乡居民基本实现小康后生活水平的提高和
消费结构的日渐完善。张欣蕾等（2016）通过对河北省的农村消费结构进
行研究，认为交通通信和医疗保健是河北农村居民新增的消费热点。赵郅
皓（2017）对广西地区城镇居民消费结构进行实证分析，认为虽然广西城
镇居民的人均可支配收入有所提高，可是消费欲望是下降的，也就是说，
虽然居民是有钱了，可是把钱捂得更紧了。与此同时，王国敏和薛一飞
（2012）运用全国数据，通过二元结构视角对我国农村居民家庭的消费结
构进行实证分析，认为我国农村市场具有巨大潜力并仍待深度挖掘，消费
结构不够合理，农村居民的科学消费观念和消费行为还未养成。值得关注
的是，谭涛等（2014）基于 2010 年农业部 15 606 户固定观察点农户的
观测数据，采用 QUAIDS 模型进行两阶段一致估计，分析计算了中国农村
居民家庭消费支出结构和弹性，发行农村居民的耐用消费品富有价格弹
性，对价格波动比较敏感，且其支出弹性和收入弹性同样较高。城乡融合

最终还是要回归到生产融合、消费融合和生产融合，由于江苏省整体经济在全国都处于较高水平，农村地区的建设也较全国来说较为健全，农村居民的消费结构较全国水平来说更加完善，所以用江苏省自身的城市地区与农村地区的消费结构水平作比较，能更清晰地看农村居民消费结构中的问题，最终提出的政策建议也更加明确可行。

一、模型选择：扩展线性支出系统模型的构建

ELES 是由 Stone-Geary 效用函数的跨期最大化发展而来的（Chonviharnpan，2018），我们选用扩展线性支出系统模型来描述和阐明城镇和农村居民消费结构的一系列情况。该模型的前提假定是消费者的经济水平决定着某种商品或服务需求的高低。消费者对商品或服务的基本需求与超出基本所增加的需求共同构成总体需求（李子奈和潘文卿，2005）。该模型中，当消费者经济水平、商品或服务价格稳定时，应先满足消费者基本消费需求，把剩余收入分配给商品（服务）和储蓄是边际消费的基本方式。扩展线性支出系统模型的计算分析应用源于经济学家 Lunch（1975），其具体数学模型为：

$$V_i = P_iX_i + \beta_i\left(Y - \sum P_iX_i\right) \quad i = 1, 2, 3, \cdots, n \qquad (6-1)$$

其中，i 为商品或服务的种类；V_i 为第 i 类商品或服务的消费者支出；P_i 为第 i 种商品或服务的价格；X_i 为消费者对第 i 类商品或服务的基本需求；Y 为居民的人均可支配收入；P_iX_i 为对第 i 种商品或服务的基本需求支出。β_i 为消费者收入在扣除用于第一类商品或服务的各种基本需要的支出后加到余额中的百分比，称为第 i 类商品或服务的边际消费倾向，其中，$0 < \beta_i < 1$，$\sum P_iX_i$ 为各项商品或服务基本需求支出总额。

将式（6-1）进行变形整理：

$$V_i = \beta_iX_i + \left(P_iX_i - \beta_i \sum P_iX_i\right) \quad i = 1, 2, 3, \cdots, n \qquad (6-2)$$

$$P_iX_i - \beta_i \sum P_iX_i = a_i \qquad (6-3)$$

$$V_i = i + \beta_iY \quad i = 1, 2, \cdots, n \qquad (6-4)$$

$$\sum a_i = \sum P_i X_i - \sum \beta_i \sum P_i X_i \left(1 - \sum \beta_i \right)$$

$$\sum P_i X_i = \sum a_i / (1 - \beta_i)$$

因此，对第 i 类商品（或劳务）的基本需求是：

$$P_i X_i = a_i + \beta_i \sum a_i / (1 - \sum \beta_i) \tag{6-5}$$

式（6-4）是一个简单的线性回归模型，利用所获得的数据和最小二乘法可以得到 a_i 和 β_i 的估计值，其中 β_i 就是居民的边际消费倾向，ELES 的优点之一是不需要额外的信息就可以进行估计（刘夏和景梦，2011）。

参考刘夏（2011）、史海英（2012）等提出的为了使上述模型减少异方差引起的分析偏差，对模型进行对数变换，如下所示：

$$\ln V_i = a_i + \beta_i \ln Y + u \tag{6-6}$$

其中，V_i 为第 i 项的人均消费支出；Y 为人均纯收入；u 为扰动项；a_i 为常数项。依据弹性的基本概念；参数 β_i 则为弹性。即收入增加 1% 时，第 i 项消费支出增加或减少的百分比。由此可以求出消费收入弹性。

二、实证分析及其结果

将《江苏统计年鉴》提供的 1999～2018 年江苏省城乡居民的收入以及各项消费的数据带入扩展线性支出系统模型，以人均收入为被解释变量，其他八项消费为解释变量，最终通过 Stata 回归得到结果。

（一）城乡居民消费占比分析

1. 城镇居民消费占比分析

如图 6-4，1999～2018 年，江苏省城镇居民的食品消费占比从 44.06% 下降到 26.09%，说明江苏省城镇居民的恩格尔系数下降，消费结构发生了改变，从以食物为消费主体的单一消费方式变为以居住、交通通信和居住为主体的全方位的消费结构。其中，2014 年后的居住消费迅速提高，到 2018 年已经成为各项消费中的最大值，这说明江苏省城镇地区的房价较高，而且居民对房子的购买意愿较强。从时间上看，交通通信消费和文教娱乐服务消费都呈倒"U"型发展趋势，这说明，城镇居民的交通和文教娱乐消费已经不再成为影响消费结构的主要因素，城镇地区的教育和交通发展比较成熟。随着社会保障体系的越发健全，城市居民的医疗保健消费比较稳定，1999~2018 年只增长了 3% 左右。

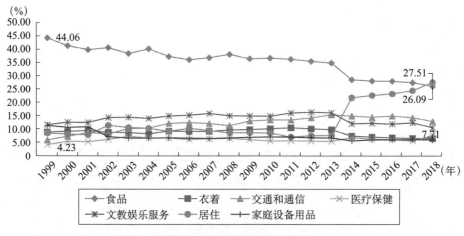

图 6-4　城镇居民消费占比

2. 农村居民各项消费占比分析

如图 6-5 所示，1999~2018 年，江苏省农村居民的消费结构产生了巨大转变。食品的消费支出比重变化最大，从 1999 年的 44.70% 下降到 2018 年的 26.18%。这说明江苏省农村居民的生活水平有了显著提升，以"吃"为主体的消费阶段已经结束。与此同时，消费支出比例增加幅度较大的分别为交通通信、医疗保健和居住。2018 年交通通信的消费支出占 17.87%，已经成为除食品和居住外的最重要的消费支出。居民医疗保健意识的加强和新农保制度的出台，会推动对居民对医疗保健消费的支出。

从图 6-5 中可以看出，城乡居民食品消费支出与服装消费支出的比例呈现出相似的趋势，降幅较大。但是农村居民相对于城市居民交通通信的消费需求依旧增加，这说明，城市地区的交通消费市场已经接近于饱和，而且城市地区的公共交通设施比较完善，城市居民对交通通信的需求减少，购买量减少。农村居民的人均收入日益增加，生活质量提高，交通通信在日常生活中的使用量增加，使得农村居民对交通通信的消费比重增加。同时，由于义务教育的实施，城乡居民的文化教育消费缓慢下降。农村医疗消费高于城市，足以说明农村基本医疗保障体系有待完善。

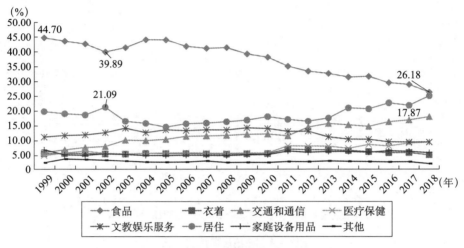

图 6-5 农村居民消费占比

（二）城乡居民边际消费倾向分析

使用扩展性支出系统模型对江苏省 1999～2018 年城乡居民的人均收入以及八项消费数据进行分析，采用式（6-4）的形式，以江苏省城乡居民的人均可支配收入为解释变量，分别以食品、衣着、居住、家庭设备、交通和通信、文教娱乐服务、医疗保健和其他消费支出为被解释变量，借助统计软件 Stata 进行回归分析。从回归估计的结果看，各项消费品的 R^2 值都大于 0.80（除城市居民的居住消费外），说明样本数据在方程中拟合情况良好。计算结果 P 值均为 0.000，回归方程在给定的显著性水平 0.05 时显著。而各回归方程的斜率均大于 0 小于 1，符合模型中关于 $0 < \beta_i < 1$ 的要求。所以，可以利用 ELES 模型来分析江苏省城乡居民的消费结构。在此基础上，通过这些参数可以估算出 1999～2018 年江苏农村居民各类消费项目的边际消费倾向和需求收入弹性，如表 6-3所示。

表 6 - 3　　　　　　　　　城乡居民边际消费倾向

	项目	$\hat{\alpha}_1$	$\hat{\beta}_1$	R^2	Prob. （F-statistics）	F 检验值
城市居民边际消费倾向	人均消费支出	808.682	0.621	0.996	0.000	4 090.250
	食品	1 408.339	0.152	0.962	0.000	455.340
	衣着	315.788	0.041	0.880	0.000	132.770
	居住	- 1 409.144	0.166	0.792	0.000	68.470
	家庭设备	230.723	0.034	0.976	0.000	720.030
	交通和通信	- 256.035	0.098	0.979	0.000	826.110
	文教娱乐服务	366.327	0.073	0.924	0.000	219.840
	医疗保健	2.967	0.041	0.943	0.000	297.830
	其他	149.717	0.015	0.907	0.000	174.750
农村居民边际消费倾向	人均消费支出	- 860.033	0.842	0.997	0.000	6 976.020
	食品	383.202	0.215	0.978	0.000	794.600
	衣着	- 52.947	0.049	0.966	0.000	514.340
	居住	- 481.143	0.198	0.959	0.000	425.250
	家庭设备	- 95.256	0.053	0.985	0.000	1 168.770
	交通和通信	- 476.597	0.155	0.984	0.000	1 108.910
	文教娱乐服务	88.494	0.076	0.958	0.000	411.940
	医疗保健	- 224.832	0.079	0.978	0.000	816.490
	其他	- 3.983	0.019	0.945	0.000	306.850

　　居民边际消费倾向（MPC）是指居民的消费意愿水平，随着收入水平的提高，增加某种商品或服务的消费支出比例，通常是大于 0 小于 1 的正数，如每一个单位的额外收入造成的额外支付意愿来增加消费，它反映了城镇居民的消费需求和新的购买力，其价值越大，消费越活跃，购买欲望就越强烈（刘晓红，2011），在表中用 $\hat{\beta}_1$ 来表示。

　　由表 6 - 3 可知，1999 ~ 2018 年江苏省城镇居民的边际消费倾向（0.621）小于农村居民的边际消费倾向（0.842），在凯恩斯的观点中，收入增加会刺激储蓄，人们只将一小部分收入来进行消费支出，说明边际消费倾向存在着递减的规律。由此可见，江苏省城镇居民收入远高于农村居民收入，缩小消费差距的根本方法在于增加农村居民的收入水平。从消费结构来看，城镇居民边际消费倾向最大的是居住，其次是食品。而农村居民边际消费倾向最大的是食品，其次是居住。这可以说明，食品和居住在城乡居民的消费结构中都是最大的部分，但由于收入和房价的问题，城市居民的居住边际消费倾向更大。江苏省经济趋向于全方位发展，城乡融合的效果更加显著，农村居民的消费结构越发完善，除去衣食住行外，文教娱乐和医疗保健的边际消费系数较大，要高于城市居民，这说明江苏省农村市场具有较大的市场潜力，农村居民具有较强的消费意愿。但是由于农村地区的基础设施建设不够完善，农村居民的消费欲望得不到满足，以至于农村市场没有得到很好的开发，这也造成了城乡的消费差距。

（三）城乡居民需求收入弹性系数分析

消费者收入变化的反应程度可以通过需求收入弹性来衡量。根据式（6-6）采用最小二乘法求解，它能反映商品需求对收入水平变化的敏感性。需求收入弹性大于1，说明该类商品的消费增量大于收入增量。对于需求收入弹性高的商品，消费支出占总消费的比例会上升。需求收入弹性小于1，说明该类商品的消费增量小于收入增量。需求弹性低的商品，消费支出占总消费的比重也会下降。ELES 模型基本满足需求函数的性质，直观地反映了消费支出的构成，因此可以利用模型直接求得需求收入弹性（李书宇和赵昕东，2019）。在表中用 $\hat{\beta}_2$ 来表示。

通过对城乡居民家庭需求收入弹性系数的评估（见表6-4）可以发现，八类消费支出系数均为正，说明随着城乡居民家庭收入水平的提高，对各种商品的需求会增加，但需求增加的程度存在差异。其中，城市居民的需求收入弹性系数中除其他项外食品消费系数最低为0.703，说明当收入增加1%时，食品消费增加0.703%，要低于农村居民的食品需求收入弹性系数0.884%，意味着城市居民对食品的需求弹性小于农村居民。从城市居民的需求收入弹性的系数来看，系数大于1的为居住以及交通和通信，这说明城镇居民对"住"和"行"的需求弹性较大，居民收入增加对其影响较大。从农村居民的需求收入弹性系数来看，系数最大的是交通和通信为1.626，即收入增长1%，交通和通信的支出增加1.626%。造成这个现象的原因有多种可能，如农村居民收入增加，对私人轿车的需求增加和购买农业用车等，同时，江苏省农村地区的网络通信设施也愈加完善，农村居民对手机、电脑等设备的需求增加。同时，农村居民文化教育娱乐的需求收入弹性系数相较于其他系数来说较低只有1.002，这说明江苏省农村居民对文化教育和娱乐的重视程度较低，文化教育和娱乐的消费市场有待开拓。从总体来看，江苏省农村居民的需求收入弹性系数要高于城镇居民，具体表现在除居住外的其他七项，这说明农村居民缺乏对食品、衣着、家庭设备、交通和通信、文教娱乐、医疗保健等的消费，农村居民的消费结构不够完善。纵观近些年来江苏省的经济发展改革，农村改革的成果还是显著的，但农村居民收入较低、消费结构不够合理、农村消费市场有待挖掘等问题依旧急需解决。

表6-4　　　　　　　　　　城乡居民需求收入弹性系数

	项目	$\hat{\alpha}_2$	$\hat{\beta}_2$	R^2	Prob. (F-statistics)	F 检验值
城市居民需求收入弹性系数	人均消费支出	0.525	0.907	0.996	0.000	4 643.160
	食品	1.474	0.703	0.990	0.000	1 695.250
	衣着	-0.898	0.803	0.957	0.000	422.170
	居住	-5.623	1.312	0.831	0.000	88.610
	家庭设备	0.070	0.684	0.911	0.000	185.010
	交通和通信	-5.013	1.252	0.983	0.000	1 042.600
	文化教育娱乐	-1.271	0.888	0.971	0.000	602.480
	医疗保健	-2.821	0.963	0.960	0.000	436.430
	其他	-0.610	0.683	0.911	0.000	184.630
农村居民需求收入弹性系数	人均消费支出	-1.552	1.136	0.999	0.000	10 849.280
	食品	-0.284	0.884	0.986	0.000	1 234.490
	衣着	-5.097	1.210	0.986	0.000	1 268.620
	居住	-4.333	1.256	0.971	0.000	603.270
	家庭设备	-5.467	1.246	0.981	0.000	927.000
	交通和通信	-8.135	1.626	0.988	0.000	1 517.150
	文化教育娱乐	-2.480	1.002	0.964	0.000	487.200
	医疗保健	-7.079	1.445	0.989	0.000	1 682.350
	其他	-4.283	1.032	0.956	0.000	392.690

第三节 江苏农村提供多元化消费市场案例分析

在加快构建以国内大循环为主体、国内国际双循环相互促进的新发展格局下，坚持扩大内需这个战略基点，需要充分挖掘国内市场潜力，增强消费对经济发展的基础性作用。对于扩大内需而言，农村地区不仅具备大量尚未得到释放的消费潜力，还有尚需改造升级的消费环境，这种消费环境的优化能够为城市消费进入农村提供更好的引入渠道。

就江苏的农村地区而言，消费环境不足、模式落后仍然是部分农村地区向较好、较高层面农村形态进步与发展的桎梏。农村要向现代化迈进，要向城乡融合、产业兴旺方向发展，那么化解存在已久的消费环境落后问题则是不可或缺的。消费环境是指消费者在生存与发展过程中面临的、对于消费者存在一定影响的外在客观因素，包括自然与社会因素。在现实生活中，农村地区的消费环境不仅是指其内部的商品交易环境，也应该包括农村内部与外部城市相互联结的机制。农村内部的消费环境问题是指消费陷阱、商品质量、售后服务等问题，而农村与城市的联结中所存在的问题则在于其提供的消费环境过于单一，不具有多元化、特色化，无法吸引农村以外的消费进入。本节通过对江苏省内先进案例进行分析，总结可借鉴之处与实践经验，为更多广大农村地区多元化消费环境的建设提供可行的建议。

一、镇江句容丁庄村——依托特色葡萄小镇，加快产业融合发展 *

丁庄村位于革命老区、国家 AAAAA 级风景区、道教圣地——句容市茅山镇，以葡萄种植为特色产业，是全省闻名的葡萄种植专业村庄。丁庄村地域总面积为 11.18 平方公里，辖区内共 24 个自然村，耕地面积 11 584 亩，水域面积 915 亩，全村的通电、通水、通网、道路硬化、绿化、亮化

---

* 笔者根据相关资料和课题组于当地调研整理所得。

已基本全面覆盖，基础设施较为完善。其交通便捷，东距扬溧高速出口3公里，北距沪宁高速6公里，句容景观大道穿越行政村。丁庄葡萄种植历史悠久，起源于全国劳模方继生先生试种的两亩巨峰葡萄，经过多年持续发展，如今丁庄及周边共种植葡萄20 000多亩，包括夏黑、美人指、金手指、白罗莎、阳光玫瑰等早、中、晚熟40多个不同品种，为丁庄农业种植的规模化与产业化奠定了基础。丁庄的产业融合发展迅速，其在产业转型、农村消费环境多元化的进程中处于领先，丁庄通过围绕葡萄种植，打造特色的葡萄文化、举办葡萄节等不同活动，大力发展集观光、休闲、旅游、采摘体验为一体的现代化农业，将单一的葡萄种植产业链进行了扩展，葡萄产业经济快速发展，在促进当地农村居民增收的同时也吸引了外部的消费进入，对于扩大内需的意义不言而喻。丁庄村已经先后被评为全国"一村一品"示范村、江苏省级生态示范村、江苏省科普示范村、省电子商务示范村，丁庄葡萄先后荣获无公害、绿色和著名商标、国家地理标志产品，年销售额高达2.7亿元。由此可见，对丁庄的成功案例进行分析是有重要意义的。

近年来，丁庄及丁庄人的发展策略可以概括为：标准化、品牌化、产业化。通过标准化生产、品牌化的手段，最终达到产业化做大做强的目的。丁庄村实现了自身特色农业产业带动乡村振兴与发展、产业融合的目的，并走出一条相对明确的、规范的、值得借鉴的发展道路。

丁庄村通过建立专业合作社、家庭农场的形式，提高其农业适度规模经营水平，壮大新型经营主体，并且在此基础上实现了"五统一"：统一种植标准、统一生产资料、统一品牌包装、统一市场销售、统一技术指导。通过统一种植标准，从而确保葡萄的质量、口感、品相优良，从而实现价格的提升。通过统一生产资料，降低农户的生产成本。通过统一品牌包装，提高了地区品牌的知名度，并且提高了产品的附加值。通过统一市场销售，发展电子商务的模式，帮助中小种植户获得稳定的销售渠道，降低其销售成本。统一技术指导，则能够不断提升农户的葡萄种植水平与品种的选择。

丁庄村打造了一个独特的葡萄产业小镇，完善产业的基础。在该葡萄小镇中，包括了丁庄葡萄社员服务中心、葡萄文化主题馆、葡萄交易展示中心、电商交易中心、仓储冷藏中心、葡萄检测中心、葡萄分解中心、游客接待中心、农民培训中心、南京农业大学丁庄葡萄研究所等综合功能服务平台。围绕标准化生产，与高校进行合作与对接，创建标准化的生产基地；围绕新技术推广，引入了枝条粉碎机器、开沟施肥一体化机器，推动了机械化，并且与电信公司达成合作，在传统种植技术中，加入互联网的水、温、光智能管控和智能灌溉，实现农产品的生产全记录，为溯源奠定基础。通过对农民的培训，引导农户提高葡萄种植生产的标准。

在建立特色葡萄小镇后，丁庄村不局限于农业生产的规模化，而是进一步对丁庄村的消费环境进行改善与优化，对葡萄小镇的旅游配套基础设施进行一系列的完善，包括对区域内建筑外墙进行美化、彩绘，对道路两侧进行绿化、亮化，健全污水处理系统、天然气管道等，在此基础上建成农耕文化体验区、葡松林乐园、爱情主题馆以及南京农业大学葡萄试验区等景观景点。丁庄村对于旅游品牌的精心培育有效促进了全镇旅游产业的发展升级，利用当地的山水农林风光与历史人文资源，不断完善基础设施建设，构建全域的旅游格局。丁庄村充分利用多种媒体平台对举办的特色活动进行宣传，比如电视台、报纸、车载收音机、微博、微信公众号等，加强其旅游品牌的营销，极大限度提高了茅山句容的知名度与影响力，吸引了更多城市消费者前来参观游玩。

除了发展观光农业与旅游产业，丁庄村对于葡萄种植的第一产业进行多元化的扩展，引入农产品加工企业，为城市消费者提供更多层次、具有特色的消费产品。该村前后引进了东方紫酒业、茅宝葛园、义利康酵素等项目，充分挖掘葡萄等农产品的附加值，围绕农产品附加值提升与乡村旅游，丁庄村当地的葡萄种植大户相继发展一户一品的项目，先后通过自主加工、代加工等模式，发展出诸如葡萄籽油、葡萄面条、葡萄饼干等衍生产品，并得到游客的欢迎。

在销售渠道方面，丁庄村线下与线上相结合。线下模式中，丁庄村通过合作联社销售体系，与南京苏果、苏宁易购、上海华润、京东生鲜等达成合作，并且通过供货销售、专柜销售、试吃推介、品牌宣传等手段进军高端市场。线上模式中，主要是通过电子商务的形式，通过手机、淘宝、微信、网站四要素，建立四位一体的电子销售平台，统一品质标准装箱销售，与顺丰达成生鲜运输的协议解决运输困难。"互联网＋农业"充分发挥作用，不仅改善了当地的消费环境，使得消费者能够认知并且购买优质的生鲜农产品及加工食品，也改善了农户的收入水平，相较于原先传统分散的种植与销售，一体化的种植与销售进步显著。

丁庄村依托并聚焦于其葡萄产业，致力于促进农业一二三产的融合与发展，最终打造了集采摘、观光、旅游、养生、度假多功能于一体的农业旅游休闲特色小镇，打造了特色农产品产业链。对于丁庄村而言，消费环境优化的关键在于产业融合，采用"农业＋产品价格业＋旅游业"形式，专业化与产业化提高单一农产品的附加值，并且有效利用多样化的媒体宣传渠道，通过电子商务的形式达到共赢的局面。

二、常州金坛区仙姑村——叠加人文与自然资源，彰显特色乡村旅游

仙姑村位于常州市金坛区薛埠镇，位置处于江苏省级常州金坛茅山风景区东麓，境内山水资源丰富，拥有优美的生态环境。除了自然资源禀赋充足外，仙姑村还拥有悠久的历史文化资源，美丽的历史传说以及周代土墩墓群、唐代东石桥等文物景点，利用传说故事为自身营造出一个仙山福地与人间烟火相结合的道教圣地的形象，充分挖掘当地的自然、人文和生态资源，以此打造一个现代乡村综合体。仙姑村现有面积为 11.21 平方公里，下辖 20 个自然村。仙姑村的交通条件便捷，与外界的联通有常合高速、扬溧高速公路，距离南京禄口机场约半小时的车程，省道穿境而过，并且在建设沿江高铁，加速完善其境内交通体系。自 2005 年金坛市（现为金坛区）提出"三边"旅游以来，仙姑村产业发展迅速。其作为山脚下的村庄，利用山水自然资源与人文景观，优先发展乡村旅游业，开展休闲观光农业、休闲渔业、有机农业种植与科普，并先后获得江苏省文明村、生态村、农家乐专业村、魅力休闲农村、三星级康居村、森林示范村、最美乡村等荣誉称号，于 2017 年被农业部评为中国十大最美乡村提名奖。目前，仙姑村的道路硬化、河塘净化、卫生洁化、村庄绿化、环境美化建设

已经成效显著，宜人宜居的仙姑村已逐渐成为休闲旅游的热门之地。

仙姑村在转变传统农业的发展思路时，先以改善农村居住环境为切入点，将生活污水集中收集、畜禽粪便规范处理、生活垃圾集中运转、河塘河道疏通、村庄绿化面积扩大等工作提上日程，并结合"氮磷流失生态拦截工程"，在村落的河道边四季轮作花卉与蔬菜，消除水体污染的同时创造经济效益。在对原先的村居环境进行美化与完善后，开始其提档发展，将生态建设与可持续发展结合起来，为周边城市消费者提供了一个更丰富、更多元化的消费环境，也为自身的乡村振兴走出坚实的步伐。

仙姑村在对村内资源进行优化与整合后，将核心规划定位为乡村旅游，围绕"互联网+乡村生态旅游""互联网+农副产品"的主要方向，在完善基础设施的同时，整合并租赁村民的闲置房屋，建设民宿，并配套完善旅游设施。在保持村庄现有的生态功能用地基础上，盘活现有的集体资产，对村内的集体资产进行改造重建。在旅游线路打造中，作为旅游线路的重要节点，推动村庄的外向性。仙姑村对于消费环境的打造，主要体现在以下几个方面。

（1）避免同质竞争，打造特色农业旅游。仙姑村构建了集休闲、观光、旅游、度假为一体的全方位发展的农业旅游，在吃、住、玩、种、购方面下足功夫。一是"一家一品、一户一色"的招牌农家菜，将当地绿色有机的农产品端上餐桌。二是民宿产业，白天游客在景点游玩，晚上住进民宿，提供便捷的同时拉动了消费。三是农家乐，在农家乐中聚集了垂钓、采摘、野营、观光、休闲等项目。四是种植实践，开设农耕体验区，作为游客的农艺实践基地。五是农副产品销售，发挥仙姑老鹅与咸猪爪等传统土特产品销售优势，进一步开拓茶叶、地衣、野菜、野竹笋、鹿茸等山区特色农副产品深加工，形成品牌系列产品全面推广。

（2）围绕电商平台建设，实现产品对外输出。线下观光农业旅游以及各种展览在作为线下销售渠道的同时，对于特色农产品、农副产品也起到了宣传的作用，再结合嘉年华等各色活动，推动电子商务的发展，开拓农产品销售渠道。

（3）围绕景区板块，构建现代民宿产业。依托于周边的重点景区东方盐湖城、宝盛园等，提供现代化的便捷民宿服务，以及配套农家乐发展仙姑村民宿经济，不仅是对于消费环境的优化，也是对村落资源更合理有效的配置。

（4）结合特色活动，提升知名度。通过热点事件提升知名度，形成联动效应。仙姑村通过承乡村过大年、民谣歌友会，另外借助于茅山国际马拉松比赛、厨艺大赛、国际越野大赛等项目提升乡村知名度。

金坛区仙姑村的消费环境优化升级，离不开其完善的规划与布局。仙姑村通过全方位的资源整合，在深度调查农村居民民意、了解经济社会现状后，依据现有优势，制定发展方向和功能定位，结合地方资源禀赋，制定特有的发展战略，联合周边外部环境，统筹考虑，进行合理的产业布局和规划。消费环境的改造与升级，根本上也是乡村建设、乡村振兴的重要步骤。

三、连云港赣榆海头镇——打造海鲜电商产业园，构建直播电商新业态

海头镇位于连云港市赣榆区境内东北部，海州湾西岸，全镇行政区域为 79 平方公里，耕地面积 2 944 公顷，辖 29 个行政村。其区位交通条件通达便捷，有 204 国道、228 国道、沿海高速公路、连盐铁路等，境内还有海头港国家中心渔港连接四海。此外，海头镇境内拥有 11.6 公里长的黄金海岸线、10 米等深浅海域 10 万多亩，建有梭子蟹、贝类、淡水、3 000亩紫菜、潮间带贝类及浅海域贝类六大养殖基地，是连云港市的"海淡水养殖之乡"，渔业资源丰厚。海头镇也有丰富的历史文化资源，有龙庙、古龙松、古汉墓遗址、秦皇石刻、李斯碑等。海头镇境内有海州湾旅游度假区，与秦山岛隔海相望，旅游资源丰富。

目前，镇内拥有海州湾生物科技园、食品科技产业园、现代化设施渔业集中区、海鲜电商产业园、国家级中心渔港、中国水科院东海研究所科技成果转化基地等一系列综合的产业。作为国务院首批沿海开放镇、全国重点镇、国家级生态镇、国家卫生镇、中国淘宝镇、全国发展改革试点镇、省重点中心镇、省生态文明建设示范镇、省农村电子商务示范镇、省

级文明镇、市首批产业特色小镇，海头镇的成功经验值得分析与借鉴。

海头镇的成功也可以归功于其消费环境的优化与升级，直播、电商行业的兴起与海鲜冷链物流的建设为其成功创造了先决条件。海头镇临海，拥有丰厚的近海渔业资源优势，其通过"农业＋电商"的模式，将线下单一的销售模式转变为线上线下相融合的模式，放大优势的同时也扩大了规模，通过打造产业体系完备的海鲜电商产业园区，深入"一园十企千户"工程。对于电商这一新兴的渠道，海头镇紧跟时代，开展了网红培训、网红交流、电商技能培训，培育了大量的电商户，并鼓励大量返乡的创业青年跨入电商发展的快车道。相关资料表明，村民们在淘宝、京东、快手、抖音等网络平台上从事电商销售，吸引并带动百多名大学生回村创业，全村电商大户已超过了12家，形成了产业规模大、聚集程度高、经济效益好的良性产业链条。

在赣榆区、海头镇政府的重视与扶持下，海头镇把电商产业的发展作为了高质量发展的切入点与转变点，开始大力扶持电商产业，并且打造高标准的电商孵化中心，将"网红包装＋网络直播＋产品销售有机"进行了有机的结合，极大程度上推动了人、财、物等资源的集聚。其中，海头镇设立的"支部＋电商"试点模式，将村党群服务中心改造为电商综合服务平台，并配套建成冷链物流的服务体系，更是对集体资源更合理的优化配置。电商产业的发展离不开人才的培养，当地政府则对此提供了大量与高校技术人才、专业技术人才进行交流的机会，每月组织讨论会进行信息交流。此外，引进"海腾鲜"平台公司团队进驻海头，邀请"快手总部运营团队"走进海头，开展视频拍摄、直播技能培训交流活动，提升一批懂技术、会经营的"网红"。在规模与人才达到相应水平后，海头镇的电商经济进一步转型发展，将电商个体户聚集成立电商公司，形成规范化的集体电商，进一步降低成本、打造品牌效应、形成统一标准，打造具有特色的海鲜电商。

海头镇优化电商发展的环境与土壤，对海头海鲜产地的形象进行了策划与设计，打造"鲜美海头"的宣传品牌，统一标识、包装、质量，全镇海鲜商户共同使用并且共同维护，降低成本的同时也进一步打响海头海鲜品牌。海头镇还通过举办"鲜美海头、鲜声夺人"海洋旅游以及海鲜电商节、网红直播大赛等活动，吸引流量，吸引消费者的关注。

海头镇的转变可以归纳为培育扩大电商直播队伍、吸引流量、打造品牌、统一标准，是传统优势海产品地区向"品牌化、电商化"的转型典范。

第四节　研究结论与启示

一、研究结论

本章从三个方面进行了分析。第一部分是从消费规模和消费结构的角度对江苏省城乡居民消费进行现状分析。在消费规模层面，将江苏省城乡居民消费支出分别与全国水平进行对比，可以发现江苏省的城乡居民消费水平在全国水平中处于前列；对江苏省城乡居民人均消费支出差额进行分析，可以发现城乡居民人均消费支出稳步上升的同时，消费差距也在逐年加大；在消费结构层面，江苏省农村居民所有消费项目边际消费倾向都高于城镇地区，尤其是食品与交通和通信的边际消费倾向远高于城镇居民。城镇居民在居住和交通方面的需求收入弹性均大于1，而农村地区除食品外的需求收入弹性均大于1。农村居民消费能力弱于城市居民。

第二部分就江苏省农村如何为城市提供多元化的消费环境进行了探讨，对镇江丁庄、常州金坛、连云港海头镇等先进案例进行了分析，案例中体现出的"农业＋电商""农业＋休闲观光旅游""农业＋食品加工业"等模式，具有特殊性的同时也具有普遍性。特殊性体现在不同地区选择发展模式时，需要考虑因地制宜，不同的地区有不同的文化历史、景观景点、农业资源，要明晰资源优势所在；普遍性则在于多数地区都具有自身的特色，都能够从上述模式中选择一个或多个相结合的模式进行发展。

二、相关启示

（一）促进城乡要素自由流动，实现生产融合

通过生产要素的转移来完善消费结构，改变社会资源，向农村地区流

动，实行产业转移，实现生产融合。向农村地区引进特色产业，形成产业集聚，转移生产要素。消费者的购买能力在一定程度上由消费者的收入水平决定，收入是影响居民消费结构的重要因素。当收入水平提高时，基本消费支出比重会有所下降，而高层次消费支出比重则会上升（Feng et al.，2011）。因此，要充分吸收农村地区的闲散劳动力，提高农民收入以完善居民消费结构。首先，政府可以在农村地区开展职业培训教育，培育农民的就业意识和自主能力，为农村地区的产业发展提供人力资源。其次，充分挖掘农村地区的闲置土地，为企业提供充足的工厂建设用地，获取的承包租金也可以提高农民的收入。最后，充分吸纳社会资本，发展多种形式、多种规模的企业，活跃企业资金，与当地银行等金融机构加强合作，增强企业活力，获得强大的资金支持，延长产业链，完善生产模式。农村地区的生产融合可以促进农民的人均收入的提高，进一步完善居民的消费结构。

（二）推动流通基础设施建设，实现市场融合

为城乡居民提供稀缺的生态、文化、旅游服务产品，提升城乡居民生活质量，完善农民的消费结构，最终实现市场融合。活跃农村地区的消费市场，丰富消费方式，将农村和城市的消费市场相融合。加强农村地区的基础公共服务的建设，引入购物商场、电影院、饭店等基础消费场所。随着互联网技术的发展，有必要在农村地区普及互联网使用率，加强物流配送网点建设，对内引进城市产品，对外输出当地农产品。与此同时，农村地区可以依靠当地的自然优势，发展旅游、观光、特色农产品种植等产业，发展产业园区，促进农村地区规模化经济的发展。

（三）以人为本促进福利公平，实现分配融合

要以人为本促进福利公平，使得全体居民能够共享经济社会的发展成果。促进医疗、教育、交通的福利分配，落实到农村地区，实现分配融合，实现农民多种形式的消费方式。江苏省农村地区的交通和通信的需求收入弹性较高，因此要积极开发汽车、手机等设备的消费市场，引入物美

价廉适合农村居民消费的电脑、手机等产品，满足居民的消费需求。政府可加强对农村地区的教育投入，提高农村居民对教育的重视程度，建立农村图书馆和农村技术培训班，促进农村文化教育事业的发展。文教娱乐服务的消费可以促进农村居民整体素质的提高，有利于提高农民的可支配收入，缩小城乡收入差距，促进城乡发展一体化。

第七章　城乡公共产品均衡发展

第一节　城乡公共产品均衡发展的基本内涵

一、城乡基础设施一体化的基本内涵

（一）城乡基础设施一体化是城乡基础设施之间的有效衔接

城乡基础设施一体化建设是推进城乡融合发展的基本保障，想要实现城乡基础设施一体化的目标意味着需要实现城乡之间物质要素的基本流通。虽然江苏省农村基础设施建设已经取得了长足进步，但无论是从前期的规划上还是从后期的管理、养护上，城市和农村的基础设施都是被分离对待的。因此，城乡基础设施一体化目标的实现在于在农村公共基础设施建设和城市基础设施建设之间建立起有效衔接，为此需要建立健全有效覆盖、有机衔接的城乡基础设施规划体系（盛广耀，2020）。《中共中央 国务院关于建立健全城乡融合发展体制机制和政策体系的意见》要求以市县域为整体，统筹规划城乡基础设施，统筹布局道路、供水、供电、信息、广播电视、防洪和垃圾污水处理等设施，并强调坚持先建机制、后建工程。因此，需要发挥发展规划战略的导向作用，编制并实施覆盖市县全域的城乡基础设施建设布局规划，统筹城市郊区乡村和规模较大中心镇的产业发展以及基础设施、重要市政公用设施等建设及布局。

（二）城乡基础设施一体化是动态均衡状态

城乡基础设施一体化并不是指城乡之间的基础设施达到完全的无差别的统一，而是城乡的发展处在动态的均衡之中，基础设施的建设也并不是

严格区分城市和农村，而是相互支撑、相互依赖、相辅相成的共生与协同关系。我国城乡基础设施的建设规模和管理水平存在较大的差距，直接影响到城乡的产业布局、社会治理、公共服务、环境保护等方面的协调发展，今后的公共基础设施需要把重点放在农村，大力推进农村基础设施改造，这也是《中共中央 国务院关于建立健全城乡融合发展体制机制和政策体系的意见》提出的要求。通过实现城乡之间资源的相对平衡分配，改善农村基础设施、卫生设施、教育和文娱设施，逐步提升乡村居民的物质和精神生活水平，进而满足对美好生活的需求。

（三）城乡基础设施建设遵循需求意愿有序有效供应

农村基础设施需求大而杂，且政府与居民之间的信息不对称导致供给混乱与供给不足并存。必须对农村基础设施的公共物品进行合理的界定，并建立起事权清晰、权责一致、中央支持、省级统筹、市县负责的制度。对农村公路、水利、渡口、公交、邮政等公益性和经济性较差的公共设施，按公益性和经营性分别划分；对于农村供水、污水处理、农贸市场等具有一定经济效益的设施，要加强投资，引进社会资金，引导农户进行投资；对于农村电力、电信、物流等以经营为主的基础设施，其投资主要集中在企业。按照这一原则，建立分级分类的投资机制，鼓励有条件的地区将城乡一体化的基础设施项目进行打包、一体化建设。

二、城乡基本公共服务均等化的基本内涵

（一）城乡基本公共服务均等化是动态的均等化

自改革开放以来，中国经历了迅速的发展，但发展不平衡、不全面的问题也随之暴露。即使我国实行了一系列促进城乡协调发展的措施，城乡差距也依然日益扩大。城乡基本公共服务均等化是党和国家在中国经历社会经济大变迁的时代背景下提出的概念，它的外延与内涵也必然在我国经济与社会的发展过程中发生相应的变化。对于城乡基本公共服务均等化目标的实现，国家大政方针多次提出相应要求：党的十六届六中全会首次明确提出要实现城乡基本公共服务均等化的目标；党的十七届三中全会通过

的《中共中央关于推进农村改革发展若干重大问题的决定》要求"尽快在城乡规划、产业布局、基础设施建设、公共服务一体化等方面取得突破，促进公共资源在城乡之间均衡配置"，并提出了包括统筹城乡基础设施建设和公共服务在内的"五个统筹"战略部署；党的十八大要求到 2020 年基本公共服务均等化目标总体实现，"十三五"规划纲要对于加快健全国家基本公共服务制度、建立国家基本公共服务清单提出了更为明确的要求；"十四五"规划纲要将基本公共服务均等化列入经济社会发展的主要目标。因此，需要以发展的眼光看待基本公共服务，随着各项工作的推进，城乡基本公共服务的范畴必然会不断丰富，相应的权责分工也必然会不断明确。

（二）城乡基本公共服务均等化并非绝对的均等化

传统意义上的均等化指的是将所有的资源进行简单的等额分配，然而这种做法对于基本公共服务均等化来说并不科学。基本公共服务均等化是指全体国民都能获得大致均等的基本公共服务，而不是简单的、绝对的平均化，其核心是促进机会均等，重点是保障城乡居民都能获得覆盖城乡、达到一定标准的基本公共服务的机会。城乡基本公共服务均等化并非绝对的均等化，即使实现了均等化的目标，城乡居民所享受的服务也存在着一定的差异，但这种差异是能够被社会公众接受的。

（三）城乡基本公共服务均等化的重点工作在于推动基本公共服务逐步、全面覆盖乡村

城乡基本公共服务均等化对于破除城乡二元体制、破解"三农"发展难题、推进新型城镇化有重要意义。推进城乡基本公共服务均等化开始于推动基本公共服务逐步、全面覆盖乡村。2003 年，《中共中央 国务院关于做好农业和农村工作的意见》中着重指出"国家今后每年新增教育、卫生、文化等事业经费，主要用于农村，逐步缩小城乡社会事业发展的差距"，为此党和国家在多方面采取了一系列措施。在教育方面，建立起农村义务教育经费保障机制，农村义务教育教师工资、校舍维护和公用经费等办学投入由公共财政承担，"两免一补"政策（免书本费、免杂费和补助寄宿生生活费）分步推广至全国，2006 年全国农村实现真正意义上的义

务教育（国务院发展研究中心农村部课题组，2014）。在医疗卫生方面，推进农村三级医疗卫生服务体系建设，从试点起步，到2008年我国农村基本实现了农村合作医疗的覆盖。在社会救助方面，推进农村"五保"供养由集体福利事业向国家救助制度转型，2007年在全国建立农村最低生活保障制度，2013年实现了城乡大病医疗救助全覆盖。在养老保障方面，从试点开始，于2012年实现新型农村社会养老保险制度全覆盖。

（四）实现城乡基本公共服务均等化的目标是一个循序渐进的过程

城乡基本公共服务均等化目标的实现是一个循序渐进的过程，不可能一蹴而就。一是受到我国财政预算的限制，政府无法在短时期内为提高欠发达地区的公共服务水平而投入大量的公共资源；二是城乡居民对于基本公共服务的偏好是有区别的，并且时常处于变化之中，基本公共服务的供给数量和需求数量很难达到一致，我国还处于发展中国家阶段，不可能在全国范围内全面、毫无差别地实现公共服务均等化。因此，城乡基本公共服务均等化目标的实现只能是一个渐进的、长期的过程。

第二节　城乡公共产品均衡发展概况

一、城乡基础设施一体化概况

（一）基础设施的投资概况

通过查阅中国投资领域统计年鉴，对全国和江苏分别于2019~2021年对固定资产和基础设施分享的投资额较上年增长率进行分析。图7-1呈现了全国和江苏固定资产投资较上年增长情况。2019~2021年江苏省对固定资产总额和基础设施分项的投资增长率均低于全国水平。同时，在江苏省范围内，基础设施投资的增长率低于固定资产的全部投资增长率，这说明江苏省的固定资产投资中基础设施所占的比重在逐年减小。以上差距表明，江苏省的固定资产投资和基础设施投资的后续跟进可能存在不足，同时基础设施投资在固定资产投资中欠缺相应的重视。

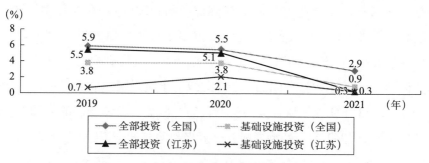

图7-1 固定资产投资较上年增长

在针对基础设施一体化的现状分析中，参考《1994年世界发展报告》中的定义，基础设施被分成经济基础设施和社会基础设施，前者包括交通运输、排水、能源及电信等基础设施，后者涉及医疗、教育、文化、环境及福利保障等方面。

（二）经济基础设施

1. 交通运输

图7-2呈现了江苏乡村道路情况。数据显示，江苏乡村的人均道路面积持续增长，体现了道路设施建设中的提质提量，反映了乡村道路长度延伸和路面拓宽的双维度提升。另外，在道路建设中选取乡村安装路灯道路长度为指标，总体来看呈上升趋势，且2020年较2019年提升较大。乡村安装路灯的道路长度在反映农村道路质量的同时，也需要相应照明设备的投入和后续维护。

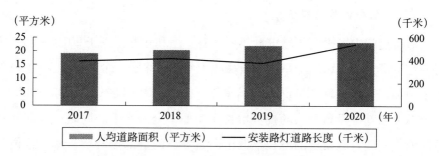

图7-2 江苏乡村道路部分指标

2. 水利

（1）农田灌溉。图7-3呈现了江苏农田灌溉情况。根据江苏省统计年鉴，2016～2020 年的农田有效灌溉面积增长趋势较为平稳且处于较高水平。有效灌溉面积逐年上升，但 2019～2020 年增加趋势减缓。总体来看，节水灌溉面积占有效灌溉面积的比率呈上升趋势，但二者仍有一定的差距，在农田的节水灌溉设施仍有进一步建设和推广的空间。

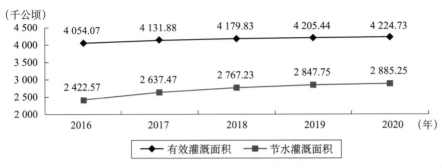

图 7 - 3　江苏农田灌溉部分指标

（2）公共供水。表 7 - 1 呈现了江苏乡村供水情况。受行政区划变动等影响，江苏省集中供水的乡个数在数量上呈减少趋势；另外，由于乡居住人口减少影响，同时受节水生产等政策号召的影响，年供水总量呈减少趋势。排水管道暗渠密度和供水普及率逐年上升，且供水普及率已接近100%，供水方面的基础设施建设已较完善。

表 7 - 1　　　　　　　　江苏乡村供水部分指标

年份	集中供水的乡个数（个）	年供水总量（万立方米）	供水普及率（%）	排水管道暗渠密度（公里/平方公里）
2016	64		97.66	10.97
2017	63	3 332.53	96.35	12.37
2018	46	2 304.07	97.17	11.93
2019	38	1 945.02	99.45	15.2
2020	36	1 803.71	99.33	15.86

3. 能源

图 7 - 4 呈现了江苏农村燃气情况。受农村人口向城市转移等影响，农村用气人口有所减少。而农村的燃气普及率总体呈逐年上升趋势，至 2020 年，江苏农村的燃气普及率已达到 96.85%，处于较高水平，反映了燃气管道铺设、燃气入户等基础设施建设取得一定成效。

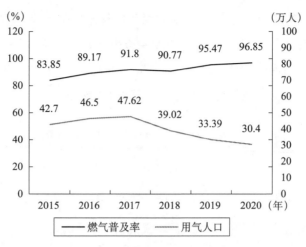

图 7 - 4　江苏农村燃气相关指标

（三）社会基础设施

1. 医疗

表 7-2 呈现了江苏省乡村卫生事业情况。2020 年，全省医疗机构病床使用率为 71.55%，其中，医院 76.13%，乡镇卫生院 55.45%，社区卫生服务中心 44.69%。2020 年，乡镇卫生院和社区卫生服务中心（站）诊疗人次达 16 312.68 万人次，比 2019 年减少 2 695.62 万人次，占全省总诊疗人次的 30.50%。乡镇卫生院的病床使用率距离医院还有一定差距，但已达到过半水平，同时乡镇卫生院承担的诊疗人数分担达到三成，在一定程度上成功发挥乡镇医疗基础设施作用。

2015～2017 年，江苏省乡镇卫生院数呈稳定增长趋势，自 2018 年后乡村卫生院数开始逐步减少，村卫生室的数量转变趋势与之基本一致。而与乡镇卫生院数几年间先增后减的变化趋势区别的是，乡镇卫生院的床位数在 2015～2020 年一直呈稳定增长模式。这证明乡镇卫生院数在变化的同时，其内部规模是在持续扩大的。一方面，行政区划等要素的变动和经营状况的优劣导致了乡镇卫生院数量的增加或减少；另一方面，在卫生院总数变化的同时依然坚持投放和增设医疗基础设施，增加床位设备，使得江苏省整体的乡镇卫生院病床数增加。而乡镇卫生院的病床使用率在 2015～2019 年维持稳定水平，在 2020 年发生较大幅度的降低。通过参考全省医疗机构和医院、社区服务中心的病床使用率可知，2020 年，全省医疗卫生机构总诊疗人次、居民到医疗卫生机构平均就诊次数等指标均较 2019 年有大幅下降，其主要原因是受疫情影响，居民就诊和住院的意愿和便利性降低。

表 7-2　　　　　　　　　　江苏省乡村卫生事业部分指标

年份	乡镇卫生院（所）	村卫生室（个）	乡镇卫生院床位数（万张）	乡镇卫生院病床使用率（%）
2015	1 033	15 391	5.6	63.45
2016	1 039	15 481	5.9	63.59
2017	1 056	15 320	6.8	67.54
2018	1 053	15 311	7.1	64.82
2019	1 028	15 169	7.5	64.23
2020	999	15 020	7.7	55.45

2. 教育

表 7-3 呈现了江苏普通小学设备配备情况。关于教育分类的基础设施现状分析，以江苏省的普通小学设施情况为研究对象。由于行政规划等要素影响，江苏省普通小学数量逐年递减，且 2016 ~ 2018 年减少幅度较大。而体育、音乐、美术和自然实验相关设备达标校数的数量在 2016 ~ 2018 呈增长趋势，2019 年和 2020 趋于稳定，且各种设施配备达标校数与总校数差距不断减小。这表明，江苏省普通小学内的基础设施建设得到完善，相应的设备维护和后期维护都得到了保障。值得注意的是，体育运动场馆面积达标校数在此类指标中数量最少，这主要是由于在普通小学建设前期的校园面积规划中存在不足，后期的场馆扩建存在困难，从而体育场馆面积达标校数最少。这提示，在教育基础设施规划中需要结合政府市政规划和相应标准进行提前测算，便于后期的基础设施投入。

表 7-3　　　　　　　　　　江苏省普通小学设备配备相关指标　　　　　单位：所

年份	校数	体育运动场（馆）面积达标校数	体育器械配备达标校数	音乐器械配备达标校数	美术器械配备达标校数	教学自然实验仪器达标校数
2016	106 403	76 015	80 022	79 091	79 169	79 836
2017	96 052	80 310	84 281	83 775	83 611	83 988
2018	90 603	80 098	84 584	84 181	84 003	84 245
2019	88 631	80 348	84 167	83 940	83 750	83 623
2020	86 085	79 674	82 987	82 696	82 572	82 400

二、城乡基本公共服务均等化现状

长期以来，江苏高度重视城乡基本公共服务均等化工作，出台制定了一系列政策措施，从教育、文化、社会保障、医疗等公共服务的共建共享和综合利用上全面发力，在多年的努力下，江苏省城乡基本公共服务均等化工作取得了一定的成效。江苏通过促进城乡社会制度一体化，着力构建相互配套、整体互联的机制体制和政策体系，推动城乡教育资源均衡配置，健全城乡医疗卫生服务体系，提升城乡公共文化服务能力，完善城乡统一的社会保障制度，在基础公共服务的多个方面努力适应城乡融合发展的战略要求。

根据《"十三五"推进基本公共服务均等化规划》的要求，2017 年6 月，江苏省政府办公厅出台了《关于印发江苏省"十三五"时期基本公共服务清单的通知》，对江苏省基本公共服务清单进行进一步明确，共包括基本公共教育、基本就业创业、基本社会保险、基本医疗卫生、基本社会服务、基本住房保障、基本公共文化体育、基本公共交通、环境保护基本公共服务、残疾人基本公共服务在内的 10 个领域 87 个服务项目。

江苏省城乡基本公共服务均等化工作有效开展，2020 年，财政支出继续向提高城乡公共服务均等化水平倾斜，教育支出 2 406.53 亿元，比2019 年增长 8.7%；文化旅游体育与传媒支出 311.68，增长 17.82%；卫生健康支出 1 007.47 亿元，增长 11.2%；社会保障和就业支出 1 779.31亿元，增长 25.66%。医疗卫生、社会保障和就业、文旅等重点支出增幅均大于财政支出总体增幅，教育支出也与财政支出增幅大体持平，江苏省保障改善民生十项实事全面完成，城乡基本公共服务均等化水平全面提高。

（一）基本公共教育

表 7-4 呈现了 2016~2019 年江苏城乡小学专任教师学历情况。小学教育是个体接受基本公共教育的起步阶段，对个体的成长发展至关重要，教师的学历水平与教学质量息息相关，在一定程度上也能反映出教育服务

质量。在江苏省小学专任教师队伍中，本科学历的教师占据主体地位，2016～2019年，本科学历专任教师占据比重呈上升趋势，且同期农村增速快于城市；同样地，研究生学历专任教师占据比重也呈上升趋势，但同期城市增速快于农村，且城市研究生学历专任教师占据比重远高于农村；专科学历与高中学历专任教师占据比重都呈下降趋势，且同期农村减速快于城市。"十三五"期间，江苏省在教育方面着力保证教师队伍质量，农村小学专任教师学历结构有效改善，农村教育服务质量逐渐向城市靠拢，基本公共教育均等化程度有所提高。

表7-4　　　2016～2019年江苏省城乡小学专任教师学历情况

项目		2016年		2017年		2018年		2019年	
		城市	农村	城市	农村	城市	农村	城市	农村
研究生毕业	人数（人）	4 470	204	5 345	253	6 174	281	7 685	294
	比例（%）	3.27	0.56	3.64	0.69	3.88	0.80	4.50	0.90
较上年变化水平		—	—	0.37	0.12	0.24	0.11	0.62	0.11
本科毕业	人数（人）	112 805	23 876	124 217	25 984	136 922	25 838	149 392	28 612
	比例（%）	82.49	65.82	84.58	70.43	86.09	73.22	87.44	88.00
较上年变化水平		—	—	2.09	4.62	1.50	2.79	1.35	14.77
专科毕业	人数（人）	18 015	11 011	16 393	9 721	15 297	8 540	13 412	3 471
	比例（%）	13.17	30.35	11.16	26.35	9.62	24.20	7.85	10.68
较上年变化水平		—	—	-2.01	-4.00	-1.54	-2.15	-1.77	-13.53
高中阶段毕业	人数（人）	1 463	1 186	904	932	658	628	364	137
	比例（%）	1.07	3.27	0.62	2.53	0.41	1.78	0.21	0.42
较上年变化水平（%）		—	—	-0.45	-0.74	-0.20	-0.75	-0.20	-1.36

（二）基本医疗卫生

表7-5呈现了2016～2020年江苏省每千人口卫生技术人员情况。基本医疗公平可及是城乡基本公共服务均等化的一项重要目标，每千人口卫生技术人员数可以大致衡量城乡居民可获得的医疗服务水平，2016～2020

年，江苏省城乡每千人口卫生技术人员数都呈上升趋势，虽然农村每千人口卫生技术人员数少于城市，但同期农村增速快于城市，江苏省每千人口卫生技术人员数城乡比总体呈下降趋势，城乡基本医疗均等化水平有所提高。

表7-5 　　　　　2016～2020年江苏省每千人口卫生技术人员数　　　　单位：人

项目		2016年	2017年	2018年	2019年	2020年
卫生技术人员	合计	6.5	6.8	7.3	7.8	7.85
	城市	9.8	10.1	10.1	10.3	10.26
	农村	4.7	5.0	5.7	6.2	6.61
	城乡比	2.09	2.02	1.77	1.66	1.55
执业（助理）医师	合计	2.6	2.7	2.9	3.2	3.16
	城市	3.6	3.7	3.7	3.9	3.83
	农村	2.1	2.2	2.4	2.7	2.91
	城乡比	1.71	1.68	1.54	1.44	1.32
其中：执业医师	合计	2.1	2.3	2.4	2.6	2.64
	城市	3.4	3.5	3.5	3.6	3.62
	农村	1.5	1.5	1.7	1.9	2.09
	城乡比	2.27	2.33	2.06	1.89	1.73
注册护士	合计	2.8	3.0	3.2	3.5	3.47
	城市	4.6	4.7	4.8	4.9	4.83
	农村	1.8	1.9	2.3	2.5	2.68
	城乡比	2.56	2.47	2.09	1.96	1.80

（三）基本社会服务

表7-6呈现了2016～2020年江苏省农村养老服务与社会救济情况。"十三五"国家基本公共服务清单中基本社会服务包括13项服务项目：最低生活保障、特困人员救助供养、医疗救助、临时救助、受灾人员救助、法律援助、老年人福利补贴、困境儿童保障、农村留守儿童关爱保护、基本殡葬服务、优待抚恤、退役军人安置、重点优抚对象集中供养。"十三五"时期江苏省基本公共服务清单中，基本社会服务包括13项服务项目：最低生活保障、特困人员救助供养、医疗救助、临时救助、受灾人员救

助、经济困难的高龄失能老年人补贴、困境儿童保障、农村留守儿童关爱保护、优待抚恤、退役士兵安置、重点优抚对象集中供养、惠民殡葬服务、法律援助和村（社区）法律顾问。

表7-6　　　　　2016~2020年江苏省农村养老服务与社会救济情况

年份	农村居民最低生活保障人数（万人）	农村最低生活保障支出（亿元）	农村特困人员集中供养人数（万人）	农村特困人员分散供养人数（万人）	农村特困人员救助供养机构数（个）	农村特困人员救助机构年末收养人数（人）
2016	109.9	39.0	7.1	12.7	1 271	115 464
2017	97.2	39.8	6.4	13.7	1 252	112 620
2018	74.8	38.3	5.0	15.2	1 230	95 094
2019	68.9	39.3	4.8	15.6	1 106	88 260
2020	66.6	42.8	4.1	16.3	1 025	80 388

低保制度能够保障困难群众的基本需求。2016~2020年，江苏省农村居民最低生活保障人数虽逐年减少，但农村最低生活保障支出却在逐年增加，究其原因是江苏省保障对象认定更加精准、救助机制更加高效，同时低保标准持续增长。"十三五"期间，江苏省基本社会服务工作各项指标领跑全国、表现突出，各市在提高低保标准方面持续发力，2019年江苏省提前实现低保标准全面超过扶贫标准，同时，按照城乡统筹、基本公共服务均等化的要求，截至2020年底，江苏省以设区市为单位已全面实现低保标准一体化，平均达到每人每月771元，最低达到每人每月610元，全省255万建档立卡低收入人口中，通过低保和特困供养为89万人提供了兜底保障。

农村特困人员救助供养机构是为农村特困人员提供集中供养服务的主要阵地，也是发展农村基本社会服务的重要平台。2016~2020年，江苏省农村特困人员集中供养人数不断减少，农村特困人员救助供养机构数、农村特困人员救助机构年末收养人数也不断减少，同时，农村特困人员分散供养人数不断增加。在农村特困人员中，需要看护的老年人占据很大比重，江苏省作为农村老龄化程度较高的省份始终积极应对人口老龄化问题。"十三五"期间，江苏省着力健全基本养老服务制度，努力朝居家社区机构相协调、医养康养相结合的目标迈进，持续朝着满足多层次、多样化养老服务需求的方向发力，强化家庭养老支持，推进"原居享老"，推进养老机构建设及体制机制改革，建成居家养老服务中心1.82万个，建成日间照料中心589个，居家社区提供养老服务的能力不断提高，很大程度上减轻了养老机构的压力，也能使更多老年人享受到更高水平的养老服务。江苏各地也在探索农村敬老院运营机制改革，逐步将乡镇敬老院打造成农村区域性养老服务中心，提升农村养老服务水平。

第三节　城乡公共产品均衡发展制约因素分析

一、财政资金投入

在城乡融合发展推动基础设施一体化、基本公共服务均等化的进程中，需要财政不断地进行资金投入和机制跟进。然而以基础设施投入为例，2019～2021年江苏省对固定资产总额和基础设施分项的投资增长率低于全国水平，同时江苏省固定资产投资中基础设施所占的比重在逐年减小。即便作为东部沿海的发达大省，基础设施和公共服务的财政投入依然不能忽视。对于上级财政扶持补助有限的项目，如若在建设资金筹措中存在压力，难以保障建设配套设施、后期设备维护的资金投入，则基础设施建设、公共服务投入均存在动力不足的问题。

二、人才约束下的公共服务质量提升

在城乡融合的一体化建设进程中，由于乡村人才管理相关制度和保障政策的缺乏，存在人才短缺、难以引进和常驻的问题，从而导致基层单位人才总量、结构失衡。在中小学教育、文化站服务、乡镇医疗卫生机构等方面都存在专业技术人员不足的情况，一方面是基于乡村的生活条件和待遇差别；另一方面是关于个人的职业发展，职称等晋升机会少。相关的制度保障和晋升机制的缺乏直接导致的公共服务的低效和低质。

三、城乡管理体制分割

中华人民共和国成立以来，我国城乡关系从起初的二元对立到如今的城乡融合发展经历了曲折的探索过程，"十四五"规划提出"健全城乡融合发展体制机制"的发展要求，而我国目前处于城乡融合发展的初期，城乡分治的管理体制使得城乡基础设施和公共服务的供给水平存在差距，例如，城市与乡村的财务投入体制相互独立，部分农村的公共设施建设与维护需要凭一己之力解决；城乡分治的管理体制使得城乡间的基础设施建设与基本公共服务的提供难以合理规划与有效衔接，同时管理部门之间权责不明晰、职能重合错位的问题依然存在，这些都不符合新时代城乡融合的发展要求。

四、农村基础设施与公共服务的标准体系不完善

全国范围内的基本公共服务标准体系尚在努力构建，根据"十三五"国家基本公共服务清单的指导意见，江苏省也发布了"十三五"时期基本公共服务清单，通过清单制明确了各服务项目的服务对象、服务标准、支出责任与牵头负责单位，各市根据上级指示也纷纷出台了一系列公共服务设施配建标准，对公共设施与服务的标准进一步细化并在执行过程中取得了一定的成效。同时，在 2020 年春季首批 51 个市、县国家基本公共服务标准化试点名单中，江苏省共有四项申报项目获批：泰州市基本公共服务标准化综合试点、江阴市社会联动救助基本公共服务标准化专项试点、如皋市基本公共服务标准化专项试点、苏州市吴江区老有所养基本公共服务标准化专项试点。各试点先行先试，着力以标准化推动基本公共服务均等化、普惠化、便捷化。即便如此，既有标准还无法完全满足农村基础设施与基本公共服务领域日益增加的标准化需求（张书等，2017），并且标准的执行力度还不足以支撑江苏省城乡基础设施一体化和城乡基本公共服务均等化向保质提速方向发展，如备受关注的养老问题，特别是在劳动力转移农村空心化的背景下，即使江苏省持续提高农村养老

服务的水平，但无论是在硬件设施还是在软性服务上都未能满足农村老人的养老需求。

第四节　结论与启示

一、进一步完善基本公共服务的清单制管理制度

清单制是现代化政府普遍采用的一种标准化治理方式，此前，"十三五"国家基本公共服务清单明确了各服务项目的服务对象、服务标准、支出责任与牵头负责单位，根据国家的指导意见，江苏省发布了"十三五"时期适用于省内的基本公共服务清单，按照清单对江苏省"十三五"期间各服务项目的服务对象、服务标准进行了明确，同时落实了各服务项目的支出责任与牵头负责单位，各市参考省级层面的基本公共服务清单也纷纷出台了一系列公共服务设施配建标准与细化要求。实践证明，清单制管理制度通过对基本公共服务划定底线标准，使得城乡居民能够享有一定保障的基本公共服务，在执行过程中取得了一定的成效。

若想实现城乡融合发展必须在基本公共服务清单涉及的各个领域精准发力、全面缩小城乡之间的差距。江苏省需要进一步完善基本公共服务的清单制管理制度。一是省级层面根据国家指导意见与省内现状拟定新一轮的基本公共服务的清单，在此基础上，各地结合省级层面发布的清单与当地发展短板，拟定适合本地城乡融合发展的基本公共服务规划细则，各级做好土地统筹和城乡规划工作，合理布局基本公共服务设施，并注重对清单进行动态管理，努力追踪城乡居民的需求变动以此提供精准化的基本公共服务。二是根据基本公共服务清单细化各级政府在提供各项基本公共服务工作中的任务，明确职责与分工，使相关工作的责任边界更加明晰，并且不断完善相关的问责与监督机制，将对基本公共服务的绩效评价纳入政府工作考核，为健全基本公共服务的管理机制提供保障。三是基本公共服

务清单划定的标准是城乡居民生存和发展的兜底标准，在此基础上，各级政府应根据当地的实际，关注城乡居民对各项基本公共服务的动态需求，以此确定清单服务细则。

二、加强农村地区基础设施与基本公共服务的标准化建设

即使江苏省城乡基础设施一体化工作与基本公共服务均等化工作在推进城乡融合进程中取得了一些进展，但值得注意的是江苏省城乡基础设施与基本公共服务标准化工作依然亟待进一步细化与完善，特别是农村地区基础设施与基本公共服务的标准化建设工作需要在涉及农村建设和服务领域的标准方面重点发力，结合农村综合改革标准化试点项目同步推进。一是要梳理现行的基础设施与基本公共服务管理规定与标准，对涉及农村建设和服务领域的标准进一步细化与明确，明晰各级牵头负责单位的职责与任务，在确保各项工作达标的基础上努力实现提质增速，在部分工程与服务项目上促进城乡标准接轨。二是农村地区基础设施与基本公共服务的标准化建设工作要结合农村综合改革标准化试点项目同步推进，凝练出一批新的可复制经验，推广到其他地区，使得各地农村地区基础设施与基本公共服务的标准化建设有所推进。三是要鼓励有条件的地区在达到相关标准的前提下拓展公共服务边界，不断提高管理水平与服务质量，在积极探索中尝试推出全新的或是更高水平的标准，从而通过示范效应带动其他地区农村基础设施与基本公共服务的标准化建设。

三、完善以财政为主体的多元投入机制

基础设施和公共服务的资金投入机制需不断完善，在以财政拨款的基础上补充集体经济资金投入和社会资本引入。政府做好统筹规划工作，努力做到政府供给不"缺位"也不"越位"，避免在农村公共产品供给中出现"市场失灵"和"政府失灵"共存的问题，引导各方提供总量适中、结构合理的公共服务，在实践中探索适合江苏省各地发展情况的供给模式。集体经济推进基础设施和公共服务投入维护机制。通过对省内优秀集体经济案例进行学习，设立村级公共服务和社会管理专项资金，建立村级公共

服务资金使用与监管机制、公共服务运行维护责任制度、考核奖惩制度，从而形成长效机制。引导社会资本投入。在基础设施和公共服务的建设、运营、维护和管理过程中，通过社会资本和经营主体引入，有利于推进项目发展，同时，对于参与投资的社会资本通过税收优惠、政府补贴等形式进行完善的鼓励政策。

第八章 江苏城乡融合发展的模式与探索

第一节 农村现代产业体系改革创新：东林村的探索

一、东林村农村产业体系改革创新的实践探索

作为经济大省，江苏粮食产量多年保持在 700 亿斤以上，以全国 3.8% 的耕地保障了 6% 人口的粮食安全，创造出总量平衡、口粮自给、调出有余的好成绩。近年来，江苏省农业经营存在粮食经营效益降低导致非粮化倾向；粮食实现总量平衡但肉类需求缺口仍然较大；农业生产废弃物处置成本高、潜在价值有待挖掘等，转型升级势在必行。太仓市东林村从 2010 年 5 月开始探索农业一二三产业深度融合的新发展路径，通过建设高标准农田、组建实体、精细管理、争取项目、产学研结合等措施发展现代循环农业，实现了农村现代产业体系改革创新，形成了"一片田、一根草、一头羊、一袋肥"四轮驱动的现代农牧循环模式，实现了农业和农村的多功能性与多重价值、形成了功能互补的城乡融合发展新理念。东林村的探索对全国农村现代产业体系改革创新具有启发意义，建议创新体制机制为农村现代产业高质高效发展扫清制度障碍，搭建农村现代产业高质高效发展的产学研合作平台，推动全国农村现代产业高质高效发展。

（一）实践措施

1. 建设高标准农田，夯实现代循环农业发展基础

2007 年，东林村紧紧抓住太仓北部新城区开发建设契机，开展"三置换、三集中"工程，鼓励农民将集体资产所有权、土地经营权、宅基地和

住房置换成股份合作社股权、城镇保障房和住房，实现农户向社区集中、承包耕地向规模经营集中、工业企业向园区集中，为农村产业发展创造了广阔的空间。由农村集体经济组织牵头，将腾出的高低不平的宅基地和分布在河道纵横交叉中的农田进行整治改造，建成集中连片、设施配套、高产稳产的高标准农田，为发展现代循环农业奠定了坚实的基础。

2. 组建经营实体，构建现代循环农业产业链

"谁来经营农业?"成为人口老龄化背景下乡村产业振兴面临的时代挑战。东林村充分发挥农村集体经济组织的力量，牵头组建合作农场、生态米厂、果园、农机合作社、劳务合作社、物业公司、羊场、食品厂、饲料厂、肥料厂等实体，为现代循环农业创造了条件。秸秆饲料厂收集稻麦秸秆加工成饲料后销售给羊场，羊场将活羊销售给食品厂，产生的羊粪销售给有机肥厂，有机肥厂将羊粪加工成有机肥再销售给农场、果园，由此培育壮大了大米加工产业、秸秆饲料产业、畜牧养殖屠宰产业、肥料产业、农旅观光产业等系列产业，系统构建了以"种植—秸秆饲料—养殖—肥料—种植"为线索的现代循环农业产业链。

3. 实施精细管理，有机衔接现代循环农业产业链

东林村通过精细化的内部管理制度，构建实体间的合作机制，确保生态循环农业产业链条的有机衔接。各实体独立运行，单独核算，东林现代循环农业链上的每一个环节都是独立个体并进行单独核算，避免了经济效益不清、激励不足等问题。农村集体经济组织控股，确保现代循环农业链条合作。2014 年东林村组建成立金仓湖农业科技股份有限公司投资建设羊场、食品厂等，以确保农村集体经济组织决策的话语权。对各实体因地制宜，采取承包经营、收取租金委托管理、责任制管理等多种经营模式，在调动管理者积极性基础上增加集体收益。

4. 争取项目支持，保障现代循环农业资金投入

东林村积极争取各级财政资金和政策支持，在秸秆高效利用方面积极争取中央和省市财政项目 30 余个，资金近亿元。依托国家发改委的秸秆资源化利用项目单笔补助 2 435 万元，从韩国引进搂草、打捆、包膜机等青贮设备 10 套，价值 500 多万元，建成秸秆饲料加工厂。充分利用城乡一体化发展增减挂钩指标的 10% 用于发展村级经济这一政策,东林村争取 20 亩土地指标建成屠宰场和食品加工厂。依托宋云山历史典故与金仓湖米业打造太仓米都和娄东稻米历史文化地标并实施东林村史馆改造工程。

5. 推进产学研合作,强化现代循环农业科技支撑

东林村集体经济组织积极与省内外高校、科研院所对接,寻求智力与技术支持。与苏州硒谷科技有限公司联合开发富硒水稻和果蔬产品;联合南京农业大学、江苏省农科院团队力量成立江苏省现代农业产业技术体系——太仓（肉羊）推广示范基地,培育本地特色湖羊,进行羊舍环境智能控制系统研制与示范应用技术推广。建设专家合作基地为驻村专家提供一流的硬件条件,吸引科技人才入驻。

（二）试点成效

东林村共有 42 个村民小组,768 户农户,在册人口 2 714 人。东林村从 2010 年 5 月开始依托村集体经济组织建立并运营合作农场 2 200 亩,构建了种植废弃物（秸秆）→养殖生产资料（饲料）→畜产品（肉羊）→养殖废弃物（羊粪）→种植生产资料（有机肥）→农产品（稻米）→种植废弃物（秸秆）的农牧循环产业链,形成了"一片田、一根草、一头羊、一袋肥"四轮驱动的现代农牧循环模式,荣获"国家科技部星火计划项目"证书。

1. 实施农牧循环,促进农业清洁生产和绿色发展

实现农牧循环不仅可以高效利用秸秆和畜禽粪污,避免环境污染问题,还可以"以秸秆饲料代替粮食"养殖高品质肉羊,缓解羊肉需求缺口。农牧循环的关键是秸秆的收集、秸秆饲料的加工、畜禽屠宰以及将畜禽粪污加工为有机肥。东林村集体经济组织在发展农牧循环产业时积极争取中央和省市资金、政策支持。目前,东林村粮食年均产量达到 900 吨;建成 4 000 平方米金仓湖大米加工厂,配置年加工能力 1.2 万吨的大米加工设备 1 套;拥有搂草、打捆、包膜机组成的青贮饲料设备 10 套,秸秆收储能力年均 6 万亩;建成秸秆饲料厂 8 800 平方米,引进德国饲料生产整套设备 2 套,年生产能力达 5.5 万吨;建设占地 50 亩的生态养殖场,年出栏肉羊 4 500 头左右；建成肉羊屠宰场 8 600 平方米，年屠宰能力 15 万头以上；建成畜禽粪污有机肥厂，年均产能达 8 800 吨；发展农文旅服务业，每年接待游客能力达到 10 万人次以上。东林村一亩地一年产生 1.3 吨秸秆饲料，可供 2 头羊食用，2 头羊大约产生 1 吨有机肥，需要 1 亩地消纳。现代农牧循环模式可以减施化肥 60%，实现粮食增产 10.14%，4 500 头肉羊"以秸秆饲料代替粮食"可节约粮食 819 吨（1 吨饲料相当于 280 千克的粮食）。

2. 促进农文旅融合，发挥乡村多功能价值

依托农业生态资源与农耕文化发展乡村旅游业是发挥农业文化传承职能的重要形式，也是提升农业附加价值的重要手段。东林村生态风光优美，加上毗邻上海、苏州，交通便利，秉持"农田变景区，田园变公园"的发展理念，全力打造太仓首个农民公园"味稻公园"，包含 3.9 公里彩虹大道、铜钿湖、点赞湖、月季花墙、茶山等观光点和"四季驿站""穗月广场"等休闲胜地。东林村重点推进"田园新干线"工程，将观光点串珠成链，打造东林特色壹号列车田园新干线；依托宋云山历史典故与金仓湖米业打造云山米都；以豆芽产业为基础打造绿色研学萌芽工坊；实施东林村史馆改造工程。每年吸引 10 多万江浙沪游客到东林休闲、参观、旅游。

3. 依托技术装备支撑，实现农业智慧经营

以信息技术、机械技术、物联网技术和大数据技术为基础的智慧经营是缓解"无人种地"问题、解决农业劳动监督难题、实现农业提质增效的重要路径。东林村拥有各类机械设备 100 多套，实现耕地、育秧、插秧、灌溉、施肥、植保、收割、烘干、大米加工、包装、冷藏保鲜等全程机械化，大大节约了种植环节的劳动力需求。东林村进一步使用各类设备和传感器采集与监测土壤墒情、水质、气候、病虫害、作物长势和产量等大数据信息，基于数据分析与挖掘结果，构建上联北斗导航系统、中接植保无人机、下括各类机械和设备的"天空地"一体化农业智慧大脑，实现农业机械智慧化升级。目前，东林村 2 200 亩土地种植管理仅需要 9 人，人均管理面积达 244 亩。

4. 实现农业三产深度融合，从循环农业走向共同富裕

东林村合作农场农业经营收入由 2010 年的 740 万元增长到 2021 年的 4 550 万元，年均增长 16.3%。2021 年，农业经营收入主要包括粮食种植和畜禽养殖等第一产业收入 1 260 万元、农产品加工等农业第二产业收入 1 560 万元、农村旅游等服务业收入 1 730 万元，涉农产业体系内部的一二三产业收入比重分别为 28%、34% 和 38%。如果东林村 2 200 亩土地由村民仅从事粮食生产，年均毛利润大约 330 万元（1 500 元/亩 × 2 200 亩），由村集体经济组织经营农牧循环农业，年均利润达到 1 800 万元，大约翻了 5.5 倍。随着农业经营为主要驱动力的村集体经济活力增强，村民可支配收入由 2010 年的 17 182 元增长到 2021 年的 45 000 元，年均增长率为 8.4%。此外，东林村村民还可以分享农场提供的大米、羊肉、就业、养老、分红等系列福利。

（三）主要的改革创新点

1. 组建经营实体构建现代循环农业产业链

东林村通过"一片田、一根草、一只羊、一袋肥"的循环模式，创新性地利用稻麦秸秆等农业废弃物，通过生物发酵等技术，将其转化为高价值的饲料和肥料，实现了稻麦果蔬种植与活羊养殖的有机结合。在此基础上，东林村组建合作农场、生态米厂、果园、农机合作社、劳务合作社、物业公司、羊场、食品厂、饲料厂、肥料厂等实体。稻麦秸秆经过现代化设备处理成饲料销售给羊场，而产生的粪便则转化为有机肥，回归农田，形成了闭环的农业生态系统。这种模式不仅减少了化肥的使用，还提高了土壤的有机物质含量，提升了农产品的品质。

2. 产学研合作强化现代循环农业科技支撑

东林村与省内外高校、科研院所建立了紧密的合作关系，共同开展秸秆饲料化产业研究。通过科研单位的技术支持，东林村成功将秸秆转化为高质量的草畜发酵饲料，实现了秸秆的全量增值利用。积极引进打捆机、搂草机、包膜机等先进的农机设备和技术，提高了农业生产的机械化水平。同时，东林村还注重自主研发，结合本地实际情况，不断优化和创新

循环农业技术，形成了具有东林特色的循环农业模式。

3. 探索现代农业高质高效发展新模式

系统构建了区域循环农业高质高效发展新模式，通过发展循环农业高效利用秸秆和畜禽粪便，可以减少农田60%化肥施用；以秸秆饲料代粮食养殖高品质肉羊，节省粮食的同时缓解羊肉需求缺口；基于农业大数据实现农业智慧经营。

二、政策启示

（一）创新体制机制，为农村现代产业高质高效发展扫清制度障碍

为农村发展提供空间条件，现代循环农业等农村新产业新业态发展需要配套一定数量的建设用地，比如用于建设农机具仓库、粮食烘干和加工厂、畜禽养殖场、秸秆饲料加工、粪便有机肥加工厂等，建议各地区结合国土空间规划、整治废弃和低效建设用地项目，由各级政府在资源上给予统筹调配支持农村集体经济发展。现代循环农业等农村新产业新业态发展涉及食品加工、畜禽屠宰、有机肥生产、餐饮和旅游等农业第二和第三产业，在其商业化发展过程中面临营业执照办理、税收政策、卫生许可证办理等系列规章制度，建议农业农村部门联合工商、卫生、税务、旅游等部门制定有利于促进农村产业发展的规章制度。

（二）搭建农村现代产业可持续发展的产学研合作平台

现代循环农业等农村新产业新业态涉及稻麦和畜禽育种、动物粪便有机肥生产、秸秆青贮饲料生产、畜禽疫病防控、智慧农业技术集成、农村可再生能源开发等涉农产业链关键核心技术，有些领域属于国际前沿问题。建议政府通过公共产品支出搭建政产学研用公共平台，让更多有条件的农村既做现代产业链的实践经营者，也要将其培育为现代农业育种、畜禽疫病防控、智慧农业经营模式研发的先行者和开拓者；创新政产学研用一体化合作模式，充分调动科研人员积极性培育一批能够掌控农村现代产业链核心技术的市场经营主体，为农村现代产业可持续发展筑牢技术创新的根基。

（三）优化农村现代产业高质高效发展的运行模式

健全完善发展农村现代产业的运营机制，充分调动产业链各主体的积极性和创造力。保持产业链各主体独立运行、单独核算，各主体按照市场价格进行产品和服务交易，避免经济效益不清、激励不足等问题；根据产业链经营活动特色，采取不同的经营模式，建议食品加工、饲料加工、肥料加工、畜禽养殖等市场风险较大的经营活动可以采取收取租金的委托管理模式，对于粮食种植、农业社会化服务等市场风险较小的可以采取责任制管理方式。

第二节　农村经营机制创新促进
农民增收：江都的实践

一、江都区农村经营机制创新的实践探索

江都区农村经营机制改革创新的实践为江苏省乃至全国农村土地流转模式、农村合作社合作模式创新探索等提供了典型案例，有效地盘活了农村静态资产，为农民带来收益，为村集体组织带来增收，同时也为其他地区农村改革过程中相关政策的制定、具体操作提供了可供借鉴的依据和经验。农村经营机制改革创新发挥了乡村产业建设作用，形成了一定的规模经营态势，通过合作社统一规范，提高了农产品质量与产量，产生了品牌溢价。江都区在盘活农地资源的同时，加快农村资源配置的优化提升，促进农村富余劳动力在新型社会结构中的分工转化，从根本上改善农民生存环境和生活质量，有利于振兴乡村产业协调发展。

针对经营体制改革，探索农村综合社合作模式，在合作、利益分配与激励机制上取得突破。针对村级集体经济长效发展机制，探索出合作社带动、农业企业带动、电商带动三种模式，发展混合所有制经济，拓展新的增收渠道。构建新型农业经营体系，创新"互联网＋农产品"发展模式，成立农产品电商平台塑造本土品牌，依托"互联网＋集体为农服务"平台

为农民线上代购、代销，形成上下联动式农产品销售体系，带动村级经济发展。

（一）实践措施

1. 村级集体经济长效发展机制创新

依托合作社、农业企业、电商带动发展，促进村集体和农民增收。以混合经济为动力，拓宽村集体增收渠道，"股权＋能人"模式运用现代企业经营模式组建股份有限公司开展经营管理。以物业管理为载体，盘活集体资产资源，联合经济薄弱村（欠发达村）建设标房项目，统一运营管理，对经济薄弱村进行分红。建设"互联网＋村集体为民服务"平台，依托互联网营销服务发展，引导网商创业，为现代化网络便民服务提供渠道，实现农民增收。

2. 土地经营权入股发展农业产业化经营

研究制定指导性政策，明确改革方向，统一操作口径，规范操作程序。完善规范管理性政策，探索完善农村产权交易、土地经营权价值评估、抵押贷款、风险防范、土地流转指导价格发布等制度机制。发展"合作社＋农户"模式促进收入增长。以合作社带动集体、农民经营发展，根据乡镇资源禀赋和产业基础，因地制宜地探索农业产业化发展路径。

3. 农民合作社联合社（综合社）运营管理创新

规范股权设置，建立党组织引领发展机制。科学合理设置股权，选举村组干部与农田管理经验丰富的村民担任理事，共同负责农田管理。加强农田管理，强化责任落实。推行"自主经营、分块包干、责任到人、利益联结"生产管理模式，专人管理农田生长全过程。实行保底分配与二次分红。保底分配、二次分红，实现村集体、村组干部和农民同步增收。强化风险防范，构建稳定发展机制。建立风险基金，强化财政扶持。

4. 农业社会化服务体制机制创新

举办农业技术培训，强化农机操作。举办农业技术培训、座谈会等，强化农业技术人才队伍建设。开拓农村金融服务，破解发展资金瓶颈。深入推进金融服务，拓展经营权抵押贷款工作，建立健全联动机制，稳妥有效处置土地经营权抵押贷款风险。

（二）试点成效

1. 创新农业经营合作体制，盘活农业资源要素

组建专业合作社，开展规模经营，培育新型农业经营主体，推动农业产业化发展，建立保底收益机制，促进农民增收，盘活了农业资源要素，有效保障了农民收益。

2. 创新多元化增收模式，构建长效发展机制

协同推进"互联网＋村集体为农服务"平台建设和分布式光伏发电，流转接管农户没有经营积极性的承包土地，实行农场式规模经营，解除农民务工经商的后顾之忧，多形式增加集体收入。

3. 推动农业结构优化调整

投入资金进行农田基础设施建设，整合田块，进行区域化产业布局，统一管理，有效增加了农田生产面积，农业生产长期受益。规模经营降低了生产成本，提升了农业适度规模经营质态，为农业产业结构优化预留了调整空间。

4. 探索资源整合方式，创新社会化服务机制

围绕农业生产服务需求，建立了家庭农场集聚区综合服务中心，通过整合地方社会资源，以市场化经营运作方式为周边种植户提供产前、产中、产后的全流程服务；加快农村金融服务创新，创立信用评价体系、推进信贷创新，拓展经营权抵押贷款工作建立健全联动机制；引导政策扶持，对家庭农场、规模流转土地主体、社会化服务承担主体给予财政补贴和项目倾斜，以政策杠杆撬动新型社会化服务体系建设。

（三）主要的机制创新点

1. 村级集体经济长效发展机制创新

（1）开发优势资源，促进村集体和农民增收。整合农业农村资源，形成规模化、特色化发展模式，促进三产融合发展。探索出合作社带动、农业企业带动、电商带动三种模式。

（2）推动品牌建设，促进区域经济发展。依托"互联网＋集体为农服务"平台，联通国内外知名网站塑造特色产业村，打造并依托区域公共品牌推动区域经济发展，增加区域特色产品的知名度、美誉度，促进区域经济高质量发展。

2. 土地经营权入股发展农业产业化经营

创新多种组合机制，规范土地经营权入股，促进集体土地的保值增值，形成了土地经营权入股发展农业产业化经营的市场准入机制、价格发布机制、价格评估机制、风险防范机制、信用评价机制等多种土地经营权入股发展的组合机制，规范具体产权入股交易细节，构建较为完备的产权交易平台并运营使用，促进农村土地流转规范化、标准化。与当地知名企业合作，加快构建村集体资产入股分工的工作机制，为农民提供就近就业机会，获得工资性收入，培育现代新型职业农民，提高农村集体经济发展水平。

3. 形成了农民合作社联合社（综合社）运营模式

（1）创新"三个增收"合作机制。实现农户、村集体组织与村组干部等三主体同步增收，村组干部拥有农民合伙人身份，增强其为农民增收做实事的积极性，进一步吸引其他农户加入合作社，实现乡村联合发展。

（2）"订单农资"创新农业服务体系建设。形成了"农资公司＋村级组织＋种植户"运作模式，大力发展"订单农资"，推进化肥农药集中采购、统一配送，健全农资连锁经营网络，完善仓储物流设施，整合社会经营网点，发展村级农资店，不断扩大农资连锁配送规模和覆盖率，提高市场占有份额。

（3）创新"产销对接"运营模式。引导农民专业合作社开展跨区域、跨产业再联合，为成员提供综合服务，促进共同发展；加大服务"三农"平台建设力度，采取"展销中心＋生产基地＋专业合作社＋农业龙头企业"的产地直销模式，加大农产品"产销对接"力度，建立稳定的供销渠道。

4. 农业社会化服务体制机制创新

建成农业社会化综合服务中心。建成集烘干、工厂化育秧、植保、农机耕作等为一体的家庭农场集聚区及综合服务中心，为周边种植户提供了产前、产中、产后的全流程服务。

（四）制约因素

1. 混合经济模式推行受阻

试点中许多经济能人、农业龙头企业、高等院所不愿与村集体合作，存在信任不够、信心不足等问题。部分村集体也不情愿让农户入股开展混合经营，担心会影响村集体收益。公私入股兼营，易引起上级组织与村民的不信任。

2. 交易信用风险与产品质量风险

交易市场存在交易信用风险，交易市场模式内化了农村产权交易流程，使得交易信用风险转嫁给交易市场。网销农产品存在质量风险，产品质量难以保障，产品由分散农户提供，农户数量众多，无法严格约束，农产品运输不当也易损害质量。

3. 改革资金压力较大

农业社会化服务建设集烘干、工厂化育秧、植保、农机耕作等为一体的家庭农场集聚区及综合服务中心，需要一定的财政资金予以撬动，前期规划和建设都需要大量资金支持。

二、结论与政策启示

（一）结论

1. 合理定位发展目标，严控项目质量关卡

按照"宜农则农、宜工则工、宜商则商"的发展思路，合理确定发展定位，实施差异化的特色发展战略，因地制宜发展壮大村级集体经济。严格把好项目关，指导村级集体经济组织立足本地优势，科学选择一批见效快、经济效益好、生态效益优、建设成本低、市场前景好的项目，强化源头风险防控；做好项目跟踪支持，通过支持拓展市场营销、特色农业保险途径，强化项目运行风险防控。

2. 构建履约信用机制，加强产品质量控制

深入推进农村信用环境建设，对参与交易的双方进行信用评估，构建恰当的履约信用机制，按照信用等级来设立不同的约束机制，保障交易双方权益。严格把关网销产品质量，规范农产品质量追溯体系建设，制定网销产品尤其是农产品质量安全追溯操作规范标准，对参与平台销售的农户、企业、合作社等进行实名备案管理，加强对生产环节的监管，提高农产品运输保险技术。

3. 加大创建扶持力度

政府对农民专业合作社等示范创建缺乏激励奖励资金，合作社等经营主体对示范创建等工作没有积极性，导致合作社规范化管理工作难以开展。从政策层面对示范农民专业合作社给予支持奖励，调动经营主体创建积极性。

（二）政策启示

1. 村级集体经济长效发展机制创新

（1）发展混合经济，拓宽多种增收渠道。探索"股权＋能人"模式，发挥集体资源效益。村物业统一管理经营，激活集体经济活力，利用村庄闲置物业增加集体经济收入。结合区域特色产业优势，为农业生产提供服务，增加村集体收入。

（2）"互联网＋农产品"购销模式。依托"互联网＋集体为农服务"平台，与农业公司、村集体股份合作社、新型职业农民进行合作，实现农产品线上代购、代销，打造一体化、联动式农产品产销网络，构建农民信息化产销模式。村集体作为合作者获得一定比例的销售收入，农户打破信息不对称约束获得销售途径，消费者通过该平台更便捷、优惠地购买到产品。

2. 土地经营权入股发展农业产业化经营

建立信用评价机制。完善信息征集体系，多渠道建立信息征集机制；建立信用评价机制；建立信用信息共享平台；强化信用信息应用，发挥信用引导信贷资金配置正向激励作用。

3. 推广农民合作社联合社（综合社）

构建保底分红机制，增强农民入社信心。采取保底式租金承诺，以签订合约的方式与农户约定金额，增加农户对入股合作社的信心。构建长效激励机制。将合作社利益与村组干部自身利益联结在一起，村组干部与村民同劳同酬；按照合作社奖惩制度，要求干部负责相应的损失责任，实现干部与村民同进同退。

4. 农业社会化服务体制机制创新

坚持科学规划，高效整合资源。坚持节约集约利用土地原则，对家庭农场集聚区（示范群）及综合服务中心进行规划设计，整合集群内土地资源，集中单体家庭农场用地指标，因地制宜，规划建设各类场所，形成集多功能于一体的家庭农场集群公共服务综合体。

第三节　科技成果入乡转化机制创新：溧水的实践

一、溧水区建立科技成果入乡转化机制的实践探索

为促进农业科技成果有效转化，南京市溧水区认真贯彻落实中央及省市关于完善科技支农兴农政策体系的新要求，在全区试点科技成果入乡转化机制建设工作。以南京国家农高区为先行区，溧水区探索农技推广融合发展机制、技术创新市场导向机制、科技成果转化服务机制等，积极营造促进农业科研成果转化的创新生态，科技赋能提升农业"含金量"。

在科技成果入乡转化上，溧水区初步建立起公益性、经营性农技推广融合发展机制，率先制定《南京农高区促进科技成果转移转化奖励办法》，形成了科技成果入乡转化激励机制。充分运用优质校企资源优势，利用园区、农场等产业载体，广泛吸引高校科研院所人员以兼职、技术入股等方式携"技"入乡。

（一）实践措施

1. 推动开发市场化产业化科技成果

迎合市场需求，推动科技创新。鼓励新型研发机构向企业提供技术创新服务，解决关键技术问题机制。完善产学研合作机制，促进技术成果转

移转化。

2. 建立健全科技成果转化激励机制

建立健全科技成果产权制度，赋予科研人员科技成果所有权。建立科研人员入乡兼职兼薪和离岗创业制度。鼓励农村集体经济组织探索科技人才加入机制。探索公益性和经营性农技推广融合发展机制。

3. 建立科技成果转化的市场化服务机制

促进技术要素与资本要素融合发展。推动科技成果资本化，对科技型企业自身拥有的专利权、注册商标专用权及科技人员拥有的科技成果所有权等无形资产进行打包组合融资。

建立健全科技中介服务保障机制。加快社会化技术转移机构发展，鼓励中介机构为技术转移提供知识产权、法律咨询、资产评估、技术评价等专业服务。加快科技经理人队伍建设。

4. 建设科技成果转化的高质量平台载体

以股权激励为核心，明确支持人才团队持大股，以科研团队为主体打造高校院所、政府基金、企业和社会资本等各方参与的利益共同体。发挥各类创新载体作用，提升农村科技服务水平。

（二）试点成效

1. 促进合作，实现技术成果转移转化

支持新型研发机构面向企业开展技术创新服务，解决关键技术问题，开发新技术、新工艺、新装备及具有高增值效益的新产品。鼓励企业、科研院所进行交流合作，依托南京国家农业高新区，建立国际农业科技合作创新园区，吸引国外高校、研发机构到溧水进行科技成果转移转化。

2. 引才聚智，调动人员创新积极性

建立健全科技成果产权制度，赋予科研人员科技成果所有权。出台措施鼓励科技人员返乡创业，促进农技推广机构与新型农业经营主体、农业龙头企业和特色产业相融合，提供增值服务。鼓励和支持农技人员在履行好岗位职责的前提下开展经营性农技推广服务并合理取酬。形成了多种农业科技成果转化模式和创新创业服务模式。

3. 加强服务，加快科技成果入乡转化

通过天使投资、知识产权证券化等方式推动科技成果资本化。对科技型企业自身拥有的专利权、注册商标专用权及科技人员拥有的科技成果所有权等无形资产进行打包组合融资。加快社会化技术转移机构发展，创新科技成果转化服务机制，建立省技术产权交易市场现代农业行业分中心，构建技术产权交易中心，构建技术交易网上平台，为科技成果转化提供全方位综合服务。

4. 建强载体，营造创新创业良好氛围

在南京国家农业高新区探索农业科技企业和涉农科研院所建立技术创新市场导向机制。培育"众创空间（星创天地）＋孵化器＋加速器"全链条孵化载体，孵化科技型创业团队。加强农村科技超市建设，构建线上线下科技成果交易平台，定期组织新型农业经营主体培训活动，强化现代农业新技术、新产品、新装备的推广和应用。

（三）主要的改革创新点

1. 搭建技术产权交易平台

溧水区依托江苏省技术产权交易市场的大数据平台，整合集成各类创新服务资源和力量，精准对接供需两端，让技术交易配对更精准。江苏省技术产权交易市场现代农业分中心构建了技术交易网上平台和技术产权交易体系，同时建立了一支超百人技术经理人队伍，促进供需两端精准对接，可为线上线下技术交易服务全链条提供确权、挂牌、评估等"一站式"综合服务。分中心自2021年3月成立以来，已汇聚东南大学、南京农业大学等5家高校院所科研成果资源，挖掘了超140条企业需求，通过分中心平台发布100多条专利成果，交易金额超2 000万元。

推动高校院所、新型研发机构、科技公共服务平台等积极服务企业研发机构建设，进一步帮助企业对接创新资源、开展联合研发，促进区域科技成果入乡转化。

2. 调动技术人员创新积极性

相对工业创新技术转让，农业的技术转让费要低很多。为激发科研人员的成果转化热情，溧水区出台《科技成果入乡转化改革事项清单》，鼓励高校、科研院所联合上下游企业共同成立产学研合作联盟，支持联盟承担重大科技成果转化项目；每年通过评审筛选一批创新性强、成熟度高、经济和社会效益显著、具备转化和产业化的科技成果入乡转化项目予以支持。

位于溧水和凤镇的华成蔬菜合作社吸引了十多名大学生以技术入股，探索形成了"即研即推，即创即转"的农业科技成果转化模式和"农业经营主体＋基地＋农业科技人员"的创新创业服务模式。近年来，促成转化、示范、推广新成果和新技术27项。

3. 科技创新体系全方面发展

创新链、产业链、价值链等科技创新体系全方面发展。成功创建现代农业城市级孵化器。集聚了众多创新创业资源，围绕现代农业领域开展精准孵化，并提供咨询、培训、创业辅导、知识产权、技术平台、市场拓展、投融资等全要素服务。培育"众创空间（星创天地）＋孵化器＋加速器"全链条孵化载体，孵化科技型创业团队。建设多样化的科技成果转化载体，积极推动省农业科技服务超市落地，加强农村社会化服务体系建设，定期组织新型农业经营主体培训活动，强化现代农业新技术、新产品、新装备的推广和应用。

（四）制约因素

1. 市场终端需求主体缺位，科技成果有效需求不足

农户是科技投入和成果转化的市场终端用户。农村有知识、有科技素养的大批青壮年外出务工，留守农民受知识水平限制，对技术的采纳能力和自主需求极其有限。农户收入水平低，对科技成果无有效"支付"。农户受制于土地规模狭小，对单项技术突破缺乏兴趣，只关注能直接带来经济效益的全套技术。同时，经营规模对农业科技进步造成了一定程度的制约。小规模农户受制于生产惯性，依靠生产经验，对新品种、新技术接受的愿望不强。由于规模小，农业科技成果的增效总量不高，加上技术应用可能面临较高的前期投资，小农户对新成果的接受能力不高。

2. 农业风险投资机制缺失，科技成果转化困难

农业科技成果在完成技术鉴定之后，因农业自然环境的差异，移植到田间地头不一定成功，要经过物化和熟化的中间试验过程，以验证和完善技术。中试风险高，投入大，弱小的普通农户难以承受，很少能参与；农业企业如果没有利润预期，也不愿加入。科研单位自建中试基地受到资金、场地、配套设施、规模的限制。政府所属的县级、乡镇农业技术推广机构面向农户和农业企业进行田间试验、推广存在同样问题，导致科技成果转化困难。

3. 现代产业技术体系建设滞后，协同创新机制仍不完善

尽管溧水区的农业产业技术体系和产业集成创新政策虽然不断完善，但产业技术体系的创新活动仍然多细化为单个小团体推进，产业技术创新的集成化和体系化水平依然不高，产业技术的单位分割、专业分割、产业链条环节分割等问题依然突出，在产业集成创新上缺少多学科团队的协同和技术集成转化，产业技术创新链仍未完全形成。从管理体制上看，不同层级、不同部门间缺乏统筹协调机制。

二、结论与启示

（一）结论

1. 建立农业科技成果转化新体系

要以利益为纽带，变技术要素的无偿使用为有偿使用，政府可通过建立、完善技术市场交易平台，让农业企业以购买技术专利、出让股权等方式补偿科研机构的研发投入。

2. 构建农业科技成果转化推广的新模式

要健全基层农技推广体系，积极探索基层农技推广机构与科研机构合并运行，坚持"一主多元"，支持各类社会力量参与农技推广，加快公益性农技推广服务方式创新，全面实施农技推广服务特聘计划，进一步加强农业重大技术协同推广。经营性科技成果采用"科研机构＋新型经营主体＋农户"转化，公益性科技成果采用"科研机构＋政府技术推广部门＋农户"转化，准公益性科技成果采用"科研机构＋转化推广基地＋农户"

转化。

3. 构建农业科技协同创新新体系

科研机构要主动适应现代农业产业集聚和集群发展的新特点、新需求，自觉引导创新重心下移，主动在产业集聚区建设产学研紧密结合的开放型创新平台，将创新要素与产业发展融合。进一步破除学科领域限制，将现代农业产业技术体系打造成为创新链、技术链和支撑链深度集成的农业科技创新与成果转化主力军，并通过构建完整的产业链条保证主体间的协调联动，进而产生协同效应。

（二）政策启示

1. 突出强调市场重要性

从"政府计划"转向"市场化运作"。可通过合作开发、政企合作等形式，与科研机构、院校、企业共同参与农业科研成果转化，着力推动市场化运营。面对转型发展，在政府主导前提下，要充分调动资源，发挥企业活力与创造力，这样不仅能调集各种市场资源，还能缓解财政压力大与人员不足的问题。

2. 完善科技考核机制

不断优化农业科研成果的考核机制，改变轻发明重论文、轻质量重数量、轻应用重成果等问题。针对非基础的科研项目，形成以市场为导向、企业为主，产学研综合一体的科研体系，并实施市场评价方式，根据评价结果决定是否再次推广。同时，对于在科技成果转化中作出重大贡献的科研人员，给予相应的报酬与奖励。

3. 强化成果推广力度

政府可通过规范政策框架，吸引更多非政府主体共同参与，通过提高经费占比、拟定科技规划，增强财政对农业科技成果的引导与转化作用；通过科技成果转化和创业风险投资相契合的天然属性，激发创业风险对转化科技成果的促进功能。

4. 加快信息共享平台建设

不断强化全国农业科技成果转移服务中心和省（市、县）农业科技成果转移平台建设，鼓励高校、科研院所建设一批专业化的技术转移机构。加快制定农业科技成果信息采集、加工标准与服务规范，加强推动各平台间数据资源的互联互通与信息共享，建立一个覆盖全国的农业科技成果转化平台网络体系。广泛运用组织开展农业科技成果发布会、成果推介、路演等线上线下结合的方式搭建宣传展示平台，促进农业科技成果的交流与发布，加大农业科技成果的精准化对接和转化。

5. 强化转化支撑体系

鼓励引导众创空间、农业科技企业孵化器、民间投资机构等共同组建孵化投资基金，为成果转化应用提供资金支持。充分重视专业化、复合型转移人才培育工作，依托骨干企业和农业科研院所，建立一批科技成果转移转化人才培养基地，加快打造一支专业背景强，懂法律法规、知识产权、经营管理、商务谈判等知识的成果转化团队，形成农业科技成果转化的专业人才队伍支撑。大力发展农业科技成果转化服务业，推动市场调查、法律咨询、知识产权交易等机构参与并提供全方位、专业化服务支撑。

第四节 农村公共服务制度创新：丹阳的实践

一、丹阳市农村公共服务制度创新的实践探索

丹阳市承接了江苏省第二轮农村改革试验区试点工作，在农村道路改善、村庄环境整治、美丽村庄建设等民生实事的基础上，围绕"农村基础设施建设和公共服务设施管护、村庄环境卫生维护、村综合服务中心运行维护和村文体活动设施管护等标准化建设"等内容确定以"农村公共服务运行维护标准化"为主题开展试点工作。其实践在为江苏省乃至全国农村公共服务运行等方面提供了典型案例，有效改善了农村人居环境。在农村公共服务运行维护标准化试点中，进一步将农村公共服务细化为河道保洁、垃圾收运、道路养护等八个方面，并结合各试点村的实际情况落实了

管护区域和管护责任，同时完善了督查考核机制，为今后公共服务运行维护工作的推广提供了可供复制的案例。

（一）实践措施

参照《江苏省农村公共服务运行维护系列地方标准》，结合丹阳实际，制定了《丹阳市农村公共服务运行维护系列标准》，以"设施配套、资源整合、功能完善、管理有序、服务到位、保障有力、村民满意"为目标，努力实现农村公共服务运行维护工作有平台、有体系、有投入、有管理、有团队，进而推动城乡基本公共服务均等化，让农民群众共享改革成果。

1. 明确了农村公共服务运行维护项目

按照"农村所缺、农民所需、现实可行"原则，将农村河道保洁、垃圾收运、绿化管护、道路养护、生活污水处理设施运行、村容村貌"三乱"整治、村级综合服务中心维护、文体活动设施管护八个方面内容纳入一体，要求各试点村统筹安排，实行整体化运行维护。

2. 建立了农村公共服务运行维护标准体系

各试点村坚持"因村制宜、循序渐进、逐步提升"的原则，制定了农村基础设施、环境保护、生活服务、道路养护、河道保洁、垃圾收运、绿化管护、生活污水处理、村容村貌、村级综合服务中心、文体活动设施的管护标准和要求，落实了管护区域、管护设备、管护人员和管护责任。

3. 健全了农村公共服务运行维护工作机制

按照"养事不养人""花钱买服务"的原则，因地制宜，积极探索农村公共服务运行工作机制。组建了专业化管护队伍。采取行政推动、市场化招标、村劳务合作社承包等多种方式，根据农业人口、村域大小、管护内容等因素，合理确定管护人员。组织岗前业务培训，规范工作流程，以提高管护工作的专业化水平；实现网格化管护方式，打破以前条线作战的模式，将村域划分为若干个片区，每个片区落实相应的管护人员，并向群众公示，接受群众监督，增强管护人员守土有责的意识，发现问题及时处理，确保"全天候"保障；建立常态化督查考核，按照确定的服务项目，在做好岗位设立、合同签订、日常保障的基础上，采用平时抽查、季度考核与年终综合考核相结合，专班考核与群众满意度测评相结合，明察与暗访相结合的方式进行，并将考核结果作为分配运行维护资金和奖补资金的重要依据，奖优罚劣。

4. 完善了农村公共服务运行维护投入机制

采用"共同分担、统筹安排、财政奖补、社会捐助"的方式，把农村公共服务运行维护工作纳入公共财政支出范围。整合垃圾处理、河道管护等各类涉农政策资金，加大财政奖补力度。同时，各试点村按照受益原则和共建共享的原则，动员和鼓励民间资本、社会力量通过捐款、捐物等方式，积极筹集资金，逐步形成上级财政、村集体、村民共同分担运行维护经费的机制。

坚持以促进农村新型社区建设、提升农村基本公共服务水平为重点，以"设施配套、资源整合、功能完善、管理有序、服务到位、保障有力、村民满意"为目标，实现农村公共服务运行维护工作有平台、有体系、有投入、有管理、有团队，进而推动城乡基本公共服务均等化，让农民群众共享改革成果。

5. 建立农村公共服务运行维护供给机制

采用"政府主导社会协调、市场运作、村民自愿"的方式，充分发挥政府的主体作用，认真做好运行维护的统筹规划、实施推进、考核验收、提档升级等工作。鼓励农村基层组织，经济合作社组织积极参与运行维护，承担起相关任务和责任，作为政府的有益补充。利用市场配置资源的作用，大胆探索具有地方特色的有益做法。充分发挥"村民自治"的作用，全员发动，全民参与。

（二）试点成效

农村公共服务运行维护标准化试点，围绕农村基础设施和公共服务设施、村庄环境卫生管理、村综合服务中心和村文体活动设施四大核心内容，落实党的十八大提出的"城乡一体化"发展战略，解决农村公共服务缺位的短板问题，逐步让广大农民群众与城市居民同样享受到均等化公共服务。农村公共服务运行维护体系作为一项惠民工程，通过农村公共服务的开展，可实现村庄清洁美化、群众生活便利、业余活动丰富的效果。

截至2022年，各试点村在河道水塘保洁、道路桥梁维修、绿化养护、环境卫生整治、文体设施、污水处理等项目上完成投资共1 400多万元，垃圾实现日产日清，水环境得到了明显改善，村内各条道路、各项文体服务设施、场所得到长效管护，形成了各具特色的经验。

（三）主要的改革创新点

1. 结合公共服务维护地方标准，充分明确运行维护项目

按照《江苏省农村公共服务运行维护系列地方标准》，结合丹阳实际，紧紧围绕农村基础设施和公共服务设施维护，村庄环境卫生维护、村综合服务中心运行维护和村文体活动设施维护等，通过标准化探索与实践，建立健全"建设高质量，管理高效率，维护可持续，服务有依据，评价更科学"的农村公共服务均行维护标准化服务模式，彻底改变以往重建轻管或无人管的状态，形成以标准化支撑农村公共服务的长效机制，促进区域乡公共服务。其主要内容包括8大类型，即水塘、生活垃圾收运、村庄绿化、新村道路、新村生活污水处理、新村村容村貌、公共服务中心、文体设施管理和养护。进一步，各试点村基于不同试点村的具体内容，依据8大类型的公共服务内容详细制定了试点村公共服务运行维护标准化试点的设施方案、规章制度、管护目标和责任，确定专职管护人员，签订管护人员协议，对管护人员进行岗前培训，明确村干部负责监督和考核，并汇总考核情况、村委会进行备案，形成一整套的公共服务运行维护标准化管理体系。

2. 健全工作机制，实行网格化管护模式

丹阳市公共服务管理打破以前条线作战的模式，实现网格化管护。将村城划分为若干个片区，每个片区落实相应的管护人员，并向群众公示，接受群众监督，增强管护人员守土有责的意识，发现问题及时处理，确保"全天候"保障。由村党委书记、村民委员会主任作为网格长，分管领导为副网格长，村干部为管护网格员，直接管理专职管护人员，形成全新的网格化以及村民人人参与的管护模式。同时，建立常态化督查考核。按照确定的服务项目，在做好岗位设立、合同签订、日常保障的基础上，采用平时抽查、季度考核与年终综合考核相结合，专班考核与群众满意度测评相结合，明察与暗访相结合的方式进行，并将考核结果作为分配运行维护资金与奖补资金的重要依据，奖优罚劣。坚持"划分层次、以块为主"的原则，明确农村公共服务运行维护工作的责任主体是市政府，实施主体是镇（街道），承接主体是村（社区）。要形成"市统筹、镇主机、村组实施"的工作局面，市级主要负责规划、统筹、制度设计、政策引导等；镇（街道）主要负责标准设定、人员选聘、工作推进等；村（区）主要负责具体的维护工作。

（四）制约因素

1. 公共服务标准缺乏

农村公共基础设施方面的标准，在丹阳市制定了一些标准，这些文件和标准远远不够支撑公共基础设施的建设、管理、服务，整体缺乏规划。建设、管理、维护、服务等方面标准，尤其在文化体育、公共教育、医疗卫生、社区服务、公用服务等方面主体标准处于空白，标准的研制跟不上发展需求。许多规定和要求以文件的形式出现，未形成应有的标准，而现有的相关标准或文件，年限较长，标准内容不全，也不适宜当前发展的需要。

2. 公共服务标准体系不健全

农村公共基础设施建设、管理、维护、服务等方面，至今没有建立完整的标准体系，缺乏标准的系统性、规划性，标准在整体上的有机关联性不强。虽然在公共基础设施的规划、建设方面基本实现标准化，但在公共基础设施的管理、维护、服务方面基本无标准化。标准体系建设不全，整个公共基础设施标准化程度偏低，标准体系的研究和制定不足以支撑农村公共基础设施的建设和发展。

3. 公共服务相关配套政策不足

农村公共基础设施建设和管理是均等化服务的重要基础，由于政策的不足，在标准化建设中，规划建设标准比较多，管理和维护标准较少，服务标准更少。规划建设的政策支持比较明确，管理和维护配套政策不够清晰，使用部门对设施的管理和维护的责任不明等，导致了仅重视农村公共基础设施建设而轻视农村公共基础设施的管理、维护，对服务质量的稳定性、对服务均等化的长期性有很大的影响。

4. 移风易俗难治理

村民自治中面对各种传统习俗，村民传统思想一时难以改变，需要长期正确的引导和更为恰当的引导方式方法。

二、结论与启示

（一）结论

1. 加快标准体系建设

紧密结合农村公共基础设施需求和发展，加快构建农村公共基础设施标准体系，建立规划、建设、管理、维护、服务的标准体系框架，研究制定标准明细表，明确优先制定的重要标准，开展关键标准的研制。以构建标准体系为基础，开展标准化建设，提升和改善农村公共基础设施的建设和管理，提高农村公共服务均等化水平。以试点示范的成果，进一步完善农村公共基础设施标准体系。

2. 加强关键和重点标准研制

加强重要公共基础设施的建设标准研究制定，将有利于农村公共基础设施的标准化建设，重点强化设施建设的要求，统一设施建设的规定，规范设施建设验收和考核。加强公共基础设施重点管理标准和维护标准研究制定，着重规范设施的管理、维护工作，细化设施管理、维护技术要素，规定管理的要求、维护的要求，明确设施的管理、维护责任主体。

3. 提高设施的管理能力

加强基础设施的管理和维护，要积极探索管理模式和方法，以标准化为手段提升农村公共基础设施管理的规范化；以信息化、大数据为手段，建立基础设施信息管理平台，动态掌握基础设施的基本情况、使用状况、维护状况等，提高基础设施的管理能力和应用水平，保障基础设施的公共服务作用，为美丽乡村的建设和广大村民的幸福生活奠定良好的基础。

4. 开展教育管理，形成社会内在调节机制

加强村民思想教育。移风易俗并非易事，关键在于村民的思想转变与正确引导。坚持党的领导与村民自治，探索建立村民自我教育、自我管理、自我服务新机制，构建农村社区基层服务管理新模式，推动基层村民自治工作的有效落实。

形成社会内在调节机制，发挥村干部、党员或者村里有威望人士的带头精神，对村民形成正确的行为引导。

（二）政策启示

1. 村民作为参与主体实现共治

围绕农村公共服务运行维护标准化试点，通过宣传栏、张贴标语、召开村民代表会议等形式，广泛宣传农村公共服务运行维护标准化试点工作的重要性和相关政策，充分调动广大干部和人民群众的积极性，形成强大工作合力。

2. 以党建引领社区自治

按照党建标准化的要求，指导有条件的社区将党小组建在小组上，不断完善农村社区"四位一体"（社区党总支—村民党支部—党小组—党员中心户）的党组织架构，发挥基层党组织领导核心作用，支持村民小组开展协商议事。

第五节　农村产权制度改革：高淳的实践

一、高淳区农村产权制度创新的实践探索

为促进农村产权交易市场健康发展，南京市高淳区认真贯彻落实中央及省市关于推进农村产权制度改革的新要求，在全区试点农村产权交易服务中心标准化建设工作。截至2022年，8个镇街农村产权交易服务中心标准化建设工作已全部完成，全区共成交农村产权交易项目1 516个，成交标段2 116个，成交总金额8.6亿元。

针对农村产权制度改革，高淳区在平台建设与制度体系构建中取得了重大突破。形成了制度体系，明确农村产权市场交易流程；建成了"1 + N"型平台服务网络，形成"区有交易中心、镇有服务中心、村有网络终端"三级服务网络体系；打造了可视听化监管系统，实现产权交易即时监管，实现全区产权交易流程标准化、过程可视听化；形成了价值参考机制，引入多种价格参考方式，建立网络竞价和电商平台大数据参考机制等；建成了档案管理信息系统，实现档案收集、整理、保管和利用的规范化。针对土地承包经营权有偿退出改革，采用"货币补偿" + "政策保障"方式，充分保障农户合法权益；以"社会保障 + 股权 + 经济补偿"模式进行了农户土地承包经营权退出的改革创新。

（一）实践措施

1. 农村产权交易市场标准化建设

打造可视听一体化系统，形成"1 + N"型村镇互联农村产权交易市场体系。依托现代化信息手段，建设可视听一体化系统，加大产权交易过程透明度；搭建"1 + N"型村镇互联远程视频会议监控系统，实现交易现场信息实时监控、录存、共享。搭建"三资"交易平台，规范产权交易标准。依托农村产权交易中心，建设"三资"交易平台，出台多项规则，规范农村产权市场交易流程。

2. 农村集体资产监管机制创新

建立完善农村集体资产基准数据库，全面开展农村集体经济组织清产核资工作，完善农村综合信息服务平台电子数据台账。建立"三资"监管综合信息管理系统，将农村"三资"全面纳入平台管理，设置三资管理模块、台账监管与农村产权交易监管模块。全面推行村级账户、非现金结算制度，实行农村集体资金管理"银农直联"，与银行系统进行实时对接。确认农村集体经济组织成员身份，建立健全成员登记备案机制，将成员身份信息纳入"三资"管理信息平台管理。

3. 产权有偿退出

积极推进确权，明晰农村土地承包经营权。探索多种农村土地承包经营权有偿退出模式，建立农村土地承包经营权退出收储机制，依托市场实现农村土地承包经营权退出价值，建立农村土地承包经营权有偿退出保障机制，探索集体收益分配权转让模式，落实创业、就业优惠政策。

（二）试点成效

1. 扩大交易覆盖面，统一实体市场建设标准

产权交易覆盖面不断扩大，覆盖土地经营权、水面经营权、四荒地使用权、涉农项目等9个交易品种。交易量迅速增长，有效提高农民收益。推动实体市场建设形成了统一标准。将产权交易服务的每一个窗口、每一个事项、每一个环节、每一个时限节点都进行标准固化。

2. 完善监管手段，强化"三资"监管力度

以完善信息化技术手段与平台建设来加强农村集体"三资"监管机制创新建设，助力农村集体产权制度改革工作推进，通过加强信息透明度、公开度来强化农村集体产权监管。

3. 构建现代农村产权制度，规范土地"三权退出"

采用"货币补偿"+"政策保障"的方式探索形成"三权退出"改革模式；探索形成了土地承包经营权换取社会保障、土地承包经营权换取股权、土地承包经营权换取经济补偿三种行之有效的退出模式。

（三）主要的改革创新点

1. 农村产权交易市场标准化建设

构建多级互联服务体系。形成县（市、区）镇"1＋N"级互联服务体系，交易信息实时共享、动态更新，实现远程监控与线上交流，提高农村产权交易透明度，实现农村集体资产的保值增值。部分产权交易服务职责下放。根据实际情况适当下放部分产权交易服务职能到镇、村一级农村产权交易中心，将县（市、区）级产权交易中心的工作量分流出去，极大提高了工作效率。

2. 农村集体资产监管机制创新

建设网络平台，信息化助推监管。通过加强网络平台建设和手机App、电子触摸屏开发应用，实现会计电算化和信息公开渠道网络化、智能化、便捷化，促进信息化建设，加大监管力度。创新"异地＋委派"任用会计。推行村集体经济组织会计异地委派制度并定期轮岗，提高村集体财务管理规范化水平，强化财经纪律执行力。从源头规范农村集体"三资"管理，加快推进会计队伍专业化、年轻化、信息化、制度化建设，助力构建农村基层健康政治生态。

3. 产权有偿退出

建立"现代农村产权"系统性机制。通过建立完善有序的退出机制、合理补偿机制、收储管理机制、公平交易机制、风险防范机制等，逐步建立现代农村产权制度，进一步增强农村资产的流动性，增加农民财产性收入。完善产权退出改革配套政策性措施。按照"三权有偿退出"的实际需要，分阶段落实住房优惠政策、创业政策、就业优惠政策、失地保障及子女入学入园优惠政策，提升农村产权交易市场建设规范化水平，兼顾改革过程中集体利益和个人利益。

（四）制约因素

1. 基层专业人员缺乏，农民参与积极性有待提高

农村产权交易缺乏专业人员。镇（街道）农村产权交易服务中心工作人员配备不够，人员变动快，造成业务实施的脱节。新增人员不能及时补位，到岗新增人员业务熟悉需要一个过程。农民参与积极性有待提高。土地流转价格较高，部分农民不愿以自己的土地经营权参与利益共享、风险共担的股份合作制，只愿意参与市场风险相对较小的租赁形式。

2. 农业农村综合信息平台功能单一

政务信息有待完善。涉农部门的工作动态、政策法规、项目申报信息等数据更新有限，网站的信息度和用户黏性有待提高。业务系统建设尚不健全，实时数据信息有待完善提高。电子商务平台功能缺失。系统的电子商务平台尚没有建立起来，商家各自为战，平台通道没有打通，难以匹配当前如火如荼的电商大发展浪潮。

3. 财政支持有限，改革资金压力大

试验区改革主要依靠政府试点资金的拨款进行财政支持，试点项目前期投入需求大，随着改革进一步深入，试点资金难以全面覆盖需求。农村产权交易市场标准化建设项目按照"标准化、规范化、统一化"要求，建设标准化交易场所，增添现代化技术设备，需要大量资金支持。

二、结论与启示

（一）结论

1. "三权退出"后的经营管理亟待规范与提升

集体产权需要科学管理，市场化推进，规范流转程序，集中土地流转，并建立相对应的监管体系，防范"三权退出"改制后的集体资源被侵占、挪用的风险。"三权退出"后的集体经营需要充分激发村集体的主观能动性，招商引资。

2. 平衡集体和个人利益，减少改革的阻力和风险

妥善处理农村产权改革阻力，平衡村集体与农民个体的矛盾，需要视具体地方、具体情况而定改革方案和实施措施，并做好改革后的安置服务工作，最大化保障村民的权益，同时兼顾集体利益。

3. 完善农村承包地退出社会保障政策

在高港区探索土地承包经营权自愿有偿退出的过程中，采用了"以土地承包经营权置换社会保障"这种农户认可度高、长远生计保障性强的退出方式，建议省级出台以土地承包经营权置换社会保障的政策，进一步明确农村土地承包经营权退出的程序、标准、范围，以及置换社会保障的标准，推动农村土地承包经营权自愿有偿退出改革尽快落地推广。

4. 继续落实社会化服务，强化退出权益管理

在"三权退出"改革的基础上，继续充分发挥村委的服务功能，将各项补偿政策落实到位，做好改革后的日常管理工作。做好复垦后的宅基地、退出承包地、自留地对外发包经营或直接经营工作，依托许庄街道农村产权交易服务中心公开流转对外发包经营。建立健全农民集体收益分配权合账，充分保障未退出农户的集体收益分配权益不受损害。

5. 建立农村产权抵押融资机制

健全农业担保物价格评估体系，对未经区、镇农村产权交易中心交易

的农业资产进行价格评估。扩大农业贷款担保及风险补偿规模，完善与担保公司的合作协议，扩大农业贷款担保、风险补偿规模及调整风险补偿方式。建立不良资产处置机制，探索与担保公司等机构合资组建农村资产经营公司，妥善处理农村资产抵质押担保产生的不良贷款。尝试农村土地经营权互联网金融服务，为新型农业经营主体提供农村土地经营权抵押贷款的"在线申请、自动审批、快速放款"服务。健全农业担保物价格评估体系，扩大农业贷款担保及风险补偿规模，建立不良资产处置机制，合资组建农村资产经营公司。

（二）政策启示

1. 农村产权交易市场标准化建设

建立了一个全区联动的可视化监管体系，全区各镇产权交易场所均设置相应的信息化硬件设备，实现交易流程实时监控，建立了全区各镇联动体系。一是规范交易流程。在实时监控下，产权交易全过程可以在其他镇或区一级产权交易场所即时查看，规范了产权交易环节，遏制了交易贪腐行为。二是保障了干部的合法操作。一些干部在业务操作中，由于信息公开不彻底，引致群众对干部工作产生误解，造成干部不敢做、不想做的现象。而在可视化设备下，干部工作透明化，交易流程公开化，有利于帮助群众了解干部操作，也切实地维护了干部的自身清白，保障了干部的工作热忱。

2. 农村集体资产监管机制创新

建设农村综合信息服务平台。为实现对农村集体资产的全面监管和规范，打造融"三资"监管、产权交易、合作社财务管理、农村集体资产股权改革、财务公开于一体的综合服务信息平台，实时监控村集体"三资"运行情况、产权交易情况、财务公开情况，实现农经管理服务工作"一网通"。推行村务卡实现非现金结算，村级资金全程留痕，堵塞资金漏洞。

3. 产权有偿退出

土地承包经营权换取社会保障。对自愿放弃土地承包经营权农户，签订协议书，批准进保，办理注销手续，为其提供就业、教育和医疗等方面的优惠待遇。土地承包经营权换取股权。鼓励集居区用地流转农户自愿放弃土地承包经营权，将原定的土地流转费，在剩余承包期限内转变成股权，在土地的增值收益中按比例进行二次分配。土地承包经营权换取经济补偿。对已经实施的农业规模项目，鼓励农业经营主体通过市场运作、价值评估、协商等方法支付农民土地承包经营权有偿退出价值，实现农户农村土地承包经营权有偿退出。

第九章　城乡融合发展的制度联动改革

第一节　城乡融合发展过程中制度
联动改革的内在逻辑

一、城乡融合发展过程中的要素双向流动

城乡融合发展主要是指城乡间人口、商品、资金、技术、信息与观念的双向流动（古尔德，1969），城乡间非正式的社会联系及先进的技术与管理经验的传播也很重要。在资源相对稀缺的状态下，通过什么样的方式促使这些资源在城乡之间实行最有效的配置与流转，打破城乡发展之间政策、规划与投资的隔阂，对于促进城乡融合发展具有积极意义。

城乡要素流动不等价交换造成了被动的极化发展，农村要素单向地向城市流动，城乡差别呈不断扩大的趋势。促进城乡融合发展，促进要素双向流动，是当前学术研究的重要议题。深化制度改革，构建城乡统一的户籍登记制度、土地管理制度、就业管理制度、社会保障制度以及公共服务体系和社会治理体系，促进城乡要素自由流动、平等交换和公共资源均衡配置，实现城乡居民生活质量的等值化，使城乡居民能够享受等值的生活水准和生活品质（魏后凯，2016）。传统的土地财政模式以及农村建设用地权能的缺失，无法实现资本从城市向农村扩散，必须引导资本从城市进入农村，创造新的资本循环体系（龙启蒙等，2016）。

从经济发展引起资源空间配置变化的角度，城市化的过程就是城乡区域空间一体化的过程（弗里德曼，1966）。发展城乡关系还需要承认城市

与农村是利益共同体，应该将发达地区的活力和积极作用扩散到其腹地，减轻发达地区对其腹地产生的不利影响（昆茨，2000）。对周边区域来说，城市是医疗、教育等高端服务的主要供给方，周边区域则反过来给城市提供农产品和其他低端服务（克里斯塔勒，1933）。城市和农村地区必须紧密联系以便更广泛地提供社会和经济服务，并增加农村人口享受城市生活的机会。农民为外地市场提供农产品以获得更高收入，也促进了外地居民对食品和其他商品的消费。消费的增加促进了相关产品的生产，为县城特别是靠近农业区的县城创造了更多的农业和非农业就业机会（龙迪内利，1976）。各类要素资源在城市和农村之间双向流动，且在不同的经济发展阶段，体现出不同的流动趋势。从农户的角度出发，各类要素流动的格局不仅限于周边的某个城市，而是更类似于一个网络，这个网络包含若干村庄和城镇；城乡之间部门关系已经超越了传统的城乡分工关系，农业部门与非农业部门之间的相互作用也有一个空间维度（陈方，2013）。

引导资源回乡，增加外部资源注入，为乡村振兴创造有利条件（冯海发，2018）。实施乡村振兴战略，要通过强化农业农村的生产功能，激活其生活功能、生态功能，增加农业农村的人文魅力、乡土文化、田园风光、生态宜居功能和完善乡村治理，疏通适合农村特点和乡村振兴要求的产业、企业、人才、资源、要素流入农业农村并参与乡村振兴的通道，改变优质人才、资源、要素主要从农业农村单向流失到城市的格局（姜长云，2018）。引导部分适合农村特点、在农村发展具有比较优势的产业或企业转移到农村；改变人才和优质资源、高级要素过度向城市单向流动的格局，引导更多适合农村特点的人才和优质资源、高级要素参与乡村振兴。提高农村要素的市场化程度，建立健全城乡融合发展体制机制，户籍制度改革和土地制度改革是这个阶段改革的重中之重（许经勇，2018）。通过加快行政区划革新、农地体系改革、户籍体系改革，着力推进城乡一体化（高海燕，2017）。从破除城乡二元结构体制、建立人才引进机制、开发农业新功能和新市场、弘扬本土文化并优化土地利用规划的角度全面推进（张明斗，2017）。在城乡融合发展的框架下，推进城市基础设施和公共服务向农村延伸，鼓励城市资本、技术和人才下乡，促进城乡要素平等交换和公共资源均衡配置，促使各类生产要素从分割走向融合，从固定走向流动，消除二元结构推进城乡融合发展。协同创新是应对复杂性、系统性治理危机而产生的一种治理理念，是对传统科层制的纵向线性治理模式的扬弃，伴随着国家治理现代化进程而兴起，成为各国完善公共服务提供的趋势，非政府组织、公民也参与其中（田培杰，2014）。

二、当前户籍制度对城乡要素流动的影响

中国的户籍制度根植于城乡二元结构并促进形成了相互隔绝的两套利益体系，从而制约了劳动者、土地等生产要素在城乡之间的无障碍流动。

（一）户籍制度的现状

改革开放以来，中国的户籍制度改革表现为一种单向改革，重点是城镇户籍制度的调整与创新，核心是农村剩余劳动力的"单向进城"，但是并没有全面调整农村户籍制度。户籍制度的这种单向改革能够满足农业转移人口的进城需求，但无法满足乡村振兴过程中劳动者、土地、资金等生产要素在城市与农村之间的无障碍流动。户籍制度的这种单向改革一方面使得农业转移人口源源不断从农村转移到城镇；另一方面又无法获得与城镇居民同等的户籍利益（基本公共服务）。这种单向的利益调整显然无法满足乡村振兴过程中农业转移人口完全融入城镇的需求，因而也无法实现劳动力等生产要素在城市与农村之间的无障碍流动。

（二）"进得来融不进"的城镇户籍

城镇户籍的这种单向利益调整并不彻底，这就使得农业转移人口能够从农村转出去，但融不进城市。这一方面表现为城镇的基本公共服务还远远没有实现农业转移人口的全覆盖与均等化，户籍制度及其衍生的隐性藩篱在某些利益保护方面反而越来越坚固，只有取得城镇户口才能实质性地获取城镇户籍利益；另一方面表现为城镇户籍的全面放开还只是中小城镇，以北京、上海、广州等为代表的直辖市、省会城市、计划单列市等特大城市的户籍放开仍然伴随着非常严格的落户条件，但这些特大城市偏偏又是我国农业转移人口最为集中的城市，且这些转移人口在现阶段还根本

无法满足这种严格的"选择性"落户条件。

（三）"只能出不能进"的农村户籍

农村户籍身份仍然与农村土地完全捆绑，农村户籍的利益调整并未实质性展开，这制约了农业转移人口的城镇融入以及农村土地等生产要素的自由流动。目前，无论是农地承包权益还是村集体权益都完全依赖农村户籍身份，户籍利益仍然是农村户籍身份的"成员权益"，农业转移人口一旦选择城镇户籍身份将不能享受这些利益。另外，表现为农村户籍的"成员权益"是一种非常严格的封闭体系，农村户口"只能出不能进"，并且是一个不可逆转的过程。

三、当前土地制度对城乡要素流动的影响

中国实行的是城乡二元土地管理制度。城市土地所有权归国家所有，农村土地所有权归集体所有。土地仍实行的是计划配置的管理方式，城乡建设用地指标由国家分配，农村居民建房子的宅基地也由村集体分配。农民进城后，农村的房产和宅基地无法通过市场化手段交易并获得财富，只能闲置在农村。不合理的土地制度阻碍了城乡要素双向流动和抑制了我国城乡融合发展，具体表现为以下几点。

（一）影响农民转户的意愿，阻碍人口的流动

许多在城镇打工的农民不愿意在城镇落户，因为目前政策普遍规定：只有具备村集体户口的村民才能享受农村土地的承包权、宅基地使用权及集体经营性建设用地的财产权益等，农民们担心户口离开村集体后就会失去农村土地及各项权利，因而到城镇落户的意愿较低，除非因为孩子在城镇上学等原因，不得不在城镇落户。农民工转户意愿低也造成我国户籍城镇化率提升缓慢，长期以来我国常住人口城镇化率与户籍人口城镇化率差距在 15 个百分点左右，也就是说大约有 2.1 亿人口虽然常住在城镇，户口却在农村，长期处于人户分离的状态。

（二）阻碍了资金要素的流动

农村土地的所有权归集体所有，但是这种所有权容易被虚化，既可能

出现"集体"滥用所有权的情况，主要表现为行使"集体"所有权的村委会成员因为个人利益或者决策不科学等导致村民利益受损，也可能出现"集体"所有权被架空的情况，导致集体所有权具有的支配、处分、占有等功能无法发挥效用，陷入"名存实亡"的困境，因为上述原因，以村委会为代表行使的土地集体所有权稳定性差，部分投资者、承租方、旅居者常常因为"产权壁垒"风险担心权益得不到保障，不敢投身投资于农村。

（三）土地资源本身无法成为有市场价值的资产

农村土地是中国农民最大的隐性资产，这种资产不能在市场上交易，难以变现。在土地集体所有和农村"一户一宅"的政策格局下，农户也不敢出售闲置宅基地和房产，导致农村土地资源无法畅通流动，无法发挥其市场价值。在当前的土地制度下，农村的经营性建设用地已经可以入市，在明确入市的程序和办法后，很快就能实现其财产权利。但是农村宅基地的改革仍然滞后，截至目前，仅允许在村民之间进行流转宅基地使用权，不能使宅基地所对应的土地使用权真正成为有市场价值的资产。

四、当前农村集体产权制度对城乡要素流动的影响

农村集体资产底数不清、权属不明、市场封闭等弊端严重阻碍了要素的自由流通和市场化配置，即农村集体产权制度改革不彻底是导致城乡要素流动及公共资源配置的重要障碍。

（一）集体产权的市场价值难以实现

农村集体资产底数不清、权属不明，导致集体经济组织不具有产权行为能力，农村集体资产难以流动，集体资产的市场价值难以实现，导致农村要素供需错配严重，形成要素供给不足和供给过剩的现象。一是农民集体产权权益和集体所有权界定不清，集体产权的处置权出现错位，长期以来基本由村委会行使村集体的权利，导致农民权利不能得到有效保障，农民难以享受集体产权财产权利。二是农村集体资产权属不明，导致交易等受限，价值被严重低估。由于相关法律法规支持的欠缺，农村集体产权处

于无法进入市场流转阶段，导致农村集体财产与城市财产在市场价格方面形成天壤之别。激发农村集体资产所内含的要素功能，实现收益权，是农村集体产权制度改革的必然要求。清晰的产权界定和保护制度是形成有效产权价格体系的基石。因此，推进农村集体产权制度改革，要建立健全涉及政府、农村集体经济组织、农户这三个产权主体利益的集体产权收益分配制度，建立农户承包地和宅基地退出机制，确保农户农地、宅基地等要素自由平等交换，提高农村要素不同产权的市场价值，保证农户财产的收益权。这有利于维护农村集体经济组织成员的财产和民主权利，让农民共享改革发展成果。

（二）集体产权与社会资本难以形成协同效应

现阶段农村集体产权制度改革严格限定在本集体经济组织内部进行。这种做法的目的是保护广大成员资产的收益权，防止集体经济组织内部少数人侵占、支配集体资产，防止外部资本侵吞、控制集体资产。但也导致了农村集体产权市场封闭问题，集体资产价值难以体现，更为重要的是，外部资本难以进入农村市场，导致城乡要素双向流动受阻。应允许外来常住人员通过购买股权和履行义务成为集体成员。应在风险可控的前提下，允许个人股权的自由流转，实现生产要素的优化配置，充分体现股份的市场价值。这样可促进集体经济组织的对外合作和内生发展，为建立健全现代农业产业体系创造条件。

五、城乡融合发展过程中制度联动改革的重要性

从效率优先到兼顾公平，从城乡二元结构到城乡融合发展，具有科学规律性和时代必然性。中华人民共和国成立以来，在效率优先指导思想下，工业化和城市偏向发展的战略在促进我国国民经济快速发展的同时导致城乡二元结构，农村产业相对落后，基础设施与公共服务等供给不足，城市出现交通拥堵、空气污染、房价高涨等"大城市病"，城乡发展差距扩大。为改变这种状况，中央提出乡村振兴战略与新型城镇化战略，通过两大战略的协调推进与协同创新，将现代化要素引入乡村促进城乡融合发

展，凝聚农村发展的内生动能，实现富民增收与人的平等发展、全面发展。在城乡融合发展过程中，农村与城市处于价值平等位置，两者功能的不同与互补为人才、科技、资金、土地等要素平等交换、双向流动提供了基础条件。从国家层面需要协调推进以人为本的乡村振兴与新型城镇化战略。发挥市场与政府双轮驱动机制，合理配置城乡资源，促进乡村经济多元化发展，加快城乡基础设施一体化和公共服务普惠共享，通过产业、基础设施、公共服务等融合发展，构建乡村与城市、农业与工业有机联系的空间网络，为现代化要素交流提供"加油站"，形成要素流动、产业协同、基础设施一体化、公共服务均等化与居民收入增加等城乡融合发展的体制机制，增强农村活力，缓解"大城市病"。市场机制下实现城乡要素的双向自由流动，需要对阻碍人、地、钱、技等要素流动的户籍、土地、财政金融、集体产权等制度壁垒进行改革与创新，实现资源在城乡之间的高效配置，为城乡融合发展提供制度保障。

加快城乡资源要素双向流动与平等交换，是促进城乡融合发展的根本作用机制，需要制度联动改革和政策集成创新。当前城乡资源要素流动仍存在障碍，造成城乡二元结构的户籍制度壁垒及附着其上的系列结构性制度摩擦尚未根本消除，城乡统一建设用地市场在法律层面刚刚起步，城乡金融资源配置具有偏向性，导致人才、土地、资金、技术等要素更多地流向城市，城乡公共资源配置不均衡，农村发展缺乏资源要素支撑。城乡融合发展是一个系统工程，城乡人口的流动会涉及户籍制度、土地制度、财政金融制度、集体产权制度的协同配套，我国的城乡融合发展需要全方位的制度联动改革（土地制度、户籍制度、财政金融制度与农村集体产权制度等）。只有破除制度藩篱，实现城乡土地、人口、资金、技术等资源的自由双向平等流动，实现城乡基本公共服务均等化和基础设施一体化，才能真正实现城乡融合发展。城乡要素流动会强化或弱化城乡之间的资源不平等性，这个过程要求消除阻碍要素和资源流动的人为因素，赋予城乡居民平等的国民待遇、平等的产权、就业、教育、社会福利、社会保障和个人发展等基本权利及发展机会。城乡融合发展不仅指乡经济融合发展，还包括社会及生活方式等多方面的融合发展，根本目的在于消除城乡对立而非消除城乡差别，在缩小城乡发展差距的基础上实现农民收入可持续增长。

第二节　城乡融合发展的制度联动改革框架

一、户籍制度改革

（一）"进融结合"的城市户籍制度改革

提高中小型城市的人口吸附能力，自然削弱大型城市人口增速。选择具有竞争性、有潜力、关联度高的特色产业作为中小城市的主导产业，提高中小城市的就业机会。基础设施的建设是影响产业发展和吸纳人口的重点，加强基础设施建设，提高中小城市的人口吸引力。城市的发展规划布局也十分重要，城市布局要与产业发展以及基础设施建设等配套措施相结合。

完善居住证制度，不断扩大居住证附加的公共服务和便利项目，加快实现城镇基本公共服务常住人口全覆盖。取消现行户籍制度对财富分配、公共服务等资源分配的依据功能。首先，要着力消除城市内部户籍与常住人口福利差异。当前应稳步扩大基本公共服务覆盖面，推动基本公共服务对所有常住人口的均等化覆盖。不断优化基本公共服务布局，着力提升基本公共服务保障能力和水平。其次，逐步建立新的城镇常住人口公共服务获取新机制。禁止社会福利新出台的政策与户籍挂钩，彻底摒除户籍标准，重新构建适应城市实际情况的社会福利获取机制，可以以社保、个税等标准在内的不同条件设定不同城市社会福利获取的差别化门槛。在条件相对成熟的情况下，对现有与户籍直接相关的福利政策进行全面清理，尽快调整相关政策，修订完善相关法律法规，取消按户籍设置的差别化标准。

健全农业转移人口市民化配套政策体系，完善财政转移支付与农业转移人口市民化挂钩相关政策，建立城镇建设用地年度指标分配同吸纳农村转移人口落户数量和提供保障性住房规模挂钩机制，促进农业转移人口有序有效融入城市。

（二）"可进可出"的农村户籍制度改革

建立健全乡村人才振兴体制机制，完善人才引进、培养、使用、评价和激励机制。建立健全城乡人才合作交流机制，推进城市教科文卫体等工作人员定期服务乡村。允许入乡就业创业人员在原籍地或就业创业地落户并享受相关权益，建立科研人员入乡兼职兼薪和离岗创业制度。加强对返乡下乡创业就业人员政策扶持力度，推动职称评定、工资待遇等政策向基层一线倾斜，鼓励和引导城市各类人才入乡。实施高校毕业生基层成长计划，继续开展青年大学生高素质农民学费补贴，引导高校毕业生和科教文卫等人才向农村流动。建立科研人员入乡兼职制度，探索其在涉农企业技术入股、兼职兼薪机制，鼓励市属高校科研院所的科研人员经单位同意后离岗创业，在郊区发展乡村产业。鼓励农村集体经济组织创新人才加入机制，探索制定符合条件的返乡就业创业人员在原籍地或就业创业地落户的政策，促进城市人才扎根乡村。

坚决保障进城落户农民在农村的土地承包权、宅基地使用权、集体收益分配权等合法权益，积极探索依法自愿有偿转让机制，鼓励有能力在城镇稳定就业和生活的农村人口自主自愿进城落户。在维护进城落户农民的"承包经营权、宅基地资格权和集体收益分配权"等财产权利和公民权利不变的同时，鼓励新村民通过市场交易的方式取得进城农民依法、自愿、有偿地退出或转让的财产权利和通过依法登记落户的方式取得公民权利，逐步推动农村居民的经济权利由封闭的、难交易的成员权向开放的、可交易的财产权转变，政治权利由封闭的、排他的资格权向开放的、平等的公民权转变。

二、土地制度改革

（一）持续深化农村承包地"三权分置"改革

坚持完善农村土地承包经营制度，健全农村承包土地"三权分置"运行机制。在做好延长承包年限工作的基础上，进一步健全和完善土地经营权的流转和托管机制，采取更加多样化的流转和托管方式，探索形成可复制可推广的延包模式，切实保障农民土地承包权益。完善农村土地经营权流转交易市场和服务平台，全面推行农村土地流转线上交易，开展土地流转履约保证保险、土地经营权抵押担保，探索建立土地经营权流转合同网签制度，健全经营权流转服务保障机制，盘活拓展土地经营权权能。建立健全土地承包权依法自愿有偿转让机制，引导进城落户的承包农户在本集体经济组织内转让土地承包权或将承包地退还集体经济组织，促进土地资源合理利用。

（二）推进农村集体经营性建设用地入市改革

政府部门需要加快制定政策，明确和规范农村集体经营性建设用地入市的主体、条件、程序及定价评估指引等，依法规范有序推进农村集体经营性建设用地入市，激活土地要素。加快建立同权同价、流转顺畅、收益共享的农村集体经营性建设用地入市制度，明确入市范围和途径，建立健全集体经营性建设用地市场交易规则和增值收益分配机制。完善盘活农村存量建设用地政策，实行负面清单管理，优先保障乡村产业发展、乡村建设用地。依据国土空间规划，以乡镇或村为单位开展全域土地综合整治。鼓励对依法登记的宅基地等农村建设用地进行复合利用，发展休闲农业、乡村民宿、农产品初加工、农村电商等。在集体经营性建设用地有偿出让转让制度建立起来后，可允许符合条件且自愿退出的宅基地有条件地转换为集体经营性建设用地，并在其入市后纳入集体经营性建设用地予以管理。

（三）推进农村宅基地制度改革

适应农村宅基地谋求财产权的趋势，赋予宅基地更多的权能包括抵押权、转让权等，通过宅基地用益物权完善来撬动社会资金投入。要按照所有权、资格权、使用权"三权分置"的思路，放开搞活农村宅基地和农民房屋使用权，增加市场的开放性和交易半径，消除土地对乡村居民迁徙流动的限制作用。积极探索宅基地自愿有偿退出，盘活闲置宅基地资源，鼓励村集体经济组织及其成员通过自主经营、合作经营、委托经营等多种形式盘活利用闲置宅基地和闲置住宅。对于农民自愿退出的合规宅基地，可以通过相关的制度安排和政策措施，打通退出宅基地与集体经营性建设用地入市的连接渠道。

三、农村集体产权制度改革

（一）推进农村资源资产权益化

对经营性资产、资源性资产这两类农村集体资产进行产权改革，对农村集体经营性资产进行折股量化，对资源性资产进行确权颁证。明确要求农村集体经营性资产的所有权实行"成员按份共有"，实现农村集体资产的"共同共有"向"按份共有"转变，同时强调不改变农村集体资产归集体所有的性质。积极推进农村集体资产股份权能改革，赋予农民对集体资产股份的占有、收益、有偿退出及抵押、担保、继承等权能。即明确农村集体经济组织对集体资产的产权权能，赋予其平等市场主体地位和平等话语权，实现农村资产要素交易机会的平等化。

（二）发展壮大新型农村集体经济

规范集体经济组织管理，完善内部治理结构，创新运营方式，探索市场经济条件下集体经济新的运行机制和实现形式。因地制宜推广发展"一村一品"特色产业，加快发展创意农业、乡村旅游、农村电商等产业项目，培育更多的集体经济增长极。引导村集体面向市场发展服务型产业，鼓励村集体领办专业合作社。鼓励有条件的村集体经济组织按照现代企业制度要求，探索建立具有法人治理结构的股份公司，引入职业经理人等做法。持续深化村企合作，进一步完善政策支持体系，构建村企合作持续长效机制。

支持引导村集体经济组织盘活利用征地留用地、闲置房产设施、集体建设用地等资产资源，开辟资产租赁、企业股份、农业开发、生产服务、联合发展等多种发展路径。完善集体经济组织法人治理结构，规范集体经济组织管理，建立健全集体经济组织民主监督和收益分配制度。探索推进

"政经分开"改革，推动集体经济组织成为独立规范的市场主体，打造集体经济组织与村民自治组织各司其职、相互协调的新格局。

（三）持续加强农村产权交易市场建设

加快构建更加完善的农村要素市场化配置机制，全面提升农村产权交易市场化、规范化、信息化、标准化水平。进一步丰富农村产权交易品种，逐步实现农村集体所有的各类资产资源进场交易、农民和各类经营主体的涉农产权市场化交易。严格规范农村产权交易行为，进一步完善交易规则、交易流程、交易合同。依托省农村产权交易信息服务平台，引入线上支付、云签约等现代信息技术，推进线上线下交易并行发展。积极参与国家和省级标准建设，加强农村产权交易软硬件建设，全面推进交易流程、交易场所、交易服务标准化。

四、城乡融合发展过程中制度改革的联动机制

城乡融合发展的实现与乡村的全面振兴并不是单一制度或政策所能达成的，而是需要发挥机制在创新和实施过程中的联动作用。通过制度改革，破除阻碍城乡资源双向流动的壁垒，对同阻碍城乡融合发展的户籍制度、土地制度、集体产权制度等进行联动改革和基础创新，解决因城乡二元结构所导致的城乡发展差距和不平衡、不充分问题。遵循"以人为本"的价值取向，促进城乡融合发展，突出乡村与城市各自的特色，坚持差异化发展、互补性发展，既注重视城市对乡村的引领、带领、反哺，又重视保留农村的民风民俗、自然风貌，培育乡村发展的内生动能，实现基于市场机制的扁平化结构协同创新。促进城乡社会制度一体化，构建整体联系而非单个分散、相互配套而非相互掣肘的体制机制和政策体系，打破城乡二元分割治理体制，从根本上适应城乡融合发展的战略要求。

江苏省城乡融合发展过程中制度创新与联动改革的目标是要素双向流动。围绕"人"这一核心要素主体，促进人的流动需要先完善户籍制度。具体包括劳动力转移及其在农村耕地、宅基地和集体收益权的有偿退出，

进城务工农民的市民化，以及返乡人口如何获得发展权益等。人的流动促进了土地要素的流动，为乡村产业多元化发展提供了现代要素支撑，面对农村空心化和土地闲置的问题，创新的土地制度将促进土地要素被更加科学有序利用。农村产业多元化和新业态的发展，需要农村集体产权制度提供保障，涉及外来人口的宅基地需求、产业融合发展所需集体建设用地以及社区股份合作社等农村集体经济组织的收益权等。在城乡融合发展过程中，在户籍制度、土地制度、农村集体产权制度方面都已经颁布很多政策，甚至很多政策是交叉存在。千头万绪的政策，地方政府执行只有一根针，在推行的时候只能需要将现有政策集成创新应用，运用政策集成推动城乡融合。通过现有户籍制度、土地制度、农村集体产权制度的逻辑和实施内容，推动改革破除制度障碍，瞄准政策发力点，将"一揽子"政策打包集成创新，厘清政策集成的思路，可以强化制度关联逻辑，创新政策集成应用路径，进一步为要素流动的双向流动打下制度基础。通过要素双向流动路径打破城市与乡村之间要素流动的单一通道，使得更多必需的要素流入乡村，建立城乡教育资源均衡配置机制，健全乡村医疗卫生服务体系和公共文化服务体系，加快实现各类社会保险标准统一、制度并轨，为人才在城乡之间的双向流动消除后顾之忧，从而推动农村发展，解决乡村的空心化问题，让乡村振兴在资源要素上得到保障。

整体而言，促进城乡融合发展要城乡要素流动，进行公共资源的合理配置需要打破要素流动障碍和制度壁垒。江苏省在城乡融合发展的户籍制度、土地制度、农村集体产权制度等几项制度的改革方面不断创新，也体现出了这些制度联动改革和集成创新的必要性。促进城乡融合发展，进行制度改革创新的主要路径就是破除阻碍要素资源在城乡之间自由双向流动的制度壁垒，为城乡互动产业支撑体系的形成提供必要的基础条件。

新时期下，新型城镇化引导农业劳动人口就地转移，在就业、社保、退休金等领域实现市民化。新型城镇化给乡村振兴带来了外部经济和扩散动能效应，通过吸收农村和农业日益挤出的人口，形成城市发展的经济动能，农村人均拥有的土地、林地与草场等资源水平上升，有利于推进农业的适度规模经营和农业现代化，提高农业劳动生产率。城市集聚的资金、技术、人才和消费流向农村和农业，形成扩散效应，成为乡村振兴的基础条件。围绕"人、地、钱"等要素流动和公共资源配置的内在联系进行制度联动改革，厘清制度联动改革的逻辑，细化制度联动改革内容，提出改革路径。具体地，对城乡融合发展所需"人、地、钱"支持的相应的政策支持及联动改革方案如下：

扫清阻碍城乡要素自由流动的制度障碍，建立新的制度保障措施。放松户籍管制，加速城乡人口的自由流动；搞活土地流转制度，包括农村耕地、宅基地、集体建设用地的确权和入市等政策；明确农村集体产权的利益分配制度。通过制度改革，破除阻碍城乡资源双向流动的壁垒，对阻碍城乡融合发展的户籍制度、土地制度、财政金融制度、集体产权制度等进行联动改革和基础创新，解决因城乡二元结构所导致的城乡发展差距和不平衡、不充分问题。遵循"以人为本"的价值取向，促进城乡融合发展，突出乡村与城市各自的特色，坚持差异化发展、互补性发展，既注重视城市对乡村的引领、带领、反哺，又重视保留农村的民风民俗、自然风貌，培育乡村发展的内生动能，实现基于市场机制的扁平化结构协同创新。促进城乡社会制度一体化，构建整体联系而非单个分散、相互配套而非相互掣肘的体制机制和政策体系，打破城乡二元分割治理体制，从根本上适应城乡融合发展的战略要求。

在以要素的自由流动为改革目标的城乡融合发展的制度联动改革与落实路径如图9-1所示。城乡融合发展的实现在遵循中央政府顶层设计的背景下，不断发挥出区域优势，谋划区域创新，致力于推动"人、地、钱"等要素在城乡之间的自由流动和公共资源的优化配置。在此过程中，土地、户籍和农村集体产权制度不断创新，并发挥联动作用，破除城乡之间的隔阂与壁垒，为城乡融合发展和全面乡村振兴提供制度保障，同时也打破城乡之间已存在的要素单向流动的问题。在政策集成和制度联动发挥作用的保证下，城乡之间的公共服务和基础设施不断完善，城乡居民的生活福祉都得到了大幅度的提高。

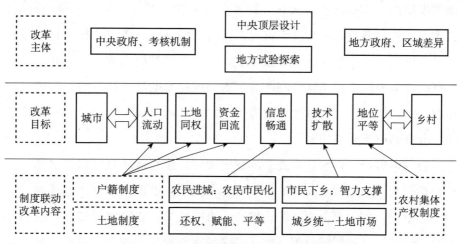

图 9 – 1　城乡融合发展的制度联动改革与落实路径

第十章　城乡融合发展的政策集成创新

第一节　城乡融合发展中的市场调节与政策创新

我国是社会主义国家，政府政策作用与市场调节机制关系的变化内嵌在城乡关系的发展过程之中，并随着现实条件与国家发展目标的变化而不断完善。市场导向与调节是促进城乡生产要素资源流动的决定性力量，是一二三产业融合产业体系构建的内在机制，政府发挥调控职能依托适当的产业政策和公共规制，促进生产要素资源在城乡之间双向自由流动。在有效促进城乡资源自由流动的基础上，城市的科技、资本和人才等要素才能够进入农村。有了兴旺的产业，才能催生充足的人财物集聚，为当地群众带来就近就业、创业机会，从而实现农民就近城镇化。政府政策具有保障和协调的功能，城乡融合发展是一个系统工程，各地区各部门要统一思想，根据当地城乡关系发展特征，把握节奏、持续用力，确保各项改革任务扎实有序推进。政府政策的支持使得要素资源能够流向偏远的农村地区，助力于农村的发展。同时，政府政策能够为落后农村提供"造血"和"输血"式的帮扶，有利于乡村振兴，助力城乡融合发展。

在我国城乡关系发展过程中，政府和市场的关系不断变化，从早期完全的政府主导到而今的市场发挥决定性的作用，城乡也从严格的二元结构转变为融合发展。党的十八大提出，要使市场在资源配置中发挥决定性作用，同时更好地发挥政府作用。在社会主义国家的建设过程中，政府政策的保障作用必不可少，不仅能够促进社会的公平和谐，也能够弥补市场失灵或者要素逐利带来的问题。政府与市场的联合作用，形成了城乡要素高效流动与优化配置的双轮驱动机制（见图 10 - 1）。在城乡融合发展过程中，城市资源在市场机制和政策保障的作用下得以自由流动，农村的资源供给于城市建设，城市的高新技术、高质量人才、先进的治理经验等则不断流入乡村，由此将会推动农村农业的现代化发展，从而进一步深化产业的融合，使得农村能够承接产业转移并实现产业升级，真正地从内生动力上实现城乡融合发展。

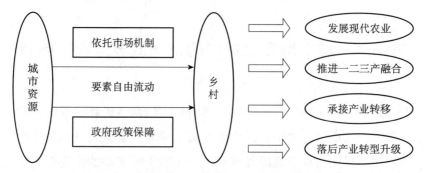

图 10 - 1 政府与市场在要素自由流动中的联合作用

实现城乡融合发展和乡村振兴战略目标面临诸多挑战。在城镇化进程中，农民与土地的关系发生变化，农民与村庄的关系也在发生变化。越来越多的农民选择进城打工，进入城市生活，具有较强的入城不回村、不返农倾向。村庄的数量大幅减少，一部分村庄焕发出新的活力，但大多数村庄呈现人少村衰的局面，空心化现象日益严重。农民大量进城后，因体制机制与政策障碍无法完全融入城市，在城市出现大量城中村。党的十九大报告指出，我国社会的主要矛盾转化为"人民日益增长的美好生活需要和不平衡不充分的发展之间的矛盾"。最大的发展不平衡是城乡发展不平衡，最大的发展不充分是农村发展不充分。江苏省也不例外，城乡二元结构依然存在，农村发展的质量、效益和竞争力有待进一步提高，基础设施与公共服务等供给相对不足，城乡发展依然存在差距。基于此，通过协调推进乡村振兴和新型城镇化两大战略，将现代化要素引入乡村促进城乡融合发展，凝聚乡村振兴的内生动能，实现农业农村现代化。通过发挥市场机制作用，在政府提供均等化公共产品的基础上，促进人力、资本、技术等要素资源在城乡之间的双向自由流动，为新型城镇化提供城乡融合路径，为乡村振兴提供内生动力，成为两大战略协调推进的共同节点。在协同治理过程中，以市场机制为主要手段，政府为引导力量，推进农村土地制度、户籍制度和农村集体产权制度创新，推动产业政策、财政金融政策和社会保障政策的完善与集成。通过破除制度与政策壁垒，引导农村富余劳动力就近城镇化和城镇要素资源流向农村产业，推动江苏省新型城镇化和乡村振兴战略协调发展。随着城镇化进程不断推进，在我国城镇化率超过70%的时候，更需要兼顾公平或者更为注重公平。城乡融合发展的根本动力系统是城乡要素平等交换与双向流动，要素优化配置的过程主要依靠市场机制完成。发挥市场与政府双轮驱动机制，优化配置城乡资源，通过城乡产业、基础设施、公共服务等融合发展，构建乡村与城市、农业与工业有机联系的空间网络，为现代化要素交流提供"加油站"，形成要素流动、产业协同、市场融合、基础设施一体化、公共服务均等化的城乡融合发展体制机制。

当前城乡资源要素流动仍存在障碍，通过政策支持，破除制度藩篱，实现城乡土地、人口、资金、技术等资源的自由双向平等流动，实现城乡基本公共服务均等化和基础设施一体化，才能真正实现城乡融合发展。户籍制度、土地制度与农村集体产权等制度改革，是促进城乡融合发展的重要制度保障。而这些制度的创新与完善是需要政策的支持，也要与政策之间协同作用。

第二节　城乡融合发展的政策集成创新

城乡融合发展的保障政策遵循中央的顶层设计，也立足于区域的基本经济社会情况。建立健全城乡融合发展体制机制和政策体系，是党的十九大作出的重大决策部署。2020年江苏省人民政府出台了《关于建立健全城乡融合发展体制机制和政策体系的实施意见》，指出加快形成工农互促、城乡互补、深度融合、共同繁荣的新型城乡关系，提出到2022年，城乡融合发展制度框架和政策体系基本建立；到2035年，农业农村现代化基本实现。目标的实现依靠政策的保障和支持，文件指出了江苏省要制定适应于城乡融合发展的财政、金融、社会保障等政策，吸引各类人才向乡村流动，政策的扶持进一步向基层和农村倾斜，助力于城乡融合发展和全面乡村振兴的实现。江苏省在城乡关系发展和治理过程中，取得了较好的成绩，在新时期，立足于地区现状，文件确定了三个重要的时间节点。到2022年，城乡融合发展制度框架和政策体系基本建立，城乡要素自由流动、公平交换、合理配置的体制机制初步形成，基本公共服务均等化水平大幅提高，城乡发展协调性全面增强；到2035年，城乡融合发展体制机制更加健全，农业农村现代化基本实现，美丽宜居乡村成为"强富美高"新江苏省的鲜明底色；到21世纪中叶，城乡融合发展体制机制成熟定型，城乡全面融合，全体人民共同富裕基本实现。这是与我国整体的"到2035年，乡村振兴取得决定性进展，基本实现农业农村现代化，到2050年，乡村全面振兴，农业强、农村美、农民富的目标全面实现"的远景规划相一致，同时也是江苏省作为中国经济水平较高地区的更大的进步与发展。

城乡融合发展的政策保障也需从国际经验比较中汲取源泉。由于城乡关系演变是一个经济发展的过程，因此，欧美和日韩等国家城乡关系变化，尤其是农村发展及其政策演化对我们有参考价值。按照OECD乡村发展政策的演化，我们可以看到其政策目标从城乡平等，转变为提高乡村竞争力，再到现在的发挥乡村经济、社会、环境等功能以保障人类宜居；其政策重点从支持单一资源主导行业，到支持基于竞争力的多部门，再到现在的根据乡村类型采取差异化的低密度经济；其政策工具从补贴企业，到投资符合条件的企业和社区，再到现在的支持公共部门、企业和第三部门等一系列综合乡村发展方式；其政策主体从农业组织和政府，转变为各级政府和相关部门，以及地方利益主体，再到现在的多层级公共部门、私人部门和非政府社会部门等；其政策方法从统一的自上而下的政策，到自下而上的政策与地方战略，再到现在的多种政策综合；其对乡村的定义也从不是城市，变为不同类型的地区，再到现在的城中村、城郊村和偏远乡村三种区分。再具体到国家，以跟我国人地资源禀赋、农村经济社会文化结构相似的日本为例，其乡村自20世纪60年代以来就受到人口外流的影响，乡村过疏化成为乡村的最大威胁，为此，日本政府采取包括六次产业化等一系列乡村振兴方式，并采用"界限村落"对潜在的消失村落进行区分，以实现政策的精准有效。

为了实现城乡融合发展的目标，立足区域现实，遵循顶层设计不断推出和完善保障性的政策，由此形成了多方面的城乡融合发展政策支持，也形成了完整的政策保障体系。具体地，在产业政策、财政金融政策、社会保障政策等方面都为城乡融合发展与乡村振兴提供了巨大的支持。

一、城乡融合发展的产业政策

（一）推动农业现代化发展

传统农业是城乡产业融合发展的基础，坚持把保障粮食安全和重要农副产品有效供给作为农村产业发展的首要任务，夯实高质量发展根基。深入实施现代农业提质增效工程，依托江苏地处南北过渡地带、特色产业品种丰富的自然特点，培育发展产值千亿元级特色产业。依托资源禀赋和区域特色，围绕优质稻麦、精品蔬菜、规模畜禽、特种水产等，打造产业化示范基地，实施全产业链开发，建设现代化标准化生产基地，并集聚多元市场主体、现代科技、高端人才、资本投入等各种要素，推动产业集群集聚、规模发展。

提高农业科技化水平，促进农业现代化发展。加快农业生产数字化赋能，推进物联网技术在设施农业、畜禽水产养殖应用。实施农机装备智能化绿色化提升行动，加大智能农机装备与技术推广和传统农机智能化改造力度，提升农产品保鲜、烘干、清洗、检测、分级、包装与加工技术装备数字化、智能化水平。

以农产品质量为基础，以农业标准体系为保障，切实加强农业品牌建设。提升品质价值，推进品种创新、技术创新、产品创新，提升乡村产业内在品质和产品外在品相，以高品质赢得市场、实现增值。提升生态价值，坚持绿色发展，开发绿色生态、养生保健等新功能新价值，满足消费者对绿色产品需求。提升人文价值，更多融入科技、人文元素，发掘民俗风情、历史传说和民间戏剧等文化价值，赋予乡土特色产品文化标识。

（二）推动农村产业融合发展

农村产业融合是提高农业发展效益，促进农业转型升级的内在动力。以农业产业化经营为基础，深入推进农村一二三产业融合发展，创新业态、集聚要素，跨界叠加、共享共赢，推动农村产业转型升级。建立健全产业融合机制，通过利益纽带，推动一二三产业联动，促进资源跨界配置，实现三产紧密相连、协同发展，形成乡村产业深度融合机制。推动产业链拓展、供应链优化、价值链提升，强化链条内部激励机制、动力机制，产业融合叠加，激发价值溢出。

发展农副产品加工，延伸农业产业链条，提升农业结构层次。依托优势特色产业，促进一产往后延、二产两头连、三产连前端，接二连三，做强农产品加工流通。发展农产品产地初加工、精深加工和副产物综合利用加工，鼓励农业龙头企业融入全球农产品供应链。推进农产品市场和农产品流通骨干网络建设，完善农产品仓储保鲜冷链物流设施，构建覆盖农产品加工、运输、储存、销售各环节冷链物流体系。大力发展农村电子商务，拓宽农产品出村进城渠道，鼓励发展线上服务、线下体验以及现代物流融合的农业新零售。

深入挖掘乡村的多功能价值，将乡村的生产、生活、生态、文化传承、休闲旅游等功能面向城乡居民进行服务产品开发，通过城乡消费的融合互动，形成"城乡生产—城乡消费"的市场融合体系。因地制宜是不同地区必须遵守的重要原则。依据各具特色的区域资源优势、地域优势和发展过程中积累的比较优势，形成能够充分利用自身资源并符合市场需要的产业结构和特色产业。同时，完善农村电子商务支持政策，实现城乡生产与消费多层次对接。

（三）推动城乡产业互动发展

搭建城乡产业协同发展平台，大力建设高能级产业园区，依托现代农业产业园、农业高新区等，规划建设一批城乡产业协同发展先行区，推动城乡要素跨界配置和产业有机融合。支持符合条件的地区整合创建国家级以及省级现代农业产业园、农村产业融合发展示范园、农村产业融合发展先导区、现代农业科技园等农业园区。探索"园区联动镇村发展"模式，支持村集体经济组织开展土地资本要素入股园区、建设标准厂房物业，积极分享园区发展红利。推动各类资源要素和支持政策优先向产业园区建设倾斜，切实提升要素集聚、功能服务和产业承载能力。支持产业园区开展去行政化改革试点，进行系统性、整体性职能重构，探索全员聘用制。

把特色小镇作为城乡要素融合重要载体，打造集聚特色产业的创新创业生态圈。完善小城镇联结城乡的功能，探索创新美丽乡村特色化差异化发展模式，盘活用好乡村资源资产。大力建设高水平特色小镇、特色田园乡村，高质量建设融合水平高、带动能力强的城乡产业协同发展先行区。支持创建一批农村一二三产融合水平高、主导产业特色鲜明、富民成效显著的特色小镇，大力发展特色产业，加强规范引导和政策支持，推动特色小镇高质量发展。推进美丽乡村建设，建设美丽乡村连片示范区。

创建一批城乡融合典型项目，形成示范带动效应。国家城乡融合发展试验区江苏宁锡常接合片区是江苏省城乡融合发展的排头兵。依托溧水经济技术开发区、江苏南京国家农业高新区、南京高职园、宜兴经济技术开发区、宜兴环保科技工业园、宜兴现代农业产业园、溧阳现代农业产业园、金坛经济技术开发区、茅山国家旅游度假区、长荡湖旅游度假区等园区，规划建设一批类型多样、功能先进的城乡产业协同发展先行区。积极推动溧水空港会展小镇、高淳阳江镇漎田坝片区、丁蜀紫砂特色小镇、湖㳇茶旅风情小镇、天目湖白茶小镇、蓝城悠然南山特色田园乡村建设，支持高淳、溧阳等省级特色田园乡村打造省级农村高质量发展样板。

二、城乡融合发展的财政金融政策

(一)"增量增效"的财政政策

增加城乡融合领域的转移支付强度。坚持把农业农村作为财政支出的优先保障领域，压实各级政府"三农"投入责任，以完善"大专项＋任务清单"管理的模式深入推进涉农资金统筹整合，多渠道加大财政支农力度，确保财政支农资金稳定增长。促进医疗卫生、社会保障等资源向农村倾斜，逐步建立健全全民覆盖、普惠共享、城乡一体化的基本公共服务体系，推进城乡基本公共服务均等化。加大中央财政对农业转移人口市民化的支持力度，应当全面实施"人、地、钱"挂钩政策，对于吸纳农村转移人口较多的城镇地区给予更多的财政政策倾斜，通过税收优惠、补贴等激励方式，引导金融部门、社会资本的进入，优化人口、土地、资本的合理配置。

明晰财政事权与支出责任划分。根据地区实际情况出台相应的文件，合理厘清政府间事权范围，做到职责不"越界"，增强各级政府间的责任与活力。真正发挥财税政策的调节效力，要重视财税政策在调节政府间事权与财力均衡发展中的作用，真正发挥财税政策的调节效力。

加大地方的资金使用自主权。在增量分配上创新施策，确保土地出让收入用于支持乡村振兴和城乡融合发展的力度不断增强。进一步提高土地出让收入用于农业农村的比例，调整土地出让收益城乡分配格局，做好与相关政策的衔接，尤其是建立市县留用为主、中央和省级适当统筹的资金调剂机制。土地出让收入用于农业农村的资金主要由市、县政府安排使用，赋予县级政府合理使用资金自主权。

（二）普惠多元的金融政策

农村金融作为中国金融体系的重要组成部分，是支持和服务"三农"发展、促进城乡融合的重要力量。尽管中国农村金融已经取得长足发展，但从横向来看，仍是整个金融体系中最为薄弱的环节，在广度和深度上都有较大提升空间。

首先，应推动农村金融机构回归本源，保障金融机构农村存款主要用于农业农村，将更多的金融资源投向农村农业实体经济，完善乡村金融机构服务农村农业体系。

其次，积极发挥差别化存款准备金作用，对涉农贷款余额达到一定比例的商业银行，降低其存款准备金率，激励金融机构增加"三农"服务业务。优先办理涉农票据、小微企业票据再贴现，并给予优惠利率支持。

最后，扩大金融服务体系覆盖范围，完善农村金融市场准入机制，引入除四大行之外的开发银行、农业发展银行等金融机构以及非金融机构，在业务范围内为城乡融合发展提供融资支持。完善适合农业农村特点的金融服务体系，构建由政策性和商业性银行、保险公司、证券公司等金融机构组成的竞争性金融服务体系，加强信贷与保险、担保合作，为城乡居民提供多样化金融产品。

三、城乡融合发展的社会保障政策

（一）统筹城乡社会保障发展

以建立健全多层次的社会保障体系、统筹城乡社会保障水平为出发点，确定各个地区农村保障标准。完善城乡统一的社会保障体系，建立健全城乡统一的基本保障基金和财政平衡保障补偿机制，促进公共资源均衡配置。提高社会保障部门运行效率，稳步提升社会保障水平，加快健全覆盖全民、统筹城乡、公平统一、可持续的多层次社会保障体系。

（二）健全城乡公共服务均等化

推动公共服务向农村延伸、社会事业向农村覆盖，健全全民覆盖、普惠共享、城乡一体的基本公共服务体系，推进城乡基本公共服务标准统一、制度并轨，并建立以政府为主导的多主体农村公共产品协同供给模式。

建立财权与事权匹配的农村公共产品政府供给机制。依托各级政府在配置公共产品方面的优势异质性，明确各级政府在公共产品供给中的职责范围，提高公共产品供给的效率，进一步建立与公共产品供给职责相匹配的财政制度，避免农村公共产品供给的缺位问题。

鼓励如公益组织、工商企业、农民合作社、种植大户等组织在农村进行辅助性的公共产品供给。集体组织对公共品进行管护，为资本下乡提供必要的基础设施条件，采取有偿使用、界定产权等制度安排赋予工商资本使用公共品的合理性。

通过政策、资金、基础设施建设倾斜等方式鼓励工商企业与农民建立紧密型合作关系，提高对农户的利益分配份额。通过政策换公共产品鼓励工商企业自觉承担社会责任，为农村公共产品提供供给渠道。

（三）健全城乡基础设施一体化

把基础设施建设重点放在乡村，坚持先建机制后建工程，加快推动乡村基础设施提档升级，实现城乡基础设施统一规划、统一建设、统一管护。建立城乡基础设施一体化规划机制，以市县域为整体，统筹规划城乡基础设施，统筹布局道路、供水、供电、信息、广播电视、防洪和垃圾污水处理等设施。健全城乡基础设施一体化建设机制，明确乡村基础设施的公共产品定位，构建事权清晰、权责一致、中央支持、省级统筹、市县负责的城乡基础设施一体化建设机制。建立城乡基础设施一体化管护机制，合理确定城乡基础设施统一管护运行模式，健全有利于基础设施长期发挥效益的体制机制。

四、城乡融合发展的政策集成创新

改革开放以来，在效率优先指导思想下，要素快速往城市集聚，向工业部门集聚，在促进经济快速发展的同时形成了"城乡二元结构"的格局。城市与乡村发展过程中的政策保障有利于打破这种分化的格局，也是顶层设计对于城乡治理的最直接表现。推动城乡融合发展的政策多种多样，且在不同领域发挥作用，如何发挥协调中央与地方的互动关系，政策之间的互补互利作用，进一步加强政策集成，是各级政府都需要重点关注的问题。政策的集成，一方面体现在从中央到县域各级政府对于城乡融合发展问题总体政策导向的一致以及基于不同区划现实情况的实际调整，另一方面体现在区域内各种城乡融合发展保障政策的协调联动，通过政策的集成而发挥更有力的作用。

中央的政策总揽全局，从顶层设计出发，为地方的城乡治理起到旗帜与导向作用。中央是政策的集成之地，以最宏观的审视视角将相关政策进行集合，以保证地方政府能够在目标和实施上保持一致。江苏省政府则担任分工协作、评估、考察和督导的工作，既承续中央的顶层设计，起到分工的作用，也对各市级单位的工作进行指导评估，以起到领导地方全局的作用。江苏省下辖各市需要在省级政府领导的基础上，对实际任务进行分解，对具体责任进行评判，同时也要对下辖各县的工作进行评估、考察和督导。具体到县级单位，则要进一步落实上级政策，并依据本地情况，具体地实施政策，开展优势项目。当前县域经济是江苏省也是全国重要的经济发展动力，县域层面的城乡融合发展也是我国政府推动城乡关系发展的主要战场。从中央到县域，构建起完整的政策集成与实施链条，能够为我国城乡融合发展的精准施策和因地制宜提供重要的保障作用（见图 10 - 2）。

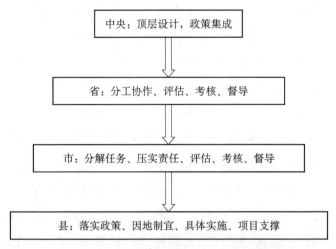

图 10 - 2　中央到县域城乡融合发展的政策集成

　　推动城乡融合发展的保障政策从不同领域出发，都发挥了积极的效用。进一步地，需要发挥政策的集成联动作用，以达到政策之间的自洽且互利。产业政策从农业产业出发，提高农村发展的内生动力，财政金融政策给予农民更多的扶持与补贴，社会保障政策助力于解决当前的"大城市病"和农村空心化的问题。各类政策虽各应用于不同领域，其内涵特征是一致的，也应起到互补的集成作用。江苏省产业结构仍须升级，农业高级化有赖于科技水平的提高和政府投入的增加，因而财政金融政策不仅需要给予农民生活水平和非农化就业的支持，也需要从农业发展的根本出发，助力于农业的现代化和机械化。社会保障政策为农民提供更加高水平的公共服务和基础水平，能够推动乡村的振兴，促进更多人与物的资源要素流入农村，从而与农业产业政策完成高效接续。多种政策的共同作用与集成，将大幅度提高单种保障政策的效率，为江苏省城乡融合发展提供更加强劲的引擎动力。

第三节　城乡融合发展制度改革与政策创新互构

我国城乡融合发展取得了显著成绩，大大地推动了我国农村现代化发展的进程。在此过程中制度创新与政策保障发挥了极为重要的作用，政策与机制之间存在政府引导下的互构关系，体现在二者的基本逻辑都是突破各自的壁垒与障碍，推动城乡之间要素的自由流动以及实现城乡基础设施一体化和公共服务均等化，在实施过程中，又能够保持步调的一致与协调。具体而言，政策保障与制度创新的互构是城乡融合发展中政府主动形成的治理模式，并与市场机制相互补充，由此构建起完整的以城乡融合发展为主体、新型城镇化战略和乡村振兴战略为两翼的发展格局。

通过制度改革，破除阻碍城乡资源双向流动的壁垒，对阻碍城乡融合发展的户籍制度、土地制度和农村集体产权制度等进行改革和协同创新，构建基于区域差异的特色发展模式，共同解决城乡二元结构导致的城乡发展差距和不平衡、不充分问题。基于政策保障，不断提高农民的生活福利水平，通过产业政策、财政金融政策和社会保障政策等推动城乡基础设施一体化、公共服务均等化。政策与制度互为表里、互相穿插、相辅相成，共同推动江苏省城乡融合发展。

具体到现实实践中，城乡融合发展需要在发挥市场机制作用的基础上进行多元主体的协同治理，政府制度与政策深化改革为系统治理提供保障。通过制度的联动改革与政策的集成创新，依托市场机制促进科技、资本、土地、人力和服务等要素的城乡双向自由流动，为现代农业发展和一二三产业融合提供支撑条件；以人为本，政府提供均等化的公共服务、一体化的基础设施，依靠农民、企业、社会等主体形成多元协同治理机制；通过政府以及市场的调节和协同，对阻碍市场机制发挥和不公平的制度和政策进行协同创新，为促进城乡融合发展提供制度改革方案和保障体系（见图10－3）。

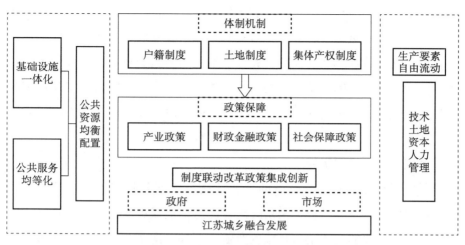

图 10 - 3　城乡融合发展政策创新与制度创新互构实践

第四节　城乡融合发展制度改革与政策创新建议

一、发挥市场与政府双轮驱动机制，优化配置城乡资源

只有通过破除制度藩篱，实现城乡土地、人口、资金、技术等资源的自由双向平等流动，实现城乡基本公共服务均等化和基础设施一体化，才能真正实现城乡融合发展。户籍制度、土地制度、财政金融制度与农村集体产权制度等的改革，是促进城乡融合发展的重要制度保障。针对城乡要素双向自由流动的堵点障碍，要加强首创性差异化改革设计，明确集体经营性建设用地多元化入市途径、入市用途和转让方式，探索"新村民"机制、赋予科技人才农村集体成员收益分配权等政策，提出支持壮大村集体经济、建立金融机构服务"三农"激励约束机制等一系列新举措。

二、促进城乡要素流动，增加产业协同互动

产业创新发展是城乡融合发展的内生动力，要依托市场机制高效配置现代化资源要素，为乡村产业高质量发展提供支撑。通过市场机制驱动要素向高效率部门流动并形成集聚规模，推动产业发展、增强经济活力。对

《国家城乡融合发展试验区（江苏宁锡常接合片区）实施方案》进行分析可知，产业发展是城乡融合发展的重要支撑。建立农村集体经营性建设用地入市制度为城乡产业融合发展提供土地投入要素，建立科技成果入乡转化机制为城乡产业融合发展提供创新动能，建立生态产品价值实现机制为城乡产业融合发展探索绿色路径，在城乡产业融合发展的基础上实现农民工资性收入、经营性收入、转移性收入和财产性收入的增加，将农民持续增收落到产业发展的实处。

因地制宜是产业融合发展的重要原则。依据各具特色的区域资源优势、地域优势和发展过程中积累的比较优势，形成能够充分利用自身资源并符合市场需要的产业结构和特色产业。例如，南京高淳区围绕螃蟹这一特色产业，探索建立以固城湖螃蟹城为载体的螃蟹产业城乡融合发展平台；宜兴湖㳇镇围绕茶产业，构建产业、文化、旅游和社区功能"四位一体"的特色产业体系；溧阳以青虾养殖全产业链建设为契机探索生态养殖新模式，打造生态养殖研学基地和生鲜农产品配送中心。

江苏省农村改革试验区也不断通过制度改革探寻城乡产业融合的区域性措施。沛县以新一轮省农村改革试验区建设为契机，大力实施"三乡工程"，即人才下乡、能人返乡、资本兴乡，深入推动"企村联建"，加快引导各类人才、资金、技术、项目等要素向农村倾斜，鼓励引导全社会的力量来推动乡村振兴，探索走出一条工农互促、城乡互补、全面融合、共同繁荣的城乡产业融合发展新路径，带动农业产业布局优化、高质量发展。

三、以城乡基础设施一体化与公共服务均等化，实现公共资源优化配置

城乡基础设施一体化和公共服务均等化是城乡融合发展的重要内涵，需要政府在公平视角下进行公共产品投资，优化配置城乡资源。农业农村基础设施建设和公共服务对农村经济社会发展具有巨大的直接效应和间接效应。在距离城区比较近的区域，基础设施一体化建设更具有规模效应。农业农村基础设施建设、公共服务体系建设客观上促进了科技创新推广、人才等要素流动，有利于引导现代农业产业园、特色农产品优势区、农产

品加工区等载体中产业集聚发展。

以江苏省金坛市（现为金坛区）为例，建立城乡基础设施一体化规划机制，健全城乡基础设施一体化建设机制，建立城乡基础设施一体化管护机制。以全地区为整体，统筹规划城乡基础设施，统筹布局道路、供水、供电、信息、广播电视、防洪和垃圾污水处理等设施。在城乡产业协同发展的基础上进行基础设施一体化建设正当其时，可以充分利用城市资源向乡村延伸建设，补齐乡村基础设施建设的短板，更好地吸引技术、人才、资本要素向乡村流动，为产业兴旺提供创新动力。以江苏省丹阳市为例，围绕农村基础设施和公共服务设施、村庄环境卫生管理等，解决农村公共服务缺位的短板问题，让广大农民群众享受到均等化公共服务。按照"养事不养人""花钱买服务"的原则积极探索农村公共服务运行工作机制，采用"共同分担、统筹安排、财政奖补、社会捐助"的方式，把农村公共服务运行维护工作纳入公共财政支出范围。按照受益原则和共建共享的原则积极筹集资金，逐步形成上级财政、村集体、村民共同分担运行维护经费的机制。

江苏省地处长三角一体化发展的主战场，在通过要素流动促进城乡产业融合发展的基础上，有能力引导财政投资补齐农村基础设施短板，促进城乡基础设施互联互通、提档升级，促进公共服务向农村倾斜，最终形成较为完善的城乡融合发展体系。

第十一章　江苏省城乡融合发展的 制约与对策

第一节　江苏省城乡融合发展的制约因素

一、城乡要素双向流动不畅，制度性障碍尚存

根据 2017～2021 年各年的《江苏统计年鉴》，"十三五"期间，江苏省常住人口城镇化率从 2016 年的 68.9% 上升到 2020 年的 73.4%，城乡全社会固定资产投资比从 2016 年的 134.34 上升到 2020 年的 182.82，说明江苏省城乡要素流动总体仍表现为农村高质量要素向城市单向流动，使得部分区县的村镇进一步凋零。

城乡居民收入比从 2016 年的 2.28 缩小到 2020 年的 2.19，城乡消费品市场分割指数从 2016 年的 0.072 缩小到 2020 年的 0.065，说明城乡间的要素市场分割正逐渐消融，城乡要素还是存在双向流动轨迹，但可持续性较低，离城乡要素自由双向流动的要求还有较大差距，人才、资金和技术等要素对进入乡村依然有顾虑，要素自由流动尚存制度性障碍。

二、城乡发展优先级不合理，且地区间城乡协调度差异大

根据 2019 年江苏各地城市评价指数与农村评价指数高低进行划分后，扬州、泰州、淮安、盐城等较低水平发展地区被归为农村领先型城市，说明其城市发展水平的滞后性，在城乡融合进程中，城市是处于领导的一方，应当起带动作用，城市发展水平高的能为乡村发展提供更大助力，而

上述低水平发展地区由于是农村领导型地区，会导致城市发展水平进一步落后于高水平城市，从而对于乡村助力进一步减少，最终导致恶性循环。

2019 年江苏省大部分地级市城市与农村发展水平较为一致，总体协调水平由苏南、苏中、苏北呈逐步下降的势态，但值得注意的是，扬州、盐城等地城乡评价指数存在较大的差异，以致其与协调度较高协调地区存在较大差距，说明城市发展水平高的地区，其农村往往也有着较高的发展水平，导致发展水平较低地区同高水平地区城乡融合进程可能不断拉开差距，这不利于城乡融合统筹推进的进程。

三、城乡产业协同发展程度较低，城乡互促尚未实现

由于城镇工业结构的不断优化，农村地区农业生产链出现了断续的现象，农村和农村的产业合作缺乏主体。2012～2017 年江苏省农村产业互动效应分别为 1.8745、1.6509、1.6997 和 1.6310，2002～2007 年处于下降趋势，2007～2012 年处于上升趋势，2012～2017 年处于下降趋势，呈现出倒"N"型变化，整体上处于下降趋势。这表明江苏省农业与乡村的相互作用总体上呈递减的态势。江苏省城乡产业互动作用具有很大的波动性，其原因在于江苏产业结构的变动，粗放式发展方式向集约式发展方式的转变，这意味着江苏省内部产业间链条必然出现断裂，特别是处于价值链下端的涉农产业。

城乡产业反哺效应较低，城乡产业协同发展乏力。江苏省城乡产业互动之间更多表现出单向溢出效应，农村产业发展更依赖于城市产业的溢出效应，但其反哺效应较低。因此，在受到区域内外产业的挤出效应后，城乡产业互动链条难以保持韧性，其脆弱性加强甚至出现断裂现象。

四、现代产业体系不健全，难以满足市场需求

由于我国人民生活水平的提高，其对优质农产品的需求量有所增长，但是由于环境污染以及使用化肥、农药、农产品质量安全标准体系的滞后，农产品质量安全问题日益突出，不能满足人民对优质农产品的需求，也阻碍了绿色农业的发展进程。

我国的农业产业链条较短，主要依靠生产资料的原始供应，而农业生产企业的技术设备相对落后，使得农产品的精深加工水平较低。与此同时，我国的农业科技支持水平还比较低。一方面，信息化建设需要的现代化基础设施存在供不应求现象；另一方面，我国的农业还没有完全实现机械化，也就是说，农业机械化水平还不高，而且由于传统的农业管理分散，农民的防灾减灾意识较弱，从而影响了农民的劳动生产率。

乡村生态价值功能开发尚不充分，如生态农业旅游、乡村田园康养等一系列绿色生态发展项目还未形成联动开发，影响其链接城乡、增加城乡交流作用的有效发挥。

五、利益联结机制不完善，利益相关者间责权利关系错位

利益联结机制不完善，导致政府、企业、农民等利益相关者责权利关系错位，城乡融合发展产生机制健全困境。

工商资本的趋利性破坏顶层设计的原始意图。工商资本掌握了利益联结体构建主动权以及利益分配机制的主导权，有动机且有能力侵蚀基层组织的原始目标和农民利益；部分基层组织为了获取最大化的财政收入和政绩，默认甚至支持工商资本对顶层设计原始意图的破坏，"权力—资本"共同体的局部利益侵蚀了集体共同利益。

工商资本无利可图。地方政府重"招商引资"轻引导和服务，导致工商资本盲目投资造成经营风险；优惠政策难以到位，后期企业经营中缺少协调工作，导致企业经营效率较低，甚至陷入停滞状态；地方政府以行政手段介入利益分配机制，工商企业因收益下降、成本刚性不得不放弃经营。

失信成本较低导致利益联结机制不稳定。工商资本下乡与村集体、农民等签订契约，实践证明契约稳定性不强、约束力不足是一个普遍现象。契约关系不稳定与农村社会诚信环境相关，关键原因是利益保障机制中政府缺位。地方政府在引导工商企业与农民建立利益分配机制时往往忽视了利益保障机制的建设，缺乏对失信违约的惩罚措施或惩罚力度不够。

责权利错位导致公共产品配置困境。村集体依然是农村公共产品供给

主体之一，工商资本嵌入农村生产生活体系必定打破传统公共产品配置模式，工商资本缺乏使用公共产品的合法性，又不能完全自我供给或不愿意供给公共产品，工商资本在准公共产品配置上存在责权不匹配问题。

六、公共产品供需不对称且可持续性较低

城乡之间公共产品依然存在非均衡性。2009～2019年，城乡小学师生比呈现上升趋势，城乡人均医师数比、城乡人均社保支出比均呈现下降趋势，说明城乡间公共产品供给差距在不断缩小，各级地方政府对农村提供公共产品的水平有了很大提高。2019年城市人均医师数、人均社保支出均大于农村地区，说明城乡之间公共产品依然存在非均衡性，公共产品总量与质量仍然难以满足农村群众日益增长的物质文化生活需要，城乡公共产品均等化仍有提升空间。

农村公共产品供给偏离实际需求，导致公共产品供给效率较低。农村公共产品供给主体由农村集体组织转向政府，而政府与居民之间的信息不对称导致农村公共产品供给的内容存在偏差，引发供给混乱与供给不足并存。

各级政府财权与事权不匹配，导致农村公共产品供给存在缺位问题。各级政府在公共产品供给职责上存在错乱现象，上级政府会把自身职责压在乡镇政府身上，乡镇政府的财权与事权不对等导致公共产品供给不足且效率低下。

农村公共产品供给途径单一，政府成为单一供给主体。过度强调政府公共产品供给责任，部分农村地区出现了由政府作为公共产品单一供给主体的现象。但由于财政约束必然满足不了农村公共产品需求的数量化、多元化。

第二节　推进江苏省城乡融合发展的对策

一、健全市场主导政府引导的城乡要素双向自由流动机制

深化户籍制度改革，推动城乡劳动力双向自由流动。加大"人地钱"

挂钩配套政策力度，完善农业转移人口市民化支持政策；制定财政、金融、社会保障等政策，吸引各类人才返乡入乡创业就业。

推进农村土地制度改革，激活农村土地价值和保障农村集体利益。完善农村承包地"三权分置"制度，进一步放活土地经营权；改革农村宅基地制度，探索宅基地所有权、资格权、使用权"三权分置"，适度放活宅基地和农民房屋使用权，并探索对增量宅基地实行集约有奖、对存量宅基地实行退出有偿。建立集体经营性建设用地入市制度，在全省范围内实行以常住人口和实际贡献为依据的城乡建设用地增减挂钩。

形成多元化资本支农模式，资本赋能农村价值实现。健全财政投入保障机制，建立涉农资金统筹整合长效机制，通过市场化方式设立城乡融合发展基金，撬动更多社会资金投入；完善乡村金融服务体系，加强乡村信用环境建设，发挥城市商业银行、村镇银行等基层金融机构的"资金池"作用；建立工商资本入乡促进机制，深化"放管服"改革，引导工商资本为城乡融合发展提供资金、产业、技术等支持，并建立风险防范机制，防止农村集体产权和农民合法利益受到侵害。

二、构建有机结合的地理空间网络，合理定位城乡发展优先级

在城乡融合发展过程中，城乡关系从"城市偏好"转向"统筹发展"，要规划更加合理的城乡空间。第一，要构建以城市为中心、以小城镇为中心的网络体系，使远离城市的边远农村区域可以发挥其辐射带动效应；第二，构建健全的城乡运输体系，畅通的运输是实现城乡融合的重要前提；与此同时，要加速城际铁路的建成，加强区域之间的联系，缩短苏北、苏中和苏南三个区域之间的经济发展差异，主动参与长三角区域的发展，提高整个区域的发展水平。

积极发挥政府主导作用，合理定位城乡发展优先级。一是要确立标准划分出江苏区域内低水平发展城市，再根据评价指数划分出的农村领导型地级市名单，从中选出低水平发展城市，发挥政府的主导作用，大力推动城市发展，坚定秉持"以城带乡"的原则，构建发展的良性循环。二是建立省内跨区域财政支付转移机制，以生态补偿手段缩小区域发展差距，从

而帮助低水平地级市提升城乡融合水平。三是依托江苏"一带两轴三圈一极"的空间规划格局，充分发挥城市促进经济增长与引领乡村发展的作用。

三、搭建从中心到节点的网状反哺式城乡产业协同发展平台

把特色小镇作为城乡要素融合的重要载体，打造集聚特色产业的创新创业生态圈。把农业园区作为重要平台，优化提升各类农业园区。完善小城镇联结城乡的功能，承接一定的产业和公共服务。探索美丽乡村的特色化差异化发展方式，盘活用好乡村的资源资产。创建一批城乡融合典型项目，特别是要通过市场化方式设立城乡融合发展基金，引导社会资本重点培育一批国家城乡融合典型项目，形成示范带动效应。

四、注重构建地区产业关联机制与城乡产业政策刺激，推动城乡融合统筹发展

针对 2019 年江苏省各地级市城乡融合协调度方面存在的问题，如地区间协调度水平存在较大差异，部分地区城乡融合程度较低等，可通过进一步加强产业政策刺激，并配合城乡要素发展步伐，逐步实现城乡融合统筹推进。

加强各地区间产业之间有机联系程度，构建更加紧密的产业利益链接机制，使各地级市产业之间构建出以高带低、以高促低、以高补低的产业发展状态。构建各地区间产业利益链条，有效促进地区之间经济差距缩小，有利于促进低水平发展地区分享增值收益程度，有利于确定低发展水平区域优先地位。同时加深各地级市产业之间联系，充分发挥构建高水平地级市带动低水平地级市发展、高水平地级市促进低水平地级市发展、高水平地级市哺育低水平地级市发展的良好发展格局。加强产业政策激励，充分发挥政府作用，以政策带动低水平地级市产业发展。

五、通过乡村多重价值构建多元化发展产业链条

搭建以市场需求为导向的农产品市场。适应城镇居民消费升级的发展

趋势，调整农产品的供给结构；推进农业由增产向提质转变，满足人民群众对品质优良、特色鲜明绿色优质农产品的需求。

加快现代农业产业的智能化建设，为集约化、规模化、机械化提供有力支撑。建立智慧农业发展平台，对农业生产过程进行全程监测，并及时做好风险防控，确保农业生产效率的提升；搭建农业物联网及供应链，全程管控农产品的加工、仓储与物流管理等环节，确保产销双方的精准对接，有效解决消费者与生产者间的信息不对称问题，提升农产品流通效率。

挖掘农业多维功能，加快全产业链、全价值链建设。结合乡村原有特色与风貌深入挖掘多维功能，因地制宜，促进农业与文化、旅游、康养等产业的深度融合；支持龙头企业产业链向农村延伸，打造集生产、包装制造、销售服务于一体的涉农产业链，打造更多具有乡村特色的优质产品，推动乡村经济更加繁荣发展；构建农村一二三产融合发展项目库、优势特色产业清单，加强对项目建设的精准支持。

六、健全"利益分配、利益监管、利益调节"三重利益联结机制

在利益分配机制建设上充分发挥市场机制在利益联结方式、收益分配方面的决定作用，政府应尽可能减少干预，退出产品或要素定价等市场机制发挥作用的领域。支持和规范农民合作社发展，切实提高农民组织化程度，增强农民市场谈判地位和能力。

在利益监管机制建设上加快建设农村信用体系，健全农村居民信用体系、企业诚信管理制度。建立个人借贷和工商企业发债、贷款、担保等信用交易及生产经营活动与诚信履约挂钩机制，加强守信激励和失信惩戒，将企业与农民违约行为列入信用档案，并作为融资贷款、享受优惠政策的重要参考依据，保障契约关系的稳定性；同时，加强农村产权保护，建立健全农村产权交易体系，促进资源要素的自由流动和合理配置。

在利益调节机制建设上通过政策、资金、基础设施建设倾斜等方式，鼓励工商企业与农民建立紧密型合作关系，提高对农户的利益分配份额。

七、建立以政府为主导的多主体农村公共产品协同供给模式

建立财权与事权匹配的农村公共产品政府供给机制。依托各级政府在配置公共产品方面的优势异质性，明确各级政府在公共产品供给中的职责范围，提高公共产品供给的效率；进一步建立与公共产品供给职责相匹配的财政制度，避免农村公共产品供给的缺位问题。

鼓励如公益组织、工商企业、农民合作社、种植大户等组织在农村进行辅助性的公共产品供给。集体组织对公共品进行管护，为资本下乡提供必要的基础设施条件，采取有偿使用、界定产权等制度安排赋予工商资本使用公共品的合理性。

通过政策、资金、基础设施建设倾斜等方式鼓励工商企业与农民建立紧密型合作关系，提高对农户的利益分配份额。通过政策换公共产品鼓励工商企业自觉承担社会责任，为农村公共产品提供供给渠道。

主要参考文献

［1］白永秀，王颂吉．马克思主义城乡关系理论与中国城乡发展一体化探索［J］．当代经济研究，2014（2）：22-27.

［2］柏培文，杨志才．中国二元经济的要素错配与收入分配格局［J］．经济学（季刊），2019，18（2）：639-660.

［3］柏培文．三大产业劳动力无扭曲配置对产出增长的影响［J］．中国工业经济，2014（4）：32-44.

［4］宝贡敏．外部性、促销投资与生产经营组织［J］．中国农村观察，2000（1）：47-51.

［5］蔡云辉．城乡关系与近代中国的城市化问题［J］．西南师范大学学报（人文社会科学版），2003（5）：117-121.

［6］曹康康，黄志斌．对中国绿色乡村建设的思考［J］．牡丹江师范学院学报（哲社版），2016（4）：13-16.

［7］陈坤秋，龙花楼．中国土地市场对城乡融合发展的影响［J］．自然资源学报，2019，34（2）：221-235.

［8］陈学云，史贤华．促进我国农业科技成果转化的产业化路径——基于农业科技的供求分析［J］．科技进步与对策，2011，28（14）：73-77.

［9］陈秧分，王国刚，孙炜琳．乡村振兴战略中的农业地位与农业发展［J］．农业经济问题，2018（1）：20-26.

［10］陈永伟，胡伟民．价格扭曲、要素错配和效率损失：理论和应用［J］．经济学（季刊），2011（4）：1401-1422.

［11］程华．外部性、农业科技创新与政府作用［J］．科技进步与对策，2001，18（1）：61-62.

［12］高宏伟，李阳，王金桃．新型城镇化发展的三维逻辑研究：政府、市场与社会［J］．经济问题，2018（3）：100－105.

［13］高兴明．实施乡村振兴战略要突出十个重点［N］．农民日报，2017－12－09（3）.

［14］顾鹏，杜建国，金帅．江苏省城乡协调发展的实证研究：2002—2011［J］．华东经济管理，2013，27（12）：30－33.

［15］顾益康．统筹城乡发展，全面推进社会主义新农村建设［J］．中国农村经济，2006（1）：18－22.

［16］管福泉．浙江省城乡居民消费需求：基于扩展线性支出系统模型分析［J］．农业技术经济，2005（4）：15－19.

［17］郭苑．我国城乡劳动力市场一体化的就业结构优化效应研究［D］．南昌：南昌大学，2012.

［18］韩长赋：大力实施乡村振兴战略［EB/OL］．http：//www. moa. gov. cn/xw/zwdt/201712/t20171219_6119280. htm.

［19］韩长赋．大力实施乡村振兴战略［N］．人民日报，2017－12－11.

［20］韩俊．中国城乡关系演变60年：回顾与展望［J］．改革，2009（11）：5－14.

［21］何仁伟．城乡融合与乡村振兴：理论探讨、机理阐释与实现路径［J］．地理研究，2018，37（11）：2127－2140.

［22］何秀丽，程叶青，马延吉．东北粮食主产区城乡协调发展综合评价——以长春市为例［J］．农业现代化研究，2010，31（6）：724－728.

［23］贺雪峰．乡村治理与城市化的中国道路［J］．小城镇建设，2014（10）：25－27.

［24］胡必亮，马昂主．城乡联系理论与中国的城乡联系［J］．经济学家，1993（4）：98－109＋128.

［25］胡国远．中国城市化进程中城乡协调发展研究［D］．上海：同济大学，2007.

［26］胡日东，钱明辉，郑永冰．中国城乡收入差距对城乡居民消费

结构的影响——基于 LA／AIDS 拓展模型的实证分析 ［J］. 财经研究，2014，40（5）：75 - 87.

［27］胡祖才. 完善新型城镇化战略 提升城镇化发展质量 ［J］. 宏观经济管理，2021（11）：1 - 3 + 14.

［28］黄季焜，胡瑞法，智华勇. 基层农业技术推广体系 30 年发展与改革：政策评估和建议 ［J］. 农业技术经济，2009（1）：4 - 11.

［29］黄少安. 改革开放 40 年中国农村发展战略的阶段性演变及其理论总结 ［J］. 经济研究，2018，53（12）：4 - 19.

［30］黄禹铭. 东北三省城乡协调发展格局及影响因素 ［J］. 地理科学，2019，39（8）：1302 - 1311.

［31］黄祖辉，高钰玲. 农民专业合作社服务功能的实现程度及其影响因素 ［J］. 中国农村经济，2012（7）：4 - 16.

［32］黄祖辉，邵峰，朋文欢. 推进工业化、城镇化和农业现代化协调发展 ［J］. 中国农村经济，2013（1）：8 - 14.

［33］黄祖辉. 准确把握中国乡村振兴战略 ［J］. 中国农村经济，2018（4）：1 - 11.

［34］霍鹏，张冬，屈小博. 城镇化的迷思：户籍身份转换与居民幸福感 ［J］. 农业经济问题，2018（1）：64 - 74.

［35］贾小玫，焦阳. 我国农村居民消费结构变化趋势及影响因素的实证分析 ［J］. 消费经济，2016，32（2）：29 - 34.

［36］姜长云，杜志雄. 关于推进农业供给侧结构性改革的思考 ［J］. 南京农业大学学报（社会科学版），2017，17（1）：1 - 10.

［37］姜长云. 实施乡村振兴战略需努力规避几种倾向 ［J］. 农业经济问题，2018（1）：8 - 13.

［38］柯尊全. 新型城镇化制度创新的着力点 ［N］. 光明日报，2014 - 05 - 11（7）.

［39］孔翠芳，王大伟，张璇，闫浩楠. 代表性发达国家城镇化历程及启示 ［J］. 宏观经济管理，2021（11）：39 - 48.

［40］李承政，顾海英，史清华. 农地配置扭曲与流转效率研究——

基于 1995 - 2007 浙江样本的实证 ［J］. 经济科学, 2015 （3）: 42 - 54.

［41］李飞, 杜云素. 城镇定居、户籍价值与农民工积分落户——基于中山市积分落户入围人员的调查 ［J］. 农业经济问题, 2016 （8）: 82 - 92.

［42］李谷成, 范丽霞, 冯中朝. 资本积累、制度变迁与农业增长——对 1978—2011 年中国农业增长与资本存量的实证估计 ［J］. 管理世界, 2014 （5）: 67 - 79 + 92.

［43］李国祥. 实现乡村产业兴旺必须正确认识和处理的若干重大关系 ［J］. 中州学刊, 2018 （1）: 32 - 38.

［44］李杰义. 浙江省推进新型城镇化的实践探索及政策启示——基于 15 个中心镇改革实践的调研 ［J］. 农业经济问题, 2015 （9）: 63 - 70.

［45］李立秋, 胡瑞法, 刘健, 等. 建立国家公共农业技术推广服务体系 ［J］. 中国科技论坛, 2003 （6）: 126 - 129.

［46］李锐. 我国农村居民消费结构的数量分析 ［J］. 中国农村经济, 2003 （5）: 12 - 17 + 44.

［47］李书宇, 赵昕东. 收入差距对城镇家庭消费结构升级的影响 ［J/OL］. 调研世界, 2019 （11）: 1 - 7.

［48］李先军. 智慧农村: 新时期中国农村发展的重要战略选择 ［J］. 经济问题探索, 2017 （6）: 53 - 58.

［49］李小静. 农村 "三产融合" 发展的内生条件及实现路径探析 ［J］. 改革与战略, 2016 （4）: 83 - 86.

［50］李晓, 赵颖文, 杜兴端. 强化科技引领 实现产业兴旺 ［J］. 四川农业科技, 2017 （12）: 5 - 7.

［51］李晓楠, 李锐. 我国四大经济地区农户的消费结构及其影响因素分析 ［J］. 数量经济技术经济研究, 2013, 30 （9）: 89 - 105.

［52］李莺莉, 王灿. 新型城镇化下我国乡村旅游的生态化转型探讨 ［J］. 农业经济问题, 2015 （6）: 29 - 34.

［53］李忠华. 基于农民视角的美丽乡村建设问题探讨 ［J］. 农业经济, 2017 （6）: 50 - 51.

［54］李子奈，潘文卿．计量经济学（第二版）［M］．北京：高等教育出版社，2005．

［55］廖重斌．环境与经济协调发展的定量评判及其分类体系——以珠江三角洲城市群为例［J］．热带地理，1999（2）：76－82．

［56］林万龙．中国农村公共服务供求的结构性失衡：表现及成因［J］．管理世界，2007（9）：62－68．

［57］刘合光．乡村振兴的战略关键点及其路径［J］．中国国情国力，2017（12）：35－37．

［58］刘红光，陈敏，季璐．我国城乡关系的定量研究——基于城乡投入产出表的视角［J］．人文地理，2018，33（5）：80－87．

［59］刘湖，张家平．互联网驱动居民消费的效应分析［J］．北京邮电大学学报（社会科学版），2016，18（3）：14－21．

［60］刘俊杰．我国城乡关系演变的历史脉络：从分割走向融合［J］．华中农业大学学报（社会科学版），2020（1）：84－92＋166．

［61］刘明辉，卢飞．城乡要素错配与城乡融合发展——基于中国省级面板数据的实证研究［J］．农业技术经济，2019（2）：33－46．

［62］刘融融，胡佳欣，王星．西北地区城乡融合发展时空特征与影响因素研究［J］．兰州大学学报（社会科学版），2019，47（6）：106－118．

［63］刘守英．乡村振兴战略是对乡村定位的再认定［J］．中国乡村发现，2017（6）：8－12．

［64］刘夏，景梦．重庆市城镇居民收入变动对消费支出结构影响的实证分析［J］．统计与决策，2011（10）：119－122．

［65］刘先江．马克思恩格斯城乡融合理论及其在中国的应用与发展［J］．社会主义研究，2013（6）：36－40．

［66］刘晓红．基于 ELES 模型的我国农村居民食品消费需求实证分析［J］．广东农业科学，2011，38（17）：194－197．

［67］刘彦随，严镔，王艳飞．新时期中国城乡发展的主要问题与转型对策［J］．经济地理，2016（7）：1－8．

［68］龙启蒙，傅鸿源，廖艳．城乡一体化的资本困境与突破路径——基于西方马克思主义资本三循环理论的思考［J］．中国农村经济，2016（9）：2－15．

［69］陆铭．从分散到集聚：农村城镇化的理论、误区与改革［J］．农业经济问题，2021（9）：27－35．

［70］罗必良，洪炜杰．城镇化路径选择：福利维度的考察［J］．农业经济问题，2021（9）：5－17．

［71］马克思恩格斯全集（第四卷）［M］．北京：人民出版社，1958：368．

［72］马克思恩格斯全集（第四卷）［M］．北京：人民出版社，1958：371．

［73］马克思恩格斯文集（第一卷）［M］．北京：人民出版社，2009：689．

［74］马克思恩格斯选集（第一卷）［M］．北京：人民出版社，1995：68．

［75］马晓河．城镇化是中国经济增长的新动力［N］．人民日报，2011－12－07．

［76］马晓河．新农村建设的重点内容与政策建议［J］．经济研究参考，2006（31）：26．

［77］年猛．中国城乡关系演变历程、融合障碍与支持政策［J］．经济学家，2020（8）：70－79．

［78］聂荣，杨丹，沈大娟．中国农村收入阶层对家庭消费结构影响的实证研究——基于CFPS数据的微观证据［J］．东北大学学报（社会科学版），2020，22（4）：29－37．

［79］潘建成．"质量兴农"促农民增收［N］．经济日报，2018－02－12（11）．

［80］潘文卿，李子奈．中国沿海与内陆间经济影响的反馈与溢出效应［J］．经济研究，2007（5）：68－77。

［81］齐红倩，刘岩．人口年龄结构变动与居民家庭消费升级——基

于 CFPS 数据的实证研究 [J]. 中国人口·资源与环境, 2020, 30 (12): 174 - 184.

[82] 祁鼎, 王师, 邓晓羽, 孙武军. 中国人口年龄结构对消费的影响研究 [J]. 审计与经济研究, 2012, 27 (4): 95 - 103.

[83] 钱文荣, 王鹏飞, 叶俊焘. 中国城乡协调发展的时空特征 [J]. 西北农林科技大学学报 (社会科学版), 2016, 16 (6): 105 - 113.

[84] 邱均平, 王月芬, 颜端武. 内容分析法研究与发展综述 [J]. 情报学进展, 2006 (6): 1 - 45.

[85] 任吉东. 历史的城乡与城乡的历史: 中国传统城乡关系演变浅析 [J]. 福建论坛 (人文社会科学版), 2013 (4): 106 - 112.

[86] 任迎伟, 胡国平. 城乡统筹中产业互动研究 [J]. 中国工业经济, 2008, 245 (8): 65 - 75.

[87] 阮云婷, 徐彬. 城乡区域协调发展度的测度与评价 [J]. 统计与决策, 2017 (19): 136 - 138.

[88] 盛广耀. 中国城乡基础设施与公共服务的差异和提升 [J]. 区域经济评论, 2020 (4): 52 - 59.

[89] 史海英. 江苏省农村居民收入对消费结构的影响分析 [J]. 商业时代, 2012 (19): 128 - 130.

[90] 宋洪远. 关于农业供给侧结构性改革若干问题的思考和建议 [J]. 中国农村经济, 2016 (10): 18 - 21.

[91] 宋林飞. 中国特色新型城镇化道路与实现路径 [J]. 甘肃社会科学, 2014 (1): 1 - 5.

[92] 孙敏. 中国农民城镇化的实践类型及其路径表达——以上海、宁夏、湖北三省 (区、市) 农民进城为例 [J]. 中国农村经济, 2017 (7): 44 - 55.

[93] 谭涛, 张燕媛, 唐若迪, 侯雅莉. 中国农村居民家庭消费结构分析: 基于 QUAIDS 模型的两阶段一致估计 [J]. 中国农村经济, 2014 (9): 17 - 31 + 56.

[94] 涂传清, 王爱虎. 农产品区域公用品牌的经济学解析: 一个基

于声誉的信号传递模型［J］. 商业经济与管理，2012（11）：15－23.

［95］汪伟，刘玉飞. 人口老龄化与居民家庭消费结构升级——基于 CFPS2012 数据的实证研究［J］. 山东大学学报（哲学社会科学版），2017（5）：84－92.

［96］王二朋，高志峰，耿献辉. 加工农产品的附加值来自哪里——消费偏好视角的分析［J］. 农业技术经济，2020（1）：80－91.

［97］王芳，贾秀飞. 双重互构逻辑下中国城乡关系的演进规律与时代抉择——基于马克思恩格斯城乡融合思想的分析［J］. 北京行政学院学报，2021（1）：45－53.

［98］王富喜，孙海燕，孙峰华. 山东省城乡发展协调性空间差异分析［J］. 地理科学，2009，29（3）：323－328

［99］王国敏，薛一飞. 城乡二元结构视域下我国农村居民家庭消费的理论与实证分析——基于扩展线性支出系统模型（ELES）的分析［J］. 甘肃社会科学，2012（2）：63－66.

［100］王景新. 中国农村发展新阶段：村域城镇化［J］. 中国农村经济，2015（10）：4－14.

［101］王颂吉，白永秀. 城乡要素错配与中国二元经济结构转化滞后：理论与实证研究［J］. 中国工业经济，2013（7）：31－43.

［102］王文龙. 中国农业经营主体培育政策反思及其调整建议［J］. 经济学家，2017，1（1）：55－61.

［103］王曦，陈中飞. 中国城镇化水平的决定因素：基于国际经验［J］. 世界经济，2015，38（6）：167－192.

［104］王艳飞，刘彦随，李玉恒. 乡村转型发展格局与驱动机制的区域性分析［J］. 经济地理，2016，36（5）：135－142.

［105］王艳飞，刘彦随，严镔，等. 中国城乡协调发展格局特征及影响因素［J］. 地理科学，2016，36（1）：20－28.

［106］王颖，孙平军，李诚固，等. 2003 年以来东北地区城乡协调发展的时空演化［J］. 经济地理，2019，38（7）：59－66.

［107］王有正，张京祥. 资本的城市化：基于资本三级循环理论的改

革开放后我国城市发展初探［J］. 现代城市研究，2018（6）：99 - 105.

［108］王瑜，应瑞瑶，张耀钢. 江苏省种植业农户的农技服务需求优先序研究［J］. 中国科技论坛，2007（11）：123 - 126.

［109］魏后凯，苑鹏，芦千文. 中国农业农村发展研究的历史演变与理论创新［J］. 改革，2020（10）：5 - 18.

［110］魏后凯. 坚持以人为核心推进新型城镇化［J］. 中国农村经济，2016（10）：11 - 14.

［111］魏清泉. 城乡融合——城市化的特殊模式［J］. 城市发展研究，1997（4）：26 - 28.

［112］魏晓宇，耿献辉. 江苏省城乡居民消费结构比较分析——基于 ELES 模型［J］. 农村经济与科技，2020，31（13）：135 - 139.

［113］温涛，孟兆亮. 我国农村居民消费结构演化研究［J］. 农业技术经济，2012（7）：4 - 14.

［114］温涛，田纪华，王小华. 农民收入结构对消费结构的总体影响与区域差异研究［J］. 中国软科学，2013（3）：42 - 52.

［115］习近平：实施国家大数据战略加快建设数字中国［EB/OL］. http：//www. xinhuanet. com/politics/2017 - 12/09/c_1122084706. htm.

［116］习近平：在哲学社会科学工作座谈会上的讲话［EB/OL］. http：//www. xinhuanet. com/politics/2016 - 05/18/c_1118891128. htm.

［117］夏柱智，贺雪峰. 半工半耕与中国渐进城镇化模式［J］. 中国社会科学，2017（12）：117 - 137.

［118］向宽虎，陆铭. 发展速度与质量的冲突——为什么开发区政策的区域分散倾向是不可持续的？［J］. 财经研究，2015，41（4）：4 - 17.

［119］肖立. 城乡居民消费结构对比分析——基于 1990—2010 年的数据［J］. 财经问题研究，2012（11）：138 - 144.

［120］肖忠意. 城镇化、农村金融深化对农村居民消费及结构的影响［J］. 统计与决策，2015（6）：101 - 105.

［121］邢祖礼，陈杨林，邓朝春. 新中国 70 年城乡关系演变及其启示［J］. 改革，2019（6）：20 - 31.

［122］徐宏潇．城乡融合发展：理论依据、现实动因与实现条件［J］．南京农业大学学报（社会科学版），2020，20（5）：94 – 101．

［123］徐杰舜．城乡融合：新农村建设的理论基石［J］．中国农业大学学报，2008（1）：61 – 67．

［124］徐维祥，李露，刘程军．乡村振兴与新型城镇化的战略耦合——机理阐释及实现路径研究［J］．浙江工业大学学报（社会科学版），2019，18（1）：47 – 55．

［125］徐勇．中国家户制传统与农村发展道路——以俄国、印度的村社传统为参照［J］．中国社会科学，2013（8）：102 – 123．

［126］许彩玲，李建建．城乡融合发展的科学内涵与实现路径——基于马克思主义城乡关系理论的思考［J］．经济学家，2019（1）：96 – 103．

［127］杨爱元．劳动经济学［M］．北京：人民邮电出版社，2014：478．

［128］杨辉，李翠霞．通过提高农村社会保障水平促进农民消费结构升级［J］．经济纵横，2014（2）：73 – 77．

［129］杨士弘，廖重斌，郑宗清．城市生态环境学［M］．北京：科学出版社，1996：114 – 119．

［130］姚毓春，梁梦宇．新中国成立以来的城乡关系：历程、逻辑与展望［J］．吉林大学社会科学学报，2020，60（1）：120 – 129 + 222．

［131］叶兴庆，徐小青．从城乡二元到城乡一体——我国城乡二元体制的突出矛盾与未来走向［J］．管理世界，2014（9）：1 – 12．

［132］叶胥，杨荷，毛中根．迈向高收入阶段的农村消费升级：国际经验与政策启示［J］．江苏行政学院学报，2022（2）：45 – 53．

［133］尹成杰．加快推进中国特色城乡一体化发展［J］．农业经济问题，2010（10）：4 – 8．

［134］尹华北．社会保障对中国农村居民消费影响研究［D］．成都：西南财经大学，2011．

［135］袁梦醒，赵振军．新农村建设的路径探讨：主流观点与学理分析［J］．泰山学院学报，2011（9）：103 – 108．

[136] 战金艳，鲁奇，邓祥征. 城乡关联发展评价模型系统构建——以山东省为例 [J]. 地理研究，2003 (4)：495-502.

[137] 张海鹏. 中国城乡关系演变 70 年：从分割到融合 [J]. 中国农村经济，2019 (3)：2-18.

[138] 张红宇. 新常态下现代农业发展与体制机制创新 [J]. 农业部管理干部学院学报，2015 (1)：6-16.

[139] 张竟竟，陈正江，杨德刚. 城乡协调度评价模型构建及应用 [J]. 干旱区资源与环境，2007 (2)：5-11.

[140] 张荣，张敏新. 基于 ELES 模型的苏北农村居民消费结构分析 [J]. 中国农业资源与区划，2017，38 (3)：36-40+46.

[141] 张书，王加倩，张燕琴. 江苏省基本公共服务标准化的现状及对策研究 [J]. 中国标准化，2017 (15)：68-71.

[142] 张欣蕾，郑小丽，丁洁. 河北省农村居民消费结构实证研究——基于 ELES 模型 [J]. 商业经济研究，2016 (15)：63-65.

[143] 张一楠，黄国彬，王亚男，程慧荣. 近十年我国非图情领域科学计量可视化的应用研究剖析 [J]. 图书馆杂志，2015，34 (5)：32-40.

[144] 张英男，龙花楼，马历，等. 城乡关系研究进展及其对乡村振兴的启示 [J]. 地理研究，2019，38 (3)：578-594.

[145] 张永岳，王元华. 我国新型城镇化的推进路径研究 [J]. 华东师范大学学报（哲学社会科学版），2014 (1)：92-101.

[146] 赵郅皓. 广西城镇居民消费结构实证分析 [J]. 经济研究参考，2017 (41)：94-101.

[147] 郑宏运，李谷成，周晓时. 要素错配与中国农业产出损失 [J]. 南京农业大学学报（社会科学版），2019，19 (5)：143-153+159.

[148] 中共中央 国务院关于建立健全城乡融合发展体制机制和政策体系的意见 [EB/OL]. http：//www. gov. cn/zhengce/2019-05/05/content_5388880. htm.

[149] 周佳宁，秦富仓，刘佳，等. 多维视域下中国城乡融合水平测度、时空演变与影响机制 [J]. 中国人口·资源与环境，2019，29 (9)：

166 – 176.

［150］周明生. 新型城镇化：区域差异、特色彰显与路径选择——基于苏南、苏北的比较分析［J］. 中国名城，2015（1）：8 – 16.

［151］周叔莲，郭克莎. 地区城乡经济关系研究的内容和特点［J］. 经济学家，1994（2）：19 – 27 + 127.

［152］周应恒，胡凌啸，严斌剑. 农业经营主体和经营规模演化的国际经验分析［J］. 中国农村经济，2015（9）：80 – 95.

［153］周应恒，霍丽玥. 食品安全经济学导入及其研究动态［J］. 现代经济探讨，2004（8）：25 – 27.

［154］周应恒. 新型农业经营体系：制度与路径［J］. 人民论坛·学术前沿，2016（18）：74 – 85.

［155］周志山. 从分离与对立到统筹与融合——马克思的城乡观及其现实意义［J］. 哲学研究，2007（10）：9 – 15.

［156］周志雄. 新农村建设的模式与路径研究［M］. 杭州：浙江大学出版社，2008.

［157］朱喜，史清华，盖庆恩. 要素配置扭曲与农业全要素生产率［J］. 经济研究，2011，46（5）：86 – 98.

［158］资本论（第二卷）. 北京：人民出版社，2004.

［159］Adamopoulos T, Brandt L, Leight J, et al. Misallocation, Selection and Productivity：A Quantitative Analysis with Panel Data from China［J］. NBER Working Paper，2017：No. 23039.

［160］Akkoyunlu S. The Potential Of Rural-Urban Linkages For Sustainable Development And Trade［J］, International Journal of Sustainable Development & World Policy，2015，4（2）：20 – 40.

［161］Alfnes F. Consumers' willingness to pay for the color of salmon：A choice experiment with real economic incentives［J］. American Journal of Agricultural Economics，2006，88（4）：1050 – 1061.

［162］Bah M, Cisse S, Diyamett B, et al. Changing rural-urban linkages in mali, nigeria and tanzania［J］. Environment & Urbanization，2003，15

（1）：13－24.

［163］Bengs, Christer. Urban-rural Relations in Europe ［A］. In Collections of Inter-regional Conference on Strategies for Enhancing Rural-Urban Linkages Approach to Development and Promotion of Local Economic Development ［C］. http：//www. upoplanning. org/detail. asp? articleID＝219, 2004.

［164］Brandt L, Tombe T, Zhu X D. Factor Market Distortions Across Time, Space and Sectors in China ［J］. Review of Economic Dynamics, 2012, 16（1）：39－58.

［165］Busso M, Madrigal L, Pages-Serra C. Productivity and resource misallocation in latin america ［J］. Research Department Publications, 2013, 13（1）：903－932.

［166］Caswell J A, Noelke C M, Mojduszka E M. Unifying C W. Central places in southern German ［M］. London：Prentice Hall, 1966.

［167］Caswell J A, Noelke C M, Mojduszka E M. Unifying Two Frameworks for Analyzing Quality and Quality Assurance for Food Products ［M］. Global food trade and consumer demand for quality. Springer US, 2002：43－61.

［168］Chonviharnpan B, Lewis P. The effects of tax changes on tobacco consumption in Thailand ［J］. Singapore Economic Review, 2018.

［169］Corbridge S. Urban bias, rural bias and industrialization：an appraisal of the works of Michael Lipton and Terry Byres ［M］. Rural Development：Theories of Peasant Economies and Agrarian Change, Routledge, London, 1982：94－116.

［170］Dollar D, Wei S J. Das（wasted）kapital：firm ownership and investment efficiency in china ［J］. NBER Working Papers, 2007, 13103.

［171］Douglass M. A Regional Network Strategy for Reciprocal Rural-urban Linkages. An Agenda for Policy Research with Reference to Indonesia ［J］. Third World Planning Review. 1998, 20（1）.

［172］Douglass M. The environmental sustainability of development：coordination, incentives and political will in land use planning in the Jakarta metropolis [J]. Third World Planning Review, 1989, 11 (2).

[173] Enke S. Economic development with unlimited and limited supplies of labour [J]. Oxford Economic Papers, 1962, 14 (2): 158 – 172.

[174] Feng Z H, Zou L L, Wei Y M. The impact of household consumption on energy use and CO_2 emissions in China [J]. Energy, 2011, 36 (1): 656 – 670.

[175] Friedmann J. Four Theses in the Study of China's Urbanization [J]. International Journal of Urban and Regional Research, 2006, 2 (30): 440 – 451.

[176] Gao Z, House L O, Gmitter F, et al. Consumer Preferences for Fresh Citrus: Impacts of Demographic and Behavioral Characteristics [J]. International Food & Agribusiness Management Review, 2011, 14 (1): 77 – 89.

[177] Howard T O. Self Organization and Maximum Empower [M]. Niwot: Colorado University Press, 1995.

[178] Hsieh C T, Klenow P J. Misallocation and Manufacturing TFP in China and India [J]. Quarterly Journal of Economics, 2009, 124 (4): 1043 – 1448.

[179] Isard W, Bramhall D F, Carrothers G A P, et al. Methods of Regional Analysis: an Introduction to Regional Science [M]. New York: The Technology Press of M. I. T. and John Wiley and SonsInc. , 1960.

[180] Ivy D. A principal component analysis of the determinants of spatial disparity between rural and urban localities of Ghana [J]. International Journal of Social Economics, 2017, 44 (6): 715 – 731.

[181] Kaiser H. Impact of generic fluid milk and cheese advertising on dairy markets [J]. Research Bulletins, 2000 (7): 1984 – 1999.

[182] Kelley K M, Rachel P, Robert C, et al. Consumer peach preferences andpurchasing behavior: a mixed methods study [J]. Journal of the Sci-

ence of Food and Agriculture, 2015, 96 (7): 2451 - 2461.

[183] Klaus-G G. What's in a steak? A cross-culturalstudy on the quality perception of beef [J]. Food quality and preference, 1997, 8 (3): 157 - 174.

[184] Krugman P. Increasing Returns and Economic Geography [J]. The Journal of Political Economy, 1991, 99 (3): 483 - 499.

[185] Lagerkvist C J, Berthelsen T, Sundström K, et al. Country of origin or eu/non-eu labelling of beef? Comparing structural reliability and validity of discrete choice experiments for measurement of consumer preferences for origin and extrinsic quality cues [J]. Food Quality & Preference, 2014 (34): 50 - 61.

[186] Lewis, W. A. Economic Development with Unlimited Supply of Labor [J]. Journal of the Manchester School of Economics and Social Studies, 1954 (20).

[187] Lim K, Hu W, Maynard L, et al. US consumers' preference and willingness to pay for country of origin labeled beef steak and food safety enhancements [J]. Canadian Journal of Agricultural Economics, 2013, 61 (1): 93 - 118.

[188] Lipton M. Strategies for Agriculture: Urban Bias and Rural Planning [M]. in Streeten, Paul and Lipton, Michael (eds), The Crisis of Indian Planning: Economic Planning in the 1960s. Oxford University Press, London, 1968.

[189] Liu Y S, Li Y H. Revitalize the world's countryside [J]. Nature, 2017, 548 (7667): 275 - 277.

[190] Li Y, Hu Z. Approaching Integrated Urban-Rural Development in China: The Changing Institutional Roles [J]. Sustainability 2015 (7): 7031 - 7048.

[191] Li Y H. Urban-rural interaction in China: historic scenario and as-

sessment ［J］. China Agricultural Economic Review, 2011, 3 (3): 335 – 349.

［192］Lluch C R. Consumer Demand Systems and Aggregate Consumption in the USA: An Application of the Extended Linear Expenditure System ［J］. The Canadian Journal of Economics ／ Revue canadienne d'Economique, 1975.

［193］Lluch C. The extended linear expenditure system ［J］. European E-conomic Review, 1973, 4 (1): 0 – 32.

［194］Lu Q, Yao S R. From Urban-Rural Division to Urban-Rural Integra-tion 87 ［J］. China & World Economy 2018, 26 (1): 86 – 105.

［195］Lynch K. Rural-urban Interaction in the Developing World ［M］. Routledge Perspective on Development, 2005.

［196］Mccluskey J J, Ron-C M, Anna M, et al. Effect of quality charac-teristics on consumers' willingness to pay for Gala apples ［J］. Canadian Journal of Agricultural Economics／Revue canadienne d'agroeconomie, 2007, 55 (2): 217 – 231.

［197］McGee T G. Urbanisasi or Kotadesasi? Evolving Patterns of Urbani-zation in Asia ［A］. Urbanization in Asia: Spatial Dimensions and Policy Is-sues, Honolulu: University of Hawaii Press, 1989: 93 – 108.

［198］Moor U, Moor A, Pldma P, et al. Consumer preferences of apples in estonia and changes in attitudes over five years ［J］. Agricultural & Food Sci-ence, 2015, 23 (2): 135 – 145.

［199］Mumford L, Technics and Civilization ［M］. New York: Mariner Books, 1963.

［200］Ndegwa E. The Concept and practice of the Rural-Urban Linkages Approach and the Emerging Issues ［A］. In Collections of Inter-regional Confer-ence on Strategies for Enhancing Rural-Urban Linkages Approach to Development and Promotion of Local Economic Development, 2004.

［201］O'Connor, Anthony M. The African City ［M］. London: Routledge, 2007.

[202] Oucho J O. Enhancing Positive Rural-Urban Linkages Approach to Sustainable Development and Employment Creation: Some Experiences in Eastern and Central Africa [A]. In Collections of Inter-regional Conference on Strategies for Enhancing Rural-Urban Linkages Approach to Development and Promotion of Local Economic Developmen, 2004.

[203] Preston D. Rural-urban and Inter-settlement Interaction: Theory and Analytical Structure [J]. Area, 1975 (7): 171 – 174.

[204] Ranis G, Fei J C. A theory of economic development. [J]. American Economic Review, 1961, 51 (4): 533 – 565.

[205] Rondinelli D, K Ruddle. Urbanization and Rural Development: A Spatial Policy for Equitable Growth [M]. Praeger, New York, 1978.

[206] Round J I. Decomposing Multipliers for Economic Systems Involving Regional and World Trade [J]. Economic Journal, 1985, 95: 383 – 399.

[207] Syrquin M. Productivity Growth and Factor Reallocation in Chenery Industrialization and Growth [M]. Oxford University Press, 1986.

[208] Szirmai A, Timmer M P. Productivity growth in asian manufacturing: the structural bonus hypothesis re-examined [J]. Structural Change & Economic Dynamics, 2000, 4 (4): 371 – 392.

[209] Tacoli C. Rural-urban Interactions: A Guide to the Literature. Environment and Urbanization [J]. 1998, 10 (1): 147 – 166.

[210] Thunen J H, et al. Von Thunen's Isolated State [M]. Oxford: Pergamon Press, 1966.

[211] Wang E, Gao Z, Heng Y. Improve access to the EU market by identifying French consumer preference for fresh fruit from China [J]. Journal of Integrative Agriculture, 2017 (6): 1463 – 1474.

[212] Wang E, Gao Z, Yan H, et al. Chinese consumers' preferences for food quality test/measurement indicators and cues of milk powder: A case of Zhengzhou, China [J]. Food Policy, 2019 (89).

［213］ Wang E, Gao Z. Chinese consumer quality perception and prefer-ence of traditional sustainable rice produced by the integrated rice-fish system ［J］. Sustainability, 2017, 9（12）: 1-13.

［214］ Wu L, Wang H, Zhu D, et al. Chinese consumers' willingness to pay for pork traceability information-thecase of Wuxi ［J］. Agricultural Econom-ics, 2016, 47（1）: 71-79.